深圳证券交易所三十年研究成果精选丛书

全球证券交易所行业变革

——制度、竞争与技术

彭兴庭　钟荣桂　等◎著

中国财经出版传媒集团
中国财政经济出版社

图书在版编目（CIP）数据

全球证券交易所行业变革：制度、竞争与技术／彭兴庭等著．--北京：中国财政经济出版社，2022.8

（深圳证券交易所三十年研究成果精选丛书）

ISBN 978-7-5223-1458-7

Ⅰ.①全… Ⅱ.①彭… Ⅲ.①证券交易所-研究-世界 Ⅳ.①F831.51

中国版本图书馆CIP数据核字（2022）第094205号

责任编辑：贾延平　　责任校对：张　凡

封面设计：陈宇琰　　责任印制：刘春年

全球证券交易所行业变革——制度、竞争与技术

QUANQIU ZHENGQUAN JIAOYISUO HANGYE BIANGE——ZHIDU、JINGZHENG YU JISHU

中国财政经济出版社 出版

URL：http：//www.cfeph.cn

E-mail：cfeph@cfeph.cn

社址：北京市海淀区阜成路甲28号　邮政编码：100142

营销中心电话：010-88191522　编辑部门电话：010-88190957

天猫网店：中国财政经济出版社旗舰店

网址：https：//zgczjjcbs.tmall.com

北京时捷印刷有限公司印刷　各地新华书店经销

成品尺寸：170mm×240mm　16开　17.5印张　238 000字

2022年8月第1版　2022年8月北京第1次印刷

定价：54.00元

ISBN 978-7-5223-1458-7

（图书出现印装问题，本社负责调换，电话：010-88190548）

本社质量投诉电话：010-88190744

打击盗版举报热线：010-88191661　QQ：2242791300

序　　言

党的十九届五中全会指出，当今世界正经历百年未有之大变局，新一轮科技革命和产业变革深入发展，人们习以为常的全球化遭遇逆风，民粹主义、保护主义等思潮在全球范围内掀起“回头浪”，全球发展的不稳定不确定性明显增加。面对国内国际环境的复杂变化，党中央审时度势提出构建“双循环”发展格局，是事关全局的系统性深层次变革。从科技周期和经济规律“长镜头”出发，聚焦金融体系和资本市场，构建新发展格局需要深刻把握和思考以下问题：

第一，国际分工与合作格局面临重大调整，通过创新突破低增长困局是未来时代发展的主旋律。科技创新推动要素生产率持续提升，是驱动经济增长的“第一动力”。众多经济指标表明，上一轮科技革命的增长动力逐渐衰减，要素生产率即将达到顶部均衡点。需求侧或供给侧调控手段，只能做到局部性经济复苏，难以避免整体性衰退。科技创新成为经济发展的核心，科技自立自强成为国家发展的战略支撑。

第二，当前正处在新一轮科技革命导入期的探索阶段，最先形成新发展范式者将掌握先机。技术扩散理论将科技革命划分为导入期和拓展期，每个阶段可能持续30至40年。尽管人工智能、生命科学、太空探索等突破性成果不断涌现，但科技革命仍停留在多点突破阶段，集群式创新仍未来临。据此判断，当前科技革命还处在导入期的探索阶段，这种状态也许会持续10至20年。在这个阶段，产业组织模式的变化尚未触及本质，固有的社会经济范式仍起主导作用，率先建立促进“新技术+新经济”耦合的新范式，将是发展的关键。

第三，创新资本兼具引领性、前瞻性和高波动性特征，亟须更加完善的金融监管体系保驾护航。历史规律表明，在科技、资本和实体经济循环发展的链条中，金融资本的嗅觉异常灵敏，发展也往往领先于产业，但是“忠诚度”也往往较低，在引领发展的同时，会产生混乱甚至暂时的衰退，处理好发展与稳定这个矛盾统一体，是发挥资本市场枢纽功能的核心要义所在。

中国特色社会主义市场经济历经40余载披荆斩棘，资本市场也经历了30年风雨，取得了从无到有的突破，从单一板块到多层次市场体系的发展。近年来，以注册制改革为龙头的一系列资本市场关键制度的创新，有力地支持了科技创新与实体经济的融合发展。与此同时，深交所积极把握发展契机，稳步推出一批先行先试改革举措，向着“优质创新资本中心和世界一流交易所”的目标不断奋进。但需要看到的是，资本市场的基础性制度仍不够健全，仍然存在较多的体制机制障碍。充分发挥资本市场枢纽功能，促进科技、资本与实体经济高水平循环，是当前及今后一段时期的工作核心。

一是坚定不移地推进市场化进程，推动提升直接融资比重。新一轮科技革命的广度和深度前所未有，对创新风险的市场化分担机制提出了更高要求。间接金融的低风险低收益本质，难以匹配高风险高收益的创新活动；间接金融的很多创新举措，实质是将风险转移或传导至直接金融市场，以实现风险共担、利益共享。针对我国直接融资占比不足30%的现状，要紧紧抓住注册制改革这个“牛鼻子”，持续健全多层次资本市场体系，集各方合力发展壮大直接金融市场。

二是加强投资端制度建设，打造有利于吸引中长期资金的市场环境。长期资金占比是影响资本市场稳定的重要因素，也是决定直接融资比重高低的核心变量之一。面对长期化投资产品和投资理念发展不充分、稳定而优秀的投资机构发展不充分等问题，要增加产品供给和制度供给，加快构建长期资金“愿意来、留得住”的市场环境。

三是优化金融监管理念，打造更加友好的创新支持市场生态。监管政策无法完全走在创新实践之前，但前瞻性的监管理念、内在协调的制度体系可以有效引领创新发展。注册制改革虽已顺利推出，但是相应的配套制度仍不完善，现有的监管体系表现出较多的不适应，要在市场准入和退出制度、日常监管体系等方面有系统性的突破和改进。

资本市场的改革“牵一发而动全身”。对于如何疏通多层次市场体系的堵点、连接断点，如何围绕产业链、供应链、创新链布局产品线，如何实现监管制度的自我革新和全面突破等问题，必须坚持系统观念，加强前瞻性思考、全局性谋划。这就要求全面深入的调查研究必须走在前面。

深交所研究所成立于1997年，是资本市场体系内的高层次研究机构。20多年来，研究所始终以重大性、基础性、前瞻性课题研究为导向，持续跟踪、深入探索资本市场发展改革相关问题，形成了一批影响深远的研究成果，诸多政策建议已被应用于改革实践中。值此深交所成立30周年之际，我们将多年来的研究成果集中展现、结集出版，以便向监管机构、研究人员提供新的素材和研究视角，向广大市场参与者传递正确的金融历史观和投资价值观。

本丛书内容丰富，涉及交易所发展趋势、资本形成、产品战略、监管实践等多个领域。既有对重大改革措施的历史回顾，也有对亟待突破领域的前沿探索；既有对经济金融理论的有益拓展，也有对市场建设实践的总结提炼；继承与创新并存，兼具理论价值与现实意义。希望本丛书能够吸引更多有志之士共同关注和参与资本市场改革发展事业，将论文呈献给祖国，把成果融入事业，合力探索适应中国国情的金融、科技与产业良性互动融合发展之路。

深圳证券交易所总经理　沙雁

2022年6月

前　　言

华尔街之于美国的重要性，正如工业革命时期伦敦之于英国，亦如17世纪阿姆斯特丹之于荷兰。纵观全球各国发展史，在一个国家的崛起过程中资本市场都发挥了关键作用。当前，我国资本市场正处于重要的战略机遇期，深化资本市场改革重点任务艰巨，党中央和国务院作出“资本市场在金融运行中具有牵一发而动全身的作用”的重要判断，而交易所则是资本市场运行的中心环节。2020年8月24日，在创业板改革并试点注册制首批企业上市仪式上，刘鹤副总理对深圳证券交易所提出了殷切期望，明确要求把深圳证券交易所塑造成为“优质的创新资本中心和世界一流的交易所”，这些充分说明，一个现代化强国离不开强大的资本市场，一个强大的资本市场离不开强大的交易所。

当下，我国正处于从世界大国向世界强国迈进的伟大征程中，正处在转变发展方式、优化经济结构、转换增长动力的攻关期，迫切需要建设一流交易所，应通过加速资本形成，为经济转入高质量发展、抢占新一轮科技革命制高点注入不竭动力。所以，全球证券交易所行业发展遵循什么规律，我国证券交易所应如何向世界一流交易所迈进，是我们需要研究的重要问题。本书紧紧围绕全球证券交易所行业变革这个主题，从制度、竞争与技术三个关键因素对全球证券交易所行业变革进行分析，并结合我国国情和证券交易所发展现状，就我国证券交易所未来发展提出了几点启示。

本书“开篇”对全球证券交易所全貌做了详细描述。首先，本篇从历史经验的角度和理论的高度总结了证券交易所行业变革的一般规律，即证券交易所行业的发展是制度、竞争与技术的统一。从第一个证券交易所诞生至今，证券交易所行业发生了翻天覆地的变化，这些变化主要由制度、竞争与技术三个关键因素驱动。接着，对当前全球证券交易所行业发展特点做了归纳：市值规模方面，北美、东亚和西欧上市公司市值呈现“三足鼎立”之势；IPO 和成交量方面，中国等新兴市场与欧美市场平分秋色；债券市场方面，卢森堡特色发展硕果累累；ETF 和衍生品市场方面，成熟市场遥遥领先。本篇第三部分为全球主要证券交易所 2019 年业务发展情况：面对宏观层面的诸多不确定，全球主要证券交易所在 ESG 和气候相关产品开发、数据和信息服务、区块链技术研发及应用、技术输出和国际合作等领域积极作为；截至 2019 年 12 月底，全球上市公司市值达到 94 万亿美元，同比增长 22.3%；但受全球不确定因素影响，主要证券交易所 2019 年市场活动有所放缓，业绩总体有所回落。

本书第二部分为竞争篇，对全球一流证券交易所的竞争态势做了详尽阐述。本篇首先构建了指标体系，对全球证券交易所的国际竞争力进行了分析，通过对全球 56 家可比证券交易所的研究和竞争力排名，定义前四名——洲际交易所、纳斯达克、德国交易所、伦敦证券交易所——为境外一流交易所。这四家交易所各方面的实力都比较突出，但又有各自的优势和个性特征。洲际交易所综合实力和品牌影响力十分强大，纳斯达克的科技创新企业集聚明显，德国交易所具有较为突出的技术优势，伦敦证券交易所的国际化水平相对较高。进一步研究发现，境外一流交易所均呈现一些共同特征——完备的市场功能、扎实的基础制度、卓越的市场效率、有效的组织运行、充分的投资者保护等。从美国证券交易所行业发展来看，竞争与合作是主旋律：1971 年成立的纳斯达克最初只是受纽约证券交易所牵制的报价板，最后成功转型为全球第二大交易所集团；纽约证券交易所作为交易所行业的明珠，经历被收购后涅槃重生，重新走向多元化发展之路，最终成为全球最具影响力的交易所集团①。

① 纽约证券交易所集团自 2013 年开始为洲际交易所集团的下属子公司。

本书第三部分为技术篇，从境外新型证券交易所的异军突起展开探讨。境外新型证券交易所兼具境外交易所行业最新的组织形态和业务模式，对它们的研究有助于掌握国际资本市场的技术潮流、运行模式和规则体系，有利于学习借鉴其先进的科学技术成果、管理经验及国际竞争战略，有的放矢地提高我国交易所的国际竞争力，增强战略博弈能力。本篇主要从四个方面展开，分别是境外新型证券交易所的发展现状及技术解决方案、境外新型证券交易所快速发展的原因、新型证券交易所发展对交易所行业及其资本市场主体的影响，以及对境外新型证券交易所发展经验借鉴的讨论。

本书最后一部分为未来篇，探讨证券交易所的转型与变革。从境外证券交易所行业近年的发展动态来看，交易所的传统边界正在被打破。一是横向区域上，随着资本日益突破国界、地域的限制实现自由流动，交易所传统的区域边界被打破。二是纵向业务链条上，交易所上市后盈利动机增强，主动运用新技术发展新业务，利用信息技术、大数据、人工智能、区块链等金融科技的赋能，进入原有业务链条的前端和后端，并逐步拓展新产品、新业务，传统的市场边界被打破。三是组织形态上，各大交易所纷纷向数据工厂转型。大数据作为新型生产要素，是重要的基础性战略资源，蕴藏着巨大价值。金融信息数据是大数据的重要组成部分，数据相关业务已经成为部分境外证券交易所主营业务，数据服务呈现产品多元化、服务精细化的特征。

在证券交易所行业几百年的变迁历程中，制度、竞争与技术都起了非常重要的作用。当经济发展对监管框架提出改革要求，证券市场管制放松、力促创新时，交易所行业进入壁垒降低，技术创新导致行业内新参与者不断涌现，如新型证券交易所、多边贸易体系和交叉网络等，交易所之间竞争加剧。此时，若交易所能充分运用先进技术，提高业务效率，则其往往能胜出。当风险加大导致证券市场监管收紧，交易所的透明度和风险防控要求不断提高时，相关市场参与主体的合规成本等将相应增加。此时，技术创新的方向将从侧重提高业务效率，转移到侧重提高业务透明度和监管效率，那么能有效利用新技术监测监控风险、降低监管成本的交易所将更有竞争力。总的来看，竞争是证券市场永恒的主题；相关制度和监管则是外部框架，是对交易所与交易所之间以及交易所与其他金融机构之间的边界的约定；技术则是交易所在不同环境中立于不败之地的利器，是决定交易所乃至交易所行业发展的关键。

2020 年恰逢中国资本市场和深圳证券交易所成立 30 周年，对 30 周年最好的纪念，就是在历史前进的逻辑中前进，在时代发展的潮流中发展。刘鹤副总理在创业板改革并试点注册制首批企业上市仪式上的致辞为深圳证券交易所改革发展确立了目标，指明了方向。新的起点需要新的眼界、新的格局和新的胸怀。身兼重任的深圳证券交易所将继续深植于中国土壤，坚持服务高质量发展，抓住“双区建设”的重大历史机遇，充分发挥区位和市场双重优势，奋力将自身建设成为优质创新的资本中心和世界一流的交易所，尽快形成一个规范、透明、开放、有活力、有韧性的资本市场，在推动科技、资本和实体经济高水平循环方面发挥更大作用。

作者

2022 年 6 月

目　　录

竞争篇 境外一流证券交易所之争

技术篇 新型证券交易所异军突起

未来篇 转型与变革

引　言

在现代市场经济体系中，证券交易所是一种特殊的经济组织形式，其数百年的发展历史向世人展示了其助推经济发展的巨大魔力。一个经济强国离不开强大的资本市场，一个强大的资本市场也离不开强大的交易所。16 世纪至 17 世纪，荷兰能够成为“海上马车夫”，就是因为其背后有一个当时雄居世界第一位的阿姆斯特丹证券交易所。18 世纪中后期，英国率先进行工业革命，成为全球近两百年的“日不落帝国”，伦敦证券交易所（London Stock Exchange，LSE）也发挥了重要作用。20 世纪以后，随着美国崛起为世界强国，纽约证券交易所（New York Stock Exchange，NYSE）也成为全球综合实力最强的证券交易所①。20 世纪 70 年代，纳斯达克（National Association of Securities Dealers Automated Quotations，NASDAQ）成立，培育了一批引领世界经济发展的科技企业，其中包括苹果、谷歌、微软、英特尔等。今天，美国能够继续保持头号超级大国的地位，与支持这些伟大科技创新型企业的资本市场不无关系。

近半个世纪以来，制度、竞争与技术加速变革，全球证券交易所行业

---

① 在2006 年之前，纽约证券交易所就是特指1792 年成立，发展了200 多年的纽约证券交易所这一个实体，2006 年之后的纽约证券交易所其实是纽约证券交易所集团。2006 年纽约证券交易所与群岛交易所合并，组建纽约证券交易所集团；2007 年集团与泛欧交易所合并，改名为纽约—泛欧交易所集团；2013 年洲际交易所集团收购纽约—泛欧交易所集团，纽约证券交易所集团成为洲际交易所集团子公司单独运营，泛欧交易所独立出去。因为洲际交易所集团的上市业务都在纽约证券交易所集团，所以，文中提及 2013 年之后洲际交易所的上市业务时，用纽约证券交易所（集团），其他情况下用洲际交易所。

也处于激烈调整当中。1975 年纽约证券交易所废除了固定佣金制度，1986 年伦敦开启“金融大爆炸”，以这两个事件为标志，全球资本市场开始由压制向监管转变，证券交易所行业进入了新的发展阶段。随着计算机技术的进步和通信技术的发展，证券交易技术愈发成熟，设立证券交易所的成本大幅降低，证券交易所的自然垄断被打破，证券交易所的行业生态快速演化。例如，全球首家电子化证券交易所纳斯达克，其以高效的交易技术取得了跨越式的发展。纳斯达克在 1971 年刚推出时，报价证券数量为 2300 只，一年后，报价证券数量达到 3350 只，总市值超过 1400 亿美元，交易量也达到了 22 亿股，按成交量统计是纽约证券交易所当年成交量的 48.93%。纳斯达克引领的电子化交易使证券交易方式被重新定义，全球证券市场组织形式和行业结构发生了深刻变革。

20 世纪 90 年代之后，伴随全球证券交易所公司化改制、上市，证券交易所运作模式和格局开始发生革命性变革，随后则进一步演化为主要证券交易所之间的并购整合，最终全球初步形成了上市交易所集团寡头垄断的格局。截至 2006 年，除了日本东京证券交易所，其余上市公司市值排名前十位的境外证券交易所，自身都已经上市。不过，随着交易技术的发展和证券市场的细分，交易所集团寡头格局导致的效率降低为人们所诟病。2005 年前后，美国出台了《全美市场体系修正案》（Regulation National Market System，Reg NMS），欧盟颁布了《金融工具市场指令》（Markets in Financial Instruments Directive，MiFID），对交易所行业进行竞争做了规范。新型交易平台、新型证券交易所开始出现并快速发展，它们的交易技术先进，组织机构灵活，很快抢占了原有传统交易所的市场份额。

面对交易所市场的激烈竞争，多元化、差异化、全球化发展成为证券交易所发展的出路，而技术再次成为冲破这一围城的利剑。经过激烈的行业变革，目前，全球形成了洲际交易所集团（Intercontinental Exchange）、纳斯达克集团、伦敦证券交易所集团、德国交易所集团（Deutsche Börse AG）四大全球一流交易所集团。他们成长于一个优质的环境中，在全球范围内，其战略管理能力、运营能力在交易所行业中处于顶尖水平，能通过卓越的产品和服务，创造极高的社会价值，具有较高的国际化水平和强大的品牌影响力，是其他交易所的标准和标杆，为全球公认的世界一流交易所。

从全球第一家证券交易所诞生至今，证券交易所行业发生了翻天覆地的变化，这些变化主要由制度、竞争与技术三个关键因素驱动。当市场发展的需要对监管框架提出要求时，金融制度放松，证券市场进入壁垒减弱，市场走向繁荣，在这个过程中，证券交易所之间的市场竞争也在加剧。与此同时，技术创新导致行业内新参与者的不断出现，如新型证券交易所、多边贸易体系和交叉网络等，这些市场参与者对传统证券交易所的业务形成压力。当市场发展过快导致风险不断增加时，市场对监管框架就有收紧的要求，对证券市场透明度的要求也有所提高，不同类型的市场参与者的监管负担也会增加，金融制度趋严。这个时候，技术在科技监管、提高透明度方面的重要作用日益显现。一般来说，技术创新有大幅度提升证券交易所运行效率和透明度的潜力。因此，能充分利用技术创新降低运营成本的交易所将处于更有利的地位。

纵观全球证券交易所行业的变迁史，证券交易所在一国之兴盛中扮演着十分重要的角色。当前，我国正处于从世界大国向世界强国迈进的伟大征程中，正处在转变发展方式、优化经济结构、转换增长动力的攻关期，迫切需要建设一流的证券交易所，通过加速资本形成，为经济转入高质量发展、抢占新一轮科技革命制高点注入不竭动力。那么，证券交易所行业的发展遵循什么规律，我国证券交易所应如何向世界一流交易所迈进，是我们需要研究的重要问题。本书紧紧围绕全球证券交易所行业变革这个主题，从制度、竞争与技术三个关键因素入手对全球交易所行业变革进行分析，并结合我国国情和当下证券交易所发展现状，就我国证券交易所未来发展提出了几点启示。

开 篇

全球证券交易所全貌

第一章

全球证券交易所行业变革的一般规律

信息技术和互联网的兴起，改变了人们的思维方式和生活方式，也在改变人们的交易方式。距今已有数百年历史的证券交易所，经历了从公开喊价、电话下单到电子竞价的转变，证券交易的组织方式、业务模式和制度体系也发生了翻天覆地的变化，证券交易所行业在这个过程中不断变革。我国要建设有竞争力的资本市场，就必须深入研究证券交易所行业的发展趋势，掌握资本市场的技术潮流、运行模式和规则体系，充分运用先进的科学技术成果和有益管理经验。因此，有必要从历史经验的角度和理论的高度来总结证券交易所行业变革的一般规律，进一步探讨证券交易所行业变革的应对之策，为提高我国交易所国际竞争力、增强战略博弈能力提供参考。

第一节　全球证券市场的发展阶段

根据证券市场在金融体系和国民经济的地位及其自身的特点，借鉴著名金融史学者拉纳尔德·米奇（Ranald Michie）的研究①，可以将全球证券市

---

① 拉纳尔德·米奇（Ranald Michie）是英国达勒姆大学教授，是世界上最著名的金融史学家之一。在过去的40年里，他发表了大量有关金融史各个方面的文章，写了许多关于伦敦城、伦敦证券交易所和全球证券市场的书。他关于全球证券市场历史的划分，可参见 Michie R．The Global Securities Market：A History［M］．Oxford：Oxford University Press，2008。

场的历史分为七个不同的时期。

一、证券市场的起源（1100—1720 年）

证券市场开始于 12 世纪，以意大利城邦可转让证券的出现为标志，并于 1720 年达到发展的高潮。在这个早期阶段，许多欧洲国家金融体系中的证券市场开始成为一个独立的实体，主要交易政府债务。不过，这一时期的证券发行量相对较小，只有少数人持有，产生零星和有限的交易，这一时期的证券发展并没有为专业中介机构的出现提供必要条件，更不用说具体的市场了。即使在全球领先的金融中心阿姆斯特丹，1700 年的证券交易也缺乏一个有组织的公共场所，还只是商品、汇票和其他金融工具形成的一般交易市场的组成部分①。

二、证券交易所的建立（1720—1815 年）

第二个时期从 1720 年开始，一直持续到 1815 年拿破仑战争结束，这一时期以巴黎首次建立了一家正式的证券交易所为标志②。巴黎证券交易所只允许专业中介机构进入，其被称为代理人；巴黎证券交易所已经有一套行为准则，是现代证券交易所的开端。在 18 世纪的大部分时间里，证券市场在组织结构和重要性方面取得了许多进步，其中，巴黎证券市场主要在组织机

① 从 17 世纪起，随着代表国家债务和可转让股票的可转让票据数量的不断增加，产生的交易量逐渐能够支撑专业调解和有组织的市场。国家债务的规模造成了买卖双方的匹配问题，只有通过有组织的市场才能解决这一问题。

② 17 世纪，阿姆斯特丹已成为主要的证券交易中心，在国内外股票市场都有大量的交易活动，并产生了一组专门的中间人，他们开发了许多现代证券交易所的组织要素，例如交易时间、价格表和交易账户。然而，阿姆斯特丹缺少股市的任何正式组织。经纪人和他们的客户聚集在阿姆斯特丹综合交易所大楼的 46 根支柱中的一根，这妨碍了有序开展业务所必需的规章制度的制定，并使他们暴露在违约的威胁之下，这削弱了对开展业务至关重要的信任基础。相反，1724 年，在约翰·劳的金融计划所激发的投机热潮之后，巴黎首次建立了一家正式的证券交易所。这家证券交易所只允许专业中介机构（称为“代理人”）进入，并有一套行为准则。因此，我们认为现代证券交易所的成立以巴黎证券交易所的建立为标志。

构上取得了领先，而阿姆斯特丹证券市场是在重要性上取得领先。此时，伦敦证券市场也在快速成长，在欧洲以外地区，新近独立的美国在 1792 年也开始有了证券市场。然而，巴黎未能守住证券市场的优势，受 1789—1815 年法国大革命的影响，巴黎证券市场的发展受到破坏，巴黎的证券从业者和资金向伦敦转移，伦敦几乎成了唯一的受益者。

三、证券市场快速发展（1815—1914 年）

第三个时期是 1815 年一场大型欧洲战争结束到下一个世纪的 1914 年。这一个世纪见证了全球证券市场在金融体系中的作用，是有史以来证券市场发挥重要作用的时期。通信手段的改进特别是电报和电话的改进，使全球各地的投资者能更加便捷地参与证券产品交易。全球证券市场不仅为促进国家和世界经济发展提供了长期资本，也为世界货币体系带来了流动性，铁路和股票交易所成为全球一体化经济的象征。

四、战争、危机和崩溃（1914—1945 年）

第四个时期是 1914 年第一次世界大战爆发到 1945 年第二次世界大战结束，国际经济在这一时期处于崩溃阶段。在这 31 年中，19 世纪的成就基本上已经消失或发生逆转，通货膨胀和违约给证券价值造成了严重破坏，各国政府限制市场自由运转。1929 年华尔街的崩溃和 1931 年金本位的终结成为全球证券市场的历史转折点。1933—1934 年，美国政府成立了美国证券交易委员会（United States Securities and Exchange Commission，SEC），负责监管证券的发行和交易，并根据《格拉斯 - 斯蒂格尔法案（Glass - Steagall Act)》，禁止商业银行直接参与证券市场，从此开启了一个证券监管甚至压制的时代。

五、管制和萎缩（1945—1970 年）

第五个时期是 1945—1970 年，全球证券市场处于萎缩状态，许多国家完全放弃了证券交易所。在社会主义国家，中央计划取代了金融市场，证券市场已经不复存在。即使在市场经济国家，政府也更多地参与到包括财政资源分配在内的总体规划中，许多行业，如整个铁路系统被国有化，证券不再在证券交易所交易。与此同时，所需的金融中介由银行而非市场主导。在这一时期，证券市场在世界金融体系中扮演了一个次要角色。

六、金融市场大变革（1970—2005 年）

第六个时期是 1970—2005 年，全球证券市场的复苏。20 世纪 70 年代，美国开始放弃固定佣金制，进而最终引发了全球证券市场由控制转向监管，证券市场作为国家金融体系的重要组成部分开始复苏。在国际上，金融自由化使全球证券市场重新成为日益一体化的世界经济中的关键因素。这一时期，随着东欧剧变和信息技术的发展，全球成立了许多新的交易所，包括正式的场内组织和由电子网络组成的市场。到 21 世纪初，全球证券市场已经在国内和国际金融体系中恢复了其地位。

七、交易所全面竞争（2005 年至今）

第七个时期是从 2005 年开始的，这是全球交易所大变革的时期，交易所进入全面竞争阶段，证券市场在金融体系和经济中的重要性愈发凸显。这一时期，法律的调整和技术的进步对交易所行业的发展产生了重大影响。2005 年，美国颁布《全美市场体系修正案》，极大地促进了另类交易场所与传统交易所之间的竞争，新的另类交易场所不断涌现；2007 年欧洲施行《金融工具市场指令》，促进了欧盟范围内市场的整合，投资公司之间、市场运营商之间以及投资公司和市场运营商之间的竞争不断加强[①]。而信息技术的快速发展使交易系统自动化成为现实，新设交易所的成本大大降低。这一时期，是交易所行业变革的时期。传统交易所通过公司化、上市和并购整合等方式不断提高全球竞争力，以信息技术为基础发展起来的新型交易平台和交易所快速成长，不断蚕食传统交易所的市场份额，全球交易所之间的竞争加剧，交易所的竞争由过去单纯的上市、交易业务扩展到上市前的私募平台、上市、交易、数据、技术以及风险管理等全业务链条。

第二节 证券交易所行业的发展是制度、竞争与技术的统一

一、证券市场的发展依赖于稳定的政治和市场环境

证券市场发展的历史表明，证券交易所的发展离不开稳定的外部环境。证券市场的稳定发展首先要有制度保障，而证券制度依赖于稳定的政治和市场环境，因此，在政局动荡和市场不稳的经济体中，证券市场的发展将停滞不前，甚至倒退。

（一）欧洲早期经济泡沫和战争限制了证券市场的发展

1724 年，在约翰·劳引发密西西比泡沫之后[②]，巴黎首次建立了一家正式的证券交易所。然而，1789 年法国大革命爆发，巴黎证券交易所在 1793 年关闭，1795 年阿姆斯特丹也被法国军队占领，欧洲的银行家和经纪人纷纷

---

① 吴林祥．海外证券交易所发展趋势：总结和反思［R］．深圳证券交易所研究所，2012.

② 密西西比泡沫事件（The Mississippi Bubble）是指法国 1719—1720 年的密西西比公司股市泡沫破裂的金融事件。法国的密西西比泡沫、荷兰的郁金香狂热和英国的南海泡沫被称为欧洲早期的三大经济泡沫。

逃往英吉利海峡对面的伦敦。18 世纪末 19 世纪初，政府为了筹集战争资金，国债发行量急剧增加。1815 年，英国国债达到 7.45 亿英镑，较 1790 年提高了两倍。政府债券吸引了更多的投资者，在当时各国政府债券普遍违约的形势下，英国的政府债券是最安全的。虽然巴黎证券交易所的成立时间远早于伦敦证券交易所，但由于英国本土未发生战争，伦敦证券交易所的发展远快于巴黎证券交易所。

（二）两次世界大战和经济危机导致全球证券市场几近崩溃

从 1914 年第一次世界大战爆发到 1945 年第二次世界大战结束，国际经济在这一时期处于崩溃阶段。在第一次世界大战刚开始的 1914 年 7 月，伦敦证券交易所、纽约证券交易所、巴黎证券交易所、阿姆斯特丹证券交易所等交易所先后关门。1929 年 10 月 24 日，纽约股票市场价格在一天之内下跌 12.8%，大危机由此开始，银行倒闭，生产下降，工人失业，大危机从美国迅速蔓延到整个欧洲和除苏联以外的全世界。德国、日本为了摆脱大萧条开始走上了对外侵略扩张的道路及法西斯主义道路，于是爆发了第二次世界大战。在第一次世界大战开始到第二次世界大战结束的这 31 年中，19 世纪证券市场的发展成就基本被毁，通货膨胀和违约给证券价值造成了严重破坏。1929—1933 年的大危机之后，美国政府成立了证券交易委员会，禁止商业银行直接参与证券市场，从此开启了一个证券监管甚至压制的时代。

（三）冷战时期全球证券市场发展受到管制

从 1945 年到 1970 年，全球证券市场处于萎缩状态，许多国家完全放弃了证券交易所。当时的冷战格局迫使苏联东欧等国家将所持有的美元拿到西欧结算，并从西欧融资。此外，当时美国金融当局对本国金融业进行了严格的管制（Q 条款、利息平衡税等），迫使银行、公司和个人在海外特别是在欧洲进行融资。20 世纪 80 年代以前，苏联的银行体制一直由一家中央银行和少数几家专业银行构成，囊括了所有的金融信贷业务。苏维埃政府执政后的十几年中彼得堡证券交易所等证券交易所还一直在运营，但到斯大林时期，苏联关闭了所有的证券交易所。在市场经济国家，政府也更多地参与了包括财政资源分配在内的总体规划，许多行业所需的金融服务由银行而非证券市场主导。在这一时期，证券交易所维持固定收费率，限制市场进入通道，追求无风险的运营模式。

二、技术变革促进近代证券交易所行业快速发展[①]

（一）法规调整和通信技术发展，导致证券交易所行业的第一次快速发展

其实，证券市场产生于12世纪的意大利城邦，那个时候以政府债券为主要交易产品，但在之后很长的历史时期，证券交易所的发展极为缓慢，直到19世纪通信技术变革之后，证券交易所行业的第一次快速发展才出现。

伦敦证券交易所于1801年正式成立，《泡沫法令》的废除给股份公司的设立扫除了障碍[②]，大量股份制公司成立并发行证券融资。1830年，电报机通过纸带传送价格信息，从而大大提高了金融信息流通的效率。19世纪30年代之后，外国政府债券大量进入伦敦证券交易所，伦敦成为美国证券的主要欧洲市场，英国的投资者是美国联邦、州政府和公司证券的主要持有者。公司证券主要有银行、运河公司和早期的铁路公司证券。据估计，1838年英国投资者持有的所有美国公司股票和债券达到2000万美元。1850年伦敦证券交易所已经是世界上最大、最重要的证券交易所了。1850年英国人拥有的全部资产中金融资产占比39%，其中56%是本国和外国的证券；到1913年，金融资产占比已经上升至64%，其中本国和外国证券占比达74%。1840年英国只有3家地方性证券交易所，1845年就已经增

① 按世界史的说法分类，14—15世纪欧洲资本主义萌芽到1917年俄国十月社会主义革命为近代，1917年俄国十月社会主义革命之后至今为现代。

② 1720年的南海泡沫事件给英国造成很大震荡，让英国人对股份公司有了阴影，而在事件中制定的《泡沫法令》又规定，股份公司必须取得皇家特许状才能继续经营。

加到18家。一直到第一次世界大战之前，伦敦证券交易所一直是英国也是世界上第一大证券交易所（见表1－1）。

表1－1 1853—1913年伦敦证券交易所上市证券名义价值占比（%）

证券分类＼时间	1853年	1863年	1873年	1883年	1893年	1903年	1913年
英国政府	70.2	58.4	38	24	16.5	13.4	10.6
英国公共机构	—	—	0.2	1.2	1.8	2.4	2.9
百分比合计	70.2	58.4	38.4	25.2	18.4	15.8	13.5
殖民统治	—	1.5	2	3.6	5.4	4.8	4.2
外国政府	5.7	8.7	17.8	22.9	14.8	14.7	14.9
殖民地/外国公共机构	—	—	1.6	0.4	0.9	0.7	1.6
百分比合计	5.7	10.2	21.4	26.8	21.1	20.2	21.3
英国铁路	15.9	14.6	16.5	18.1	17.4	15.8	12.7
印度铁路	2.6	3.9	4.5	2.2	2.2	1.9	1.6
帝国铁路				1.4	2.4	2.2	3.3
美国铁路		7.8	3.6	8.5	15.2	15.9	18.1
国外铁路			7.4	10.4	12.2	8.3	7.7
百分比合计	18.5	26.3	32	40.6	49.4	44.1	43.4
银行和折扣房	0.5	1.1	4.6	1.5	1.3	2.9	3.1
金融、土地和投资	—	—	0.3	0.9	1.5	1.5	1.4
金融信托					1	1	1.2
保险	0.5	0.5	0.1	0.4	0.3	0.9	0.7
百分比合计	1.1	1.6	5	2.8	4	6.3	6.4
运河和码头	1.4	0.9	0.4	0.9	0.9	0.6	0.2
煤气	0.5	0.4	0.6	0.6	0.7	1	0.8
电力	—	—	—				0.8
电报电话	—	—	0.5	0.8	0.7	0.6	1.5
电车和公共汽车	—	—	0.1	0.2	0.2	0.3	1.2
自来水厂	0.2	0.3	0.3	0.3	0.3	0.3	0.1
百分比合计	2	1.6	1.4	2.8	2.9	2.9	4.6

续表

证券分类＼时间	1853 年	1863 年	1873 年	1883 年	1893 年	1903 年	1913 年
商业/工业	1.8	1.6	0.9	0.5	1.9	3.7	4.6
酿造					1.1	1.7	1.1
铁、煤和钢			0.3	0.4	0.3	4.1	3.5
航运			0.3	0.3	0.2	0.4	0.5
百分比合计	1.8	1.6	1.4	1.2	3.5	9.9	9.6
矿山	0.6	0.3	0.3	0.6	0.7	0.6	0.6
硝酸盐							0.1
石油							0.2
茶、咖啡、橡胶	—	—	0.1	—	—	0.1	0.3
百分比合计	0.6	0.3	0.4	0.6	0.7	0.7	1.2
合计	99.9	100	100	100	100	99.9	100

资料来源：Michie R. The London stock exchange: A history [M]. OUP Oxford, 2001。

通信技术的改进，特别是电报和电话的改进，使各种证券产品能够更容易地从全球各地吸引投资者。全球证券市场不仅为促进本国和世界经济发展提供了长期资本，也给世界货币体系带来了流动性。从 19 世纪初到第一次世界大战，这一个世纪见证了伦敦金融中心在经济发展中的作用，是有史以来证券市场发挥重要作用的时期。

（二）通信技术革命以及国际资本流动性增加，促进纽约证券交易所的发展和繁荣

内战之后的美国证券市场进入了一个快速发展的时期，证券日益成为企业获得资金、银行平衡财务风险、投资者储蓄投资的金融工具。19 世纪 50 年代之后，电报系统在美国东部建立起来，并迅速扩展到全国；到 19 世纪 70 年代，各个金融中心都通过电缆建立了联系。证券市场指令可以在各个交易所之间传递。纽约证券交易所日均交易量从 1861 年的 1500 股，增加至 1900 年的 50 万股；1901 年，其年交易量达到 2.65 亿股。1860 年美国股票和债券余额大约为 20 亿美元，到 1912 年已经增长至 561 亿美元。

同一时期，证券在国民资产中的占比也有了较大的提升，从1850—1860年的平均11.5%提高到1912—1914年的19.2%（见表1－2）。

表1－2　　纽约证券交易所上市公司股票交易情况

时间	铁路股票			非铁路股票	
	公司数目	发行股票数目	占总市值百分比（%）	公司数目	发行股票数目
1870年	30	45	75	13	16
1880年	63	81	72	30	31
1890年	91	129	75	38	44
1900年	80	133	58	65	96
1910年	67	105	45	84	128

资料来源：兰科·E. 戴维斯，等，1820—1914年的国际资本流动、国内资本市场和美国经济增长剑桥美国经济史（第二卷）[M]. 高德步，等，译. 北京：中国人民大学出版社，2008.

随着交易活动的增加，19世纪70年代之后，纽约证券交易所逐渐建立了“专营商（Specilist）制度”。交易量的增加使特定股票的交易商开始在一个交易大厅交易，最后逐渐演变成专门为特定股票做连续交易的市场，而连续交易市场提供了更快的价格发现速度，又进一步促进了交易量的增加。纽约证券交易所的专营商制度成为纽约证券交易所的特色，一直延续了一个多世纪。

三、证券制度和技术快速变化导致现代证券交易所行业加速变革

证券交易所作为自律监管组织，监管是证券交易所的首要职责。与之相对应的，证券市场相关法律、政策等制度框架直接决定了证券交易所的边界。1929—1933年大萧条之后，美国成立了证券交易委员会，负责监管证券的发行和交易，并根据《格拉斯－斯蒂格尔法案 Glass－Steagall Act)》，禁止商业银行直接参与证券市场，从此开启了一个证券市场被压制的时代。进入20世纪七八十年代，全球资本市场的发展迎来了转折。1975年纽约证券交易所废除了固定佣金制度；1986年伦敦开启“金融大

爆炸”，以这两个事件转变为标志，全球资本市场的地位由压制向监管转变。证券市场地位的确定，界定了监管与市场发展的边界，给证券交易所的发展提供了支撑，证券市场在监管的框架下取得了快速发展。

第三次科技革命之后，计算机技术、通信技术的快速发展极大地提高了证券交易效率，打破了证券交易所的自然垄断。依托于高效的交易技术，纳斯达克快速发展。纳斯达克在1971年刚推出时报价证券数量为2300只，一年后，报价证券数量提高到3350只，总市值超过1400亿美元，纳斯达克的交易量也达到了22亿股。按成交量统计，这是当年纽约证券交易所成交数量的48.93%。交易技术的发展打破了交易所的自然垄断，证券交易所之间的竞争日益激烈。1984年，纳斯达克首次推出小订单执行系统（Small Order Execution System，SOES），用于为订单少于或等于1000股的个人交易者提供自动订单执行。20世纪90年代之后，全球证券交易所运作模式和格局开始发生革命性变革，突出表现为交易所纷纷进行公司化改制、上市，随后，进一步衍生出主要交易所之间的并购整合，最终初步形成了几个交易所集团寡头垄断的格局。随着交易技术的发展和证券市场的细分，交易所集团寡头格局导致的效率降低为人们所诟病。

2005年前后，美国出台《全美市场体系修正案》，欧盟颁布《金融工具市场指令》，对交易所行业的竞争做了规范作用。新型交易平台、新型证券交易所开始出现并抢占原有传统交易所的市场份额。面对交易所之间的激烈竞争，多元化、差异化发展成了交易所发展的出路，而技术再次成为冲破这一围城的利剑。无论是监管下的传统交易所还是新的市场参与者，技术都成为其在市场立足的重要抓手，甚至是决定因素。纽约证券交易所在2006年通过反向收购群岛电子交易所（Archipelago Exchange），实现了电子化交易。纳斯达克将自身定位于一家金融技术服务公司，纳斯达克领先的交易技术已经为全球50多个国家和地区的110多个市场提供服务，纳斯达克的监察系统被全球160多个市场使用。巴兹全球市场（Bats Global Market，Bats）在被芝加哥期权交易所（Chicago Board Options Exchange，

CBOE）收购之后，其交易技术方面的优势被进一步开发，芝加哥期权交易所耗资5000万美元将当时的交易系统迁移至Bats平台。

四、证券交易所行业发展是制度、竞争与技术的统一

从第一个证券交易所诞生至今，证券交易所行业发生了翻天覆地的变化，这些变化主要由制度、竞争与技术三个关键因素驱动。政治环境、市场环境、证券法规等都是制度，对交易所与交易所之间以及交易所与其他金融机构之间的边界进行了约定。由于资源的相对稀缺，竞争是永恒的主题，证券交易所行业亦然，任何一家证券交易所都要面对其他交易所以及其他金融机构的竞争。例如，18世纪英国出现了众多证券交易所的相互竞争，高峰时达30多家。在给定制度和竞争环境的情况下，技术是影响交易所发展的关键变量。第一次工业革命使伦敦证券交易所更加繁荣，同时促成了纽约证券交易所的建立；第二次工业革命使美国制造业取得了长足发展，纽约证券交易所成为美国资本市场的中心；第三次工业革命时，伴随计算机技术的快速发展，纳斯达克迅速崛起。工业革命的本质就是技术创新，历史反复表明，技术对交易所的发展起了关键作用。

总结来说，在证券交易所行业的变迁过程中，制度是外部框架，竞争是永恒的主题，而技术是决定交易所发展的关键（见图1－1）。上市资源、客户资源的稀缺性与交易所逐利之间的矛盾，导致交易所和交易所之间，以及交易所和其他金融机构之间出现竞争。证券交易所通过使用技术来提高经营效率，降低运营成本，增强自身的竞争力。而制度，则是约定证券交易所行为的一系列规范，规定了证券交易所之间以及与其他金融机构之间的边界。

当经济发展对监管框架提出改革要求时，证券市场管制放松、力促创新时，交易所行业进入壁垒降低，技术创新导致行业内新参与者的出现，如新型证券交易所、多边贸易体系和交叉网络等，造成交易所之间竞争加剧。此时，能充分运用先进技术、提高业务效率的交易所在竞争中往往能

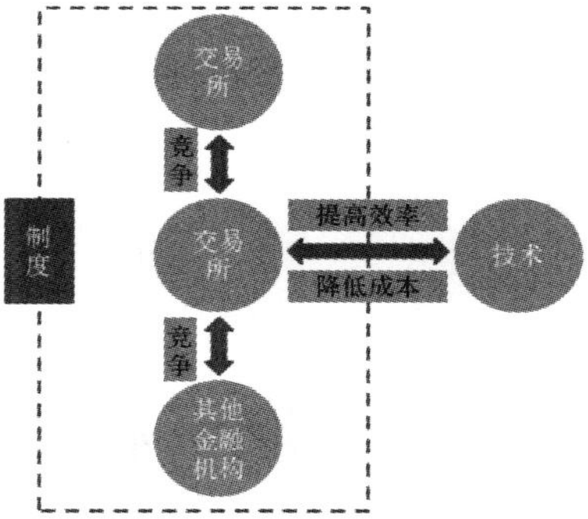

图1-1　证券交易所行业发展理论框架

胜出。当风险加大导致证券市场监管收紧，交易所透明度和风险防控要求均提高时，相关市场参与主体的合规成本等将相应增加。此时，技术创新的方向将从侧重提高业务效率转移到侧重提高业务透明度和监管效率上。这时，能有效利用新技术监测监控风险、降低监管成本的交易所将更有竞争力。总的来看，竞争是证券市场永恒的主题；相关制度、金融监管是外部框架，是对交易所与交易所之间以及交易所与其他金融机构之间的边界进行的约定；技术则是交易所在不同环境中立于不败之地的利器，是决定交易所乃至交易所行业发展的关键。

第二章

全球证券交易所行业格局现状

国家或地区的经济发展离不开资本市场的支持，而资本市场的核心则是证券交易所。从全球第一家证券交易所诞生至今，证券交易所在国家或地区的经济发展中始终发挥着重要作用。当前，证券交易所行业跟诞生之初相比已有了很大的变化，本章首先从多个维度对全球证券交易所行业的发展情况做一个全景扫描。

第一节　市值规模：北美、东亚和西欧三足鼎立

一、从交易所股票市值看，占比较大的是北美、亚洲和欧洲

目前，世界交易所联合会（World Federation of Exchanges，WFE）注册会员有84家，其中，美洲16家，亚太22家，欧洲、非洲和中东共46家（见图2－1）。美洲地区16家交易所的股票市值超过39.16万亿美元，占全球股票总市值的44%；亚太地区22家交易所的股票市值超29.81万亿美元，占比达33%；欧洲、非洲和中东地区的46家交易所，股票市值约20.12万亿美元，占比最小，为23%（见图2－2）。总体看，股票市值

规模较大的交易所主要分布于北美（纽约证券交易所、纳斯达克、多伦多交易所）、东亚（东京证券交易所①、韩国交易所、上海证券交易所、深圳证券交易所、香港交易所等）和西欧（伦敦证券交易所、德国交易所、泛欧交易所、瑞士交易所等）。

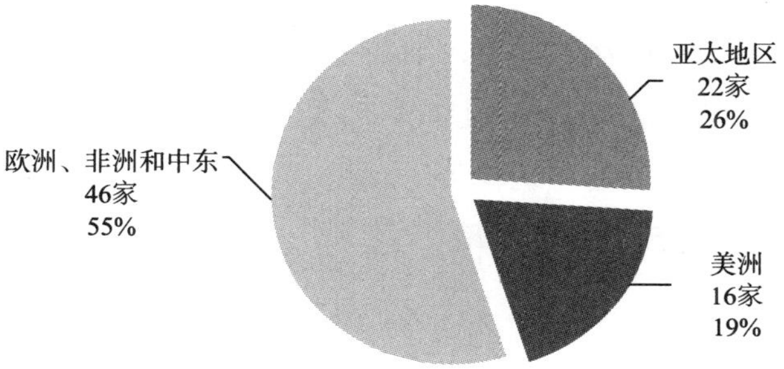

图 2－1　全球主要交易所数量的区域分布

资料来源：WFE，截至 2020 年 6 月底。

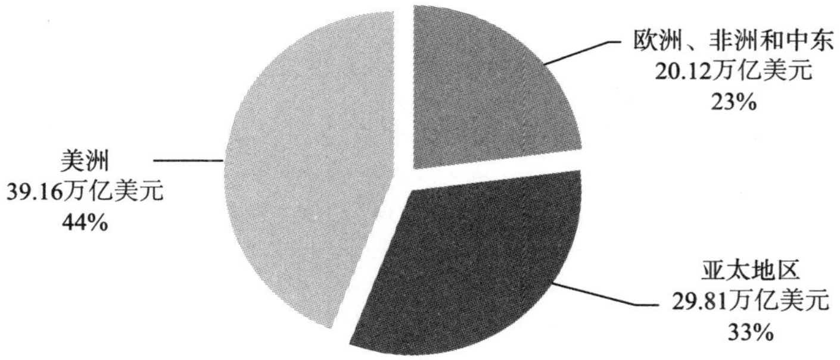

图 2－2　全球主要交易所市值及占比区域分布

资料来源：WFE，截至 2020 年 6 月底。

---

① 日本交易所集团（JPX）由东京证券交易所、大阪交易所、东京商品交易所等构成，因为现货业务在东京证券交易所，所以本书中提及日本交易所集团的现货业务时，就用东京证券交易所代表，其他情况下还使用日本交易所集团。

二、美国交易所股票市值远超其他国家和地区

截至2020年6月，共有19家证券交易所股票市值在1万亿美元以上（见表2－1）。其中，全球前两大交易所均在美国，纽约证券交易所的股票市值最大，为22.00万亿美元；纳斯达克次之，为14.65万亿美元；中国有4家交易所的股票市值超过1万亿美元，其中，上海证券交易所为5.26万亿美元，香港交易所为4.89万亿美元，深圳证券交易所为3.92万亿美元，台湾证券交易所为1.20万亿美元，总计市值超过15万亿美元，仅次于美国。

表2－1　股票市值超万亿美元的证券交易所

排名	证券交易所	市值（万亿美元）	排名	证券交易所	市值（万亿美元）
1	纽约证券交易所	21.00	10	德国交易所	1.93
2	纳斯达克	14.65	11	孟买证券交易所	1.84
3	东京证券交易所	5.66	12	印度国家证券交易所	1.83
4	上海证券交易所	5.26	13	瑞士交易所	1.76
5	香港交易所	4.89	14	纳斯达克－北欧交易所	1.56
6	泛欧交易所	4.29	15	韩国交易所	1.41
7	深圳证券交易所	3.92	16	德黑兰证券交易所	1.35
8	伦敦证券交易所	3.23	17	澳大利亚证券交易所	1.32
9	沙特证券交易所	2.20	18	台湾证券交易所	1.20
10	多伦多交易所	2.10	20	约翰内斯堡证券交易所	0.83

资料来源：WFE，截至2020年6月底。

三、从股票市值集中度来看，全球证券交易所市场集中度较高①

根据 WFE 统计数据，无论按市值还是股票成交金额计算，2020 年上半年4 个交易所集中率均在50%以上，8 个交易所集中率均在70%以上，说明全球交易所市场集中度较高，总体呈现寡头垄断竞争格局（见表2 –2）。根据 WFE 统计数据，2020 年上半年按股票市值排名，前 4 位的证券交易所是纽约证券交易所、纳斯达克、东京证券交易所和上海证券交易所；前 8 位的证券交易所是纽约证券交易所、纳斯达克、东京证券交易所、上海证券交易所、香港交易所、泛欧交易所、深圳证券交易所和伦敦证券交易所；2020 年上半年按股票成交额排名，前 4 位的证券交易所是纳斯达克、芝加哥期权交易所、深圳证券交易所和纽约证券交易所，前 8 位的证券交易所是纳斯达克、芝加哥期权交易所、深圳证券交易所、纽约证券交易所、上海证券交易所、东京证券交易所、韩国交易所和香港交易所。可见，北美和亚洲市场交易活跃。

表 2 –2　2020 年上半年全球主要交易所按市值和股票成交量计算的集中度

指标	4 个交易所集中率（%）	8 个交易所集中率（%）
上市公司数	27. 74	47. 95
市值	52. 28	70. 60
成交金额	61. 22	80. 13

资料来源：WFE。

① 市场集中度是指某行业相关市场内前 N 家最大企业所占市场份额的总和，是对整个行业市场结构集中程度的测量指标，用来衡量企业数目和相对规模的差异，是市场势力的重要量化指标。其中，4 个交易所集中率表示排名前 4 的交易所市值和股票成交量占全球所有交易所市值和股票成交率总和的比例；8 个交易所集中率表示排名前 8 的交易所市值和股票成交量占全球所有交易所市值和股票成交率总和的比例；赫芬达尔指数为所有交易所市场份额的平方总和。

第二节 IPO 和成交量：中国等新兴市场与欧美市场平分秋色

一、从 IPO 数量看，中国等新兴市场国家和地区表现抢眼

总体来看，中国等新兴市场国家和地区的 IPO 数量较多。2019 年，IPO 上市公司数在 20 以上的证券交易所共 17 家（见表 2－3）。其中，香港交易所 2019 年 IPO 上市的公司数量最多，为 161 个；纳斯达克次之，为 145 个；上海证券交易所位列第三，为 123 个，东京证券交易所第四，为 82 个，深圳证券交易所第五，为 78 个。这与中国经济体量大、较快的经济成长速度紧密相关。当然，纳斯达克、伦敦证券交易所等成熟市场凭借制度上的优势，也吸引了不少优质企业发行上市。

表 2－3　2019 年 IPO 上市公司数超 20 家的证券交易所

排名	证券交易所	公司数（个）	排名	证券交易所	公司数（个）
1	香港交易所	161	10	印度尼西亚交易所	55
2	纳斯达克	145	12	纽约证券交易所	33
3	上海证券交易所	123	8	印度国家证券交易所	31
4	东京证券交易所	82	13	马来西亚证券交易所	30
5	深圳证券交易所	78	14	泰国证券交易所	28
6	多伦多交易所	78	15	孟买证券交易所	27
7	韩国交易所	73	16	纳斯达克－北欧交易所	23
8	伦敦证券交易所	71	17	台湾证券交易所	20
9	澳大利亚证券交易所	63			

资料来源：WFE。

二、从成交金额看，东亚市场和美国市场平分秋色

欧美国家采取的是多交易中心模式，大量另类交易平台与证券交易所抢夺交易份额。但是，相比其他国家和地区，证券交易所的交易量仍然较大。从成交金额看，2020 年上半年，股票成交金额达 1 万亿美元以上的证券交易所共 10 家（见图 2－3），其中，纳斯达克股票成交金额最高，为 30.6 万亿美元；纽约证券交易所次之，为 13.9 万亿美元；深圳证券交易所位列第三，为 7.68 万亿美元；上海证券交易所位列第四，为 4.95 万亿美元；东京证券交易所位列第五，为 3.52 万亿美元。

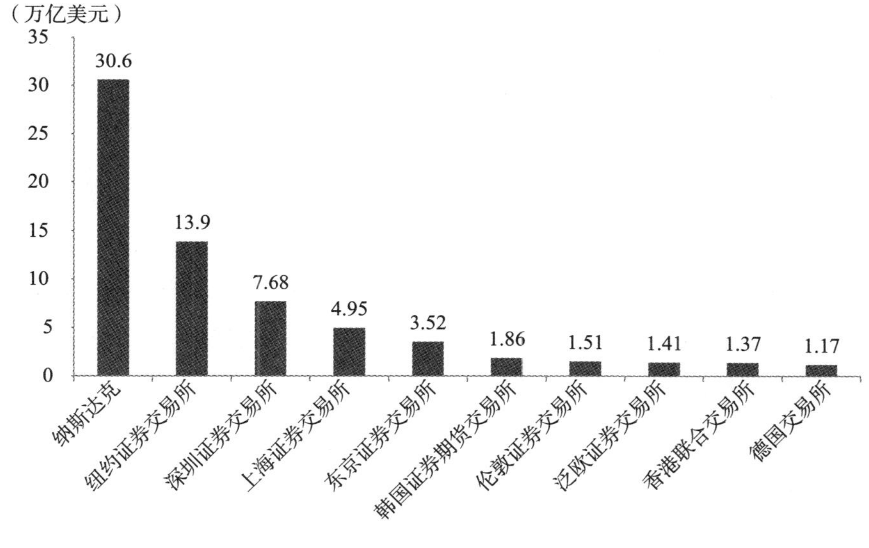

图 2－3　2020 年上半年全球股票成交金额在 1 万亿美元以上的证券交易所

资料来源：深圳证券交易所大数据信息系统。

第三节　债券市场：卢森堡的特色发展硕果累累

截至2019年底，全球上市债券数量超过1000只的证券交易所共21家（见表2－6）。其中，泛欧交易所债券数量最多，为45262只；卢森堡证券交易所次之，为32314只；德国交易所排名第三，为29823只；中国的上海证券交易所、深圳证券交易所和香港交易所分别位列第五、第十和第二十一名，相应的，上市债券数量为15368只、5522只和1388只（见表2－4）。卢森堡的国土面积约2500平方公里，人口只有50余万，在经济腹地较小的情形下，却是欧洲乃至全世界证券上市与交易的主要场所，这非常值得我们思考。以卢森堡证券交易所为例，作欧洲证券交易的一个重要媒介，其竞争战略包括以下特点。

一、定位为产品中心，以债券为主营业务进行差异化竞争

卢森堡证券交易所直面泛欧交易所、德国交易所、伦敦证券交易所等大型集团的竞争，其主要战略是进行差异化发展，不断创新。卢森堡证券交易所上市证券数量超过40000只，其中债券占比67%，基金产品占比18%，权证占比14%，股票占比1%。债券品种包括普通债券、国际债券、高收益债券、人民币债券、绿色债券①、点心债券、伊斯兰债券等②，分类逻辑主要体现其特色和多样化。其中，卢森堡证券交易所高收益债券占据欧洲高收益债券的50%，也是卢森堡证券交易所交易量最大的证券类型之一。

---

① 在卢森堡证券交易所114只已上市的绿色债券中，105只总市值524亿美元的债券已在卢森堡环保金融交易所平台挂牌。

② 2002年，欧洲第一只伊斯兰债券在卢森堡证券交易所上市。伊斯兰债券由投资者提供资金购买资产，然后将资产出售或租赁给借款人，并随着时间的推移逐渐获得偿付。其本金金额一般无法保证，投资回报与资产的基础购买价及赚取的利润相关联，并将其作为对投资者的补偿。投资者还可能与发行者在损益共担的基础上建立合作关系。

表 2-4　　上市债券数量超 1000 只的证券交易所

排名	证券交易所	数量（只）	排名	证券交易所	数量（只）
1	泛欧交易所	45262	12	维也纳证券交易所	3698
2	卢森堡证券交易所	32314	13	瑞士交易所	3541
3	德国交易所	29823	14	西班牙证券交易所	3082
4	斯图加特证券交易所	28104	15	台湾证券交易所	1896
5	上海证券交易所	15368	16	开曼群岛证券交易所	1860
6	韩国交易所	13938	17	约翰内斯堡证券交易所	1849
7	伦敦证券交易所	13671	18	莫斯科交易所	1795
8	印度国家证券交易所	7518	19	布宜诺斯艾利斯证券交易所	1572
9	纳斯达克－北欧交易所	7184	20	哥斯达黎加证券交易所	1543
10	深圳证券交易所	5522	21	香港交易所	1388
11	新加坡交易所	4217	22		

资料来源：WFE，截至 2019 年底。

二、依托于欧洲统一市场，实行国际化战略

国际化是卢森堡证券交易所发展的必由之路。以债券为例，卢森堡证券交易所外国债券占比高达 99.98%（见表 2-5）。相比之下，在中国，香港交易所的外国债券占比为 2.87%，上海证券交易所的外国债券只有 8 只，深圳证券交易所只有 1 只，且除了俄铝外，沪深交易所大部分外国债券的背景为红筹企业。

表 2-5　　各主要交易所债券市场的国际化情况

交易所	国内公司（%）	国内政府（%）	外国债券（%）
卢森堡证券交易所	0.00	0.02	99.98
爱尔兰证券交易所	18.13	0.11	81.76
德国交易所	31.63	3.34	65.03
伦敦证券交易所	47.30	2.54	50.16
瑞士交易所	49.56	6.04	44.40

续表

交易所	国内公司（%）	国内政府（%）	外国债券（%）
纳斯达克－北欧交易所	70.40	3.60	26.00
维也纳证券交易所	62.20	13.11	24.69
香港交易所	75.17	21.97	2.87
奥斯陆证券交易所	89.39	10.32	0.29
西班牙证券交易所	88.39	11.46	0.15

资料来源：WFE，截至2017年底。

三、通过资本自由化、证券交易简便化和高素质人才，吸引外国发行主体

卢森堡能够取得如此骄人的成绩，决定因素是多方面的：一是稳定的宏观经济政策、外汇兑换与资本流动的完全自由；二是金融业筹资成本低、经营环境宽松，证券交易手续简便、费用低廉；四是便利的地理位置，特别是拥有掌握多种语言、素质良好的从业人员，其人力资源优势十分明显。以上因素使卢森堡金融业迅速崛起，很快成为其支柱产业，且以私人银行业务、投资基金管理、欧洲债券发行与买卖以及相关的银行间业务见长。

第四节　ETF市场：成熟市场遥遥领先

凭借良好的金融创新能力、优质的投资者群体，在ETF基金方面，成熟市场的证券交易所全面领先于新兴市场。

一、从ETF基金数量看，中国等新兴市场发展相对滞后

截至2019年底，ETF数量在50只以上的证券交易所有18家（见

图2－4）。其中，泛欧交易所ETF基金数量最多，为4619只；卢森堡证券交易所排名第二，为3783只；印度国家证券交易所排名第三，为2992只。我国的交易所中，深圳证券交易所的基金数为460只，位列第十，上海证券交易所基金数是169只，位列第十三，香港交易所基金数为13只，位列第三十名。

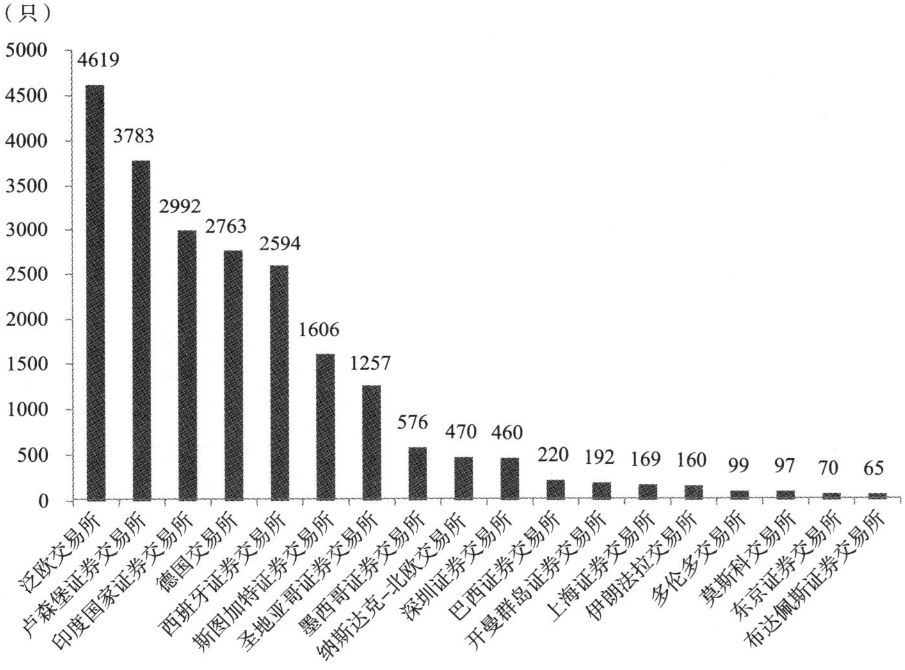

图2－4　全球ETF数量在50只以上的证券交易所

资料来源：WFE，截至2019年底。

二、从ETF成交额看，洲际交易所、纳斯达克两交易所遥遥领先

从ETF成交总额看，各交易所差异较为显著（见表2－6）。东京证券交易所成交额最高，近15.08万亿美元；纳斯达克次之，总成交额超12.79万亿美元；多伦多交易所位列第四，约4.42万亿美元；纽约证券交

易所位列第五，约3.21万亿美元。深圳证券交易所、香港交易所和上海证券交易所的成交额分别为64199.34亿美元、19224.19亿美元和1036.66亿美元，分别位列第三、第六和第十九位。

表2-6　　2019年ETF总成交额排名前20的证券交易所情况

排名	证券交易所	总成交额（亿美元）	排名	证券交易所	总成交额（亿美元）
1	东京证券交易所	150822.68	11	泛欧交易所	8539.34
2	纳斯达克	127913.19	12	德黑兰证券交易所	2543.94
3	深圳证券交易所	64199.34	13	德国交易所	1931.73
4	多伦多交易所	44169.52	14	斯图加特证券交易所	1841.03
5	纽约证券交易所	32139.98	15	智利证券交易所	1839.74
6	香港交易所	19224.19	16	马来西亚证券交易所	1785.99
7	纳斯达克-北欧交易所	18657.99	17	约翰内斯堡证券交易所	1702.43
8	圣地亚哥证券交易所	12342.56	18	伊斯坦布尔证券交易所	1110.57
9	伊朗证券交易所	9940.32	19	上海证券交易所	1036.66
10	瑞士交易所	8871.43	20	韩国交易所	582.71

资料来源：WFE。

第五节　衍生品市场：境内沪深交易所发展相对滞后

随着信息技术的飞速发展、机构投资者的崛起，以及金融管制的放松，交易所的产品创新不断深化。最突出的特征，就是衍生品种类和规模迅猛增长。

一、境外交易所的衍生品较完备，境内交易所的衍生品品种严重不足

就衍生产品的发行情况而言，德国交易所的衍生品体系最为健全（见

表2－7)，其次是洲际交易所、香港交易所、澳大利亚证券交易所、韩国交易所、纳斯达克和新加坡交易所，印度国家证券交易所和孟买证券交易所的衍生品的品种也相对较为完备。上海证券交易所和深圳证券交易所在衍生品业务方面发展严重不足，上海证券交易所仅有 ETF 期权 2 种衍生品，而深圳证券交易所直到2019 年年底才推出首只衍生品①。

表2－7 可发行期货、期权及衍生产品的证券交易所

交易所	个股期货	个股期权	指数期货	指数期权	利率期货	利率期权	ETF期货	ETF期权	商品期货	商品期权	外汇期货	外汇期权	证券化衍生品
洲际交易所	×	√	√	√	√	√	×	√	√	√	√	√	×
纳斯达克	√	√	√	√	×	×	×	√	√	√	√	√	×
伦敦证券交易所	√	√	×	×	√	×	×	×	×	×	×	×	×
德国交易所	√	√	√	√	√	√	√	√	√	√	√	√	×
日本交易所	×	√	√	√	√	√	×	×	×	×	×	×	×
香港交易所	√	√	√	√	√	×	√	√	√	×	√	√	√
新加坡交易所	√	×	√	√	√	×	×	×	√	√	√	√	√
韩国交易所	√	√	√	√	√	×	√	√	√	×	√	√	√
泛欧交易所	√	√	√	√	×	×	×	√	√	×	√	√	√
澳大利亚证券交易所	√	√	√	√	√	√	×	√	√	√	×	×	√
印度国家证券交易所	√	√	√	√	√	×	×	×	×	×	√	√	×
孟买证券交易所	√	√	√	√	√	×	×	×	√	×	√	√	×
西班牙证券交易所	√	√	√	√	√	×	×	×	√	×	×	×	√
多伦多交易所	√	√	√	√	√	×	×	√	×	×	×	√	√
瑞士交易所	×	×	×	×	×	×	×	×	×	×	×	×	√
纳斯达克－北欧交易所	√	√	√	√	√	√	×	×	×	×	×	×	√

① 2019 年 12 月 23 日，深圳证券交易所首只衍生品——沪深 300ETF 期权（标的为嘉实沪深 300ETF，代码 159919）成功上市交易。

续表

交易所	个股期货	个股期权	指数期货	指数期权	利率期货	利率期权	ETF期货	ETF期权	商品期货	商品期权	外汇期货	外汇期权	证券化衍生品
奥斯陆证券交易所	√	√	√	√	×	×	×	×	×	×	×	×	√
特拉维夫证券交易所	×	√	×	×	×	×	×	×	×	×	×	√	√
约翰内斯堡证券交易所	√	√	√	√	√	√	√	×	×	√	√	√	√
台湾证券交易所	×	×	×	×	×	×	×	×	×	×	×	×	√
马来西亚证券交易所	×	×	×	×	×	×	×	×	×	×	×	×	√
卢森堡证券交易所	×	×	×	×	×	×	×	×	×	×	×	×	√
上海证券交易所	×	×	×	×	×	×	×	√	×	×	×	×	×
深圳证券交易所	×	×	×	×	×	×	×	√	×	×	×	×	×

注：证券化衍生品（Securitized Derivatives），是一种可交易的金融工具，旨在满足特定投资者的需求，并通过纳入特殊的非标准特征来应对不同的投资策略。这些产品一般用于资本保护、国内或国外股票的套期保值、指数变化、商品和货币价格、套利策略、定向交易等。每种证券化衍生产品都有自己的特点，它们通常由与相关金融工具发行人不同的中介机构发行。证券化衍生产品包括不同类型的金融工具，包括但不限于担保权证和凭证等结构化产品。

二、从衍生品交易来看，印度和巴西的交易所成交量引人注目

从数据来看，2019 年全球有 52 家证券交易所推出了衍生产品交易，但从各类型衍生产品交易量来看，存在显著差异。从成交总量看，印度国家证券交易所成交量最大，约 59. 61 亿张；芝加哥商品交易所次之，成交量约 48. 30 亿张；巴西证券商品期货交易所的成交量位列第三，交易总量为 38. 81 亿张；上海期货交易所、大连商品交易所和郑州商品交易所分别排在第十、第十一和第十二位，交易量分别为 14. 48 亿张、13. 56 亿张和 10. 93 亿张；香港交易所排在第十五位，成交量为 4. 39 亿张（见图 2 –5）。

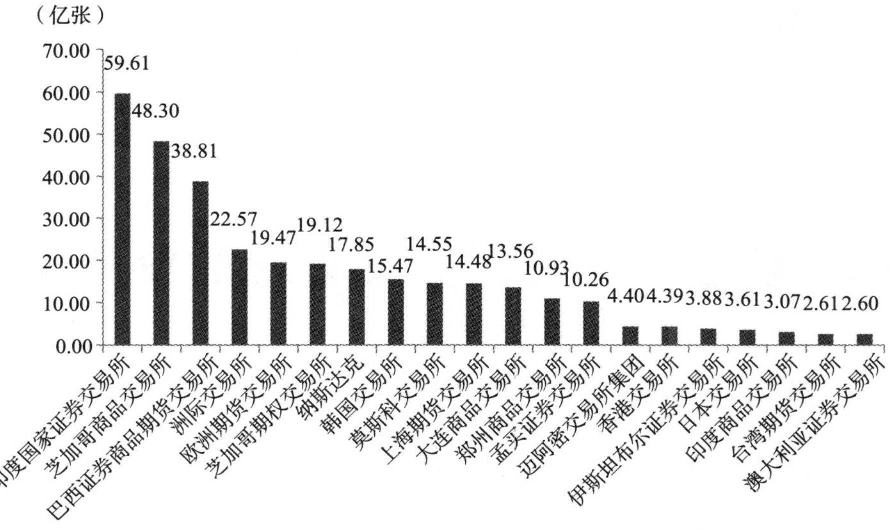

图 2-5　2019 年全球排名前二十的交易所衍生产品交易量情况

资料来源：FIA。

第三章

2019 年全球主要证券交易所的业务发展

2019 年全球宏观经济和政治环境面临诸多不确定性，全球证券交易所行业业绩增幅有所下滑。本章以全球主要证券交易所为研究对象，回顾其在 2019 年业务发展的情况和主要业绩。

第一节 2019 年全球主要证券交易所的业务发展

2019 年，面对宏观层面的诸多不确定性，全球主要证券交易所在环境社会和治理（以下简称 ESG）及气候相关产品开发、数据和信息服务、区块链技术研发及应用、技术输出和国际合作等领域积极作为。

一、可持续发展成为投资决策的重要参考，交易所加快推出 ESG 和气候相关产品

近年来，资产所有者和资产管理者越来越多地将 ESG 因素整合到他们的财务分析和投资决策中。全球可持续投资联盟的数据表明，2019 年由专业机构管理的可持续投资相关资产达到 30.68 万亿美元，比 2016 年增长了

34%[1]。基于需求的变化，各交易所积极投资这一领域的数据和产品建设。伦敦证券交易所收购了固定收益产品的 ESG 评级公司 Beyond Ratings，并启动气候风险调整的世界国债指数（Climate WGBI）；德国交易所旗下的欧洲期货交易所（Eurex）推出了首批交易所交易的 ESG 期权，斯托克指数公司（STOXX）推出了符合 ESG 标准的系列指数；洲际交易所表示会为美国和国际公司提供 ESG 参考数据服务。

二、扩展数据产品和市场，满足不断增长的数据服务需求

自动化交易的发展、监管要求的提高、被动投资偏好的变化以及安全、实时信息服务需求的不断增长，交易所相关数据产品和市场不断扩展。2019 年 8 月 1 日，伦敦证券交易所宣布以 270 亿美元收购全球最大的金融市场数据和基础设施提供商之一路孚特，此举使伦敦证券交易所与路孚特在数据和资本市场方面形成高度互补，提高了伦敦证券交易所作为全球领先的金融市场基础设施集团的地位。此次交易是交易所行业最大金额的数据公司收购，数据的重要性已成为交易所行业的共识。数据是投资决策的核心组成部分，客户需要更强大的数据管理能力、更复杂的数据分析能力、更有效的数据解决方案和数据分发能力，以适应当今市场的快速发展[2]。

三、加快区块链应用研究，推动产品和业务创新

区块链作为一项创新性的科技，将对金融及各种产业产生巨大的影响，因此区块链的基础研究及应用，已成为交易所业务发展的新高地。如

---

① The ESG Global Survey 2019, Asset Owners and Managers Determine their ESG Integration Strategies, BNP Paribas (2019).

② 伦敦证券交易所在 2019 年推出超过 340 个新的股票指数，并开发新的固定收益指数，包括气候风险政府债券指数（Climate Risk – Adjusted World Government Bond Index）。

德国交易所继续坚持“2020年路线图”设定的方向，加大区块链等创新技术的投资①。目前，德国交易所已经通过分布式账本技术（DLT）对一笔回购交易进行了结算；洲际交易所的 Bakkt 比特币期货合约开始启动，并完成了首次大宗交易；泛欧交易所也将利用代币化（tokenisation）作为其新战略框架下的主要发展内容之一（见表3－1）。

表3－1　　2019年全球主要证券交易所区块链相关业务发展情况

交易所	事件
洲际交易所	2019年9月，Bakkt 比特币期货合约启动
	2019年10月，Bakkt 比特币期货完成首次大宗交易
纳斯达克	2019年1月，纳斯达克投资区块链公司 Symbiont
	2019年3月，加密货币公司 BCause 整合纳斯达克金融框架
	2019年9月，纳斯达克的 Quandl 平台与 Thesis－driven 加密投资管理基金和数据提供商 Blockchain Investments&Co. 合作
德国交易所	2019年3月，马耳他证券交易所上线了采用德国交易所 T7 交易技术的系统，使交易延迟再次缩短
	2019年5月，波兰电力市场供应商 TGE 和罗马尼亚电气市场运营商 OPCOM 使用德国交易所开发的商品交易平台 M7
	2019年6月，德国交易所的 T7 交易技术成功部署到保加利亚证券交易所
伦敦证券交易所	2019年2月，伦敦证券交易所牵头区块链创业公司 Nivaura 2000万美元的B轮融资
	2019年11月，加密货币交易所 AAX 宣布加入伦敦证券交易所合作伙伴平台
泛欧交易所	2019年7月，泛欧交易所斥资500万欧元收购了数字资产公司 Tokeney Solutions 23.5%的股份
	2019年10月，泛欧交易所宣布其新的三年战略计划，其中提到利用代币化(Tokenisation)是其新战略框架下的主要发展内容之一
澳大利亚证券交易所	2019年8月，澳大利亚证券交易所与云计算巨头 VMware 合作开发区块链结算系统

资料来源：根据各交易所官网及公开资料整理。

① 德国交易所“2020年路线图（Roadmap 2020）”于2018年5月公布，重点关注有机增长、特定业务收购和创新技术投资三个方面。

四、增强交易技术的可扩展性，提高技术输出能力

近年来随着交易技术市场的成熟，通过第三方获取交易技术变得可行和更加经济，越来越多的交易所运营商不再自己开发交易技术产品，而是寻求外部合作或直接购买。全球主要证券交易所抓住了这一契机，不断增强交易技术的可扩展性，大力开展技术输出。纳斯达克在交易技术方面一直领先，2019 年，其先后向十余个市场提供技术输出服务。而且，纳斯达克还收购了瑞典主要金融技术提供商 Cinnober①，以巩固其领先的市场基础设施技术提供商的地位。除了纳斯达克，德国交易所的 T7 系统和伦敦证券交易所的千禧交易引擎在技术输出方面也积极布局（见表 3－2）。

表 3－2　　2019 年全球主要证券交易所技术输出情况

交易所	事件
纳斯达克	2019 年 1 月 23 日，巴拿马证券交易所（BVP）推出基于纳斯达克技术的交易系统
	2019 年 3 月 6 日，纳斯达克和由西非 8 个国家组成的区域股权交易所 BRVM 签署新协议，向其提供 SMARTS 市场监察系统，以监控跨市场和跨资产交易活动
	2019 年 3 月 28 日，德意志银行新的单一经销商平台将由纳斯达克的市场技术托管和运营
	2019 年 4 月 1 日，纳斯达克向牙买加证券交易所提供撮合和监察技术
	2019 年 5 月 9 日，纳斯达克和加拿大投资行业监管机构（IIROC）合作推出升级版市场监察系统，以增强 IIROC 的监管能力
	2019 年 6 月 6 日，纳斯达克的 SMARTS 市场监察系统在阿斯塔纳国际交易所（AIX）部署
	2019 年 7 月 2 日，纳斯达克为阿根廷中央证券存管机构提供交易后技术
	2019 年 7 月 12 日，新加坡交易所推出基于纳斯达克技术的多重撮合交易引擎
	2019 年 7 月 19 日，纳斯达克与伊拉克证券交易所签订了一项新协议，将继续向伊拉克证券交易所提供撮合引擎和中央证券托管技术
	2019 年 7 月 30 日，纳斯达克技术公司和 NTT 数据公司成为大阪交易所新一代衍生品交易系统的技术提供商

① Cinnober 是瑞典主要的金融技术提供商，为全球的经纪人、交易所和结算所提供技术解决方案。

续表

交易所	事件
德国交易所	2019 年 3 月 25 日，马耳他证券交易所上线了采用德国交易所 T7 交易技术的系统，使交易延迟再次缩短
	2019 年 5 月 28 日，波兰电力市场供应商 TGE 和罗马尼亚电气市场运营商 OPCOM 使用德国交易所开发的商品交易平台 M7
	2019 年 6 月 24 日，德国交易所的 T7 交易技术成功部署到保加利亚证券交易所
伦敦证券交易所	2019 年 1 月 22 日，伦敦证券交易所千禧交易撮合引擎为新兴加密交易所 Atom Asset Exchange 提供交易技术支持
	2019 年 6 月 12 日，约翰内斯堡证券交易所（JSE）正式使用千禧平台进行股票和外汇衍生品交易
	2019 年 12 月 11 日，菲律宾证券结算公司选择千禧技术来改善其交易后流程
泛欧交易所	2019 年 3 月 26 日，泛欧交易所旗下交易平台 FastMatch 宣布，将在新加坡建立一个新的撮合引擎
	2019 年 9 月 23 日，泛欧交易所宣布在新加坡成功推出 Euronext FX 外汇撮合引擎

资料来源：根据各交易所官网及公开资料整理。

五、继续加强国际合作，服务全球客户

随着资本全球化的深入，客户对跨地区、跨资产类别和跨货币进行交易的需求不断增加，而交易所正加快全球化布局以匹配这种需求，为日益全球化的客户提供广泛的服务。伦敦证券交易所在 2019 年 6 月正式启动沪伦通，允许全球投资者通过伦敦投资中国 A 股；同月，将中国 A 股和沙特阿拉伯股票纳入富时罗素指数；10 月，推出环球板（Global Equity Segment，GES），投资者可以在伦敦时段内，交易部分美国蓝筹股以及一些在美上市的亚洲公司的美国存托凭证（ADR）。德国交易所通过衍生品和交易后业务建立全球网络，旗下欧洲期货交易所（Eurex）获得美国商品期货交易委员会（CFTC）的批准，开始为在美国的客户提供掉期清算服务；旗下的明讯银行（Clearstream）进入澳大利亚市场，扩大其在投资基金领

域的服务范围[①]。

第二节　2019 年全球主要证券交易所的主要业绩

截至 2019 年 12 月底，全球上市公司市值达到 94 万亿美元，同比增长 22.3%，但受全球不确定性因素影响，主要证券交易所的市场活动有所放缓，业绩总体有所回落。

一、股票交易活动整体下滑明显，沪深股市成交额大幅增加

2019 年全年股市成交额为 122.64 万亿美元，同比下滑 14.18%。分交易所来看，纳斯达克交易额为 39.68 万亿美元，同比下降了 9.10%，但仍继续保持全球榜首位置；纽约证券交易所成交额为 15.43 万亿美元，相比 2018 年下降了将近 1/3，是近年来纽约证券交易所的交易额最差的一年。其余主要交易所的交易额均有不同程度的下滑，其中，德国交易所下滑超过 30%。与交易所的交易活动大幅减少不同，深圳证券交易所、上海证券交易所股市成交额增幅明显，其中深圳证券交易所成交额涨幅高达 46.13%（见表 3-3）。

表 3-3　　2019 年全球主要证券交易所股票市场主要业绩

指标 交易所	市值			上市公司			股票成交额		
	2018 年（万亿美元）	2019 年（万亿美元）	变化（%）	2018 年（家）	2019 年（家）	变化（%）	2018 年（万亿美元）	2019 年（万亿美元）	变化（%）
纽约证券交易所	20.68	23.33	12.81	2285	2143	-6.21	22.94	15.43	-32.73

① 明讯银行（Clearstream）作为国际中央证券存管机构（ICSD），是德国交易所集团子公司，为欧洲债券市场提供交易后基础设施，并为全球 56 个德国国内市场的证券提供服务。明讯银行（Clearstream）拥有 13 万亿欧元的托管资产，是世界上最大的证券结算和托管公司之一。除了高度自动化的共同基金服务外，明讯银行（Clearstream）还为所有基金类型的客户提供一站式解决方案。

续表

指标 / 交易所	市值			上市公司			股票成交额		
	2018 年（万亿美元）	2019 年（万亿美元）	变化（%）	2018 年（家）	2019 年（家）	变化（%）	2018 年（万亿美元）	2019 年（万亿美元）	变化（%）
纳斯达克	9.76	13.00	33.26	3058	3140	2.68	43.66	39.68	-9.10
东京证券交易所	5.30	6.19	16.88	3657	3708	1.39	7.21	5.88	-18.43
上海证券交易所	3.92	5.11	30.27	1450	1572	8.41	6.14	7.96	29.62
香港交易所	3.82	4.90	28.28	2315	2449	5.79	2.48	1.99	-19.83
泛欧交易所	3.73	4.70	26.04	1208	1220	0.99	2.26	1.80	-20.53
伦敦证券交易所	3.64	4.18	14.98	2479	2410	-2.78	4.77	4.18	-12.22
深圳证券交易所	2.41	3.41	41.49	2134	2205	3.33	7.60	10.49	46.13
多伦多交易所	1.94	2.41	24.31	3383	3413	0.89	1.45	1.42	-2.22
德国交易所	1.76	2.10	19.54	514	501	-2.53	2.35	1.61	-31.47

资料来源：根据 WFE 及沪深交易所官网数据整理。

二、融资活动整体下滑，香港交易所 IPO 和融资额继续保持全球第一

受宏观环境影响，2019 年全球 IPO 融资活动放缓，全年 IPO 数量为 1343 家，较上年减少 298 家，IPO 融资额为 2112.93 亿美元，同比减少 0.35%。分区域看，欧洲融资活动下滑明显：欧洲交易所共有 152 宗 IPO，是 2012 年以来的最低水平；IPO 融资额为 18 亿欧元，比 2018 年下降了 38%，是 2015 年以来的最低水平[①]（见表 3－4）。分交易所来看，香港交易所 IPO 和融资额继续保持全球第一，IPO 数为 161 家，其中内地公司为 114 家；融资额达 401.39 亿美元。阿里巴巴在港二次上市，融得 129.3 亿美元，占总融资额的 32%。上海证券交易所受益于科创板的启动，IPO 融资额达 265.47 亿美元，排名全球第二，实现了 101.92% 的增长（见表 3－5）。

---

① https：//www.afme.eu/Portals/0/DispatchFeaturedImages/AFME%204Q19%20Equity%20Primary%20Markets%20and%20Trading%20Report－3.pdf.

表 3-4　　2019 年全球证券交易所的主要业绩指标

指标	地区	2018 年	2019 年	变化率（%）
市值（万亿美元）	美洲	34.21	40.86	19.44
	亚太	25.95	31.06	19.68
	欧洲—中东—非洲	16.61	21.97	32.27
	总计	76.77	93.88	22.29
上市公司（家）	美洲	10074	10020	-0.54
	亚太	27638	23091	-16.45
	欧洲—中东—非洲	14825	7645	-48.43
	总计	52537	40756	-22.42
成交额（万亿美元）	美洲	85.09	70.91	-16.66
	亚太	30.57	33.62	9.98
	欧洲—中东—非洲	27.25	18.11	-33.56
	总计	142.91	122.64	-14.18
IPO 公司数（家）	美洲	340	269	-20.88
	亚太	994	868	-12.68
	欧洲—中东—非洲	307	206	-32.90
	总计	1641	1343	-18.16
IPO 融资额（亿美元）	美洲	524.00	502.64	-4.08
	亚太	1172.26	1017.87	-13.17
	欧洲—中东—非洲	424.17	592.42	39.66
	总计	2120.43	2112.93	-0.35

资料来源：WFE。

表 3-5　　2019 年全球主要证券交易所 IPO 及融资情况

交易所＼指标	IPO 公司数			IPO 融资额		
	2018 年（家）	2019 年（家）	变化（%）	2018 年（亿美元）	2019 年（亿美元）	变化（%）
纽约证券交易所	65	28	-56.92	262.53	205.08	-21.88
纳斯达克	150	145	-3.33	223.01	261.54	17.28
东京证券交易所	89	82	-7.87	284.32	29.74	-89.54
上海证券交易所	57	123	115.79	131.48	265.47	101.92

续表

指标 / 交易所	IPO 公司数			IPO 融资额		
	2018 年（家）	2019 年（家）	变化（%）	2018 年（亿美元）	2019 年（亿美元）	变化（%）
香港交易所	205	161	-21.46	367.36	401.39	9.26
泛欧交易所	24	10	-58.33	38.59	35.18	-8.83
伦敦证券交易所	119	71	-40.34	111.79	86.58	-22.55
深圳证券交易所	48	78	62.50	77.66	92.15	18.66
多伦多交易所	118	78	-33.90	22.19	12.24	-44.86
德国交易所	14	4	-71.43	120.77	39.54	-67.26%

资料来源：根据 WFE 及沪深交易所官网数据整理。

三、收入总体有所增加，但增幅放缓

伦敦证券交易所通过不断寻求市场合作，积极发展高度互补的业务，2019 年收入达 30.65 亿美元，实现了超过 10% 的增长，创历史新高。除了伦敦证券交易所以外，各交易所营业收入增幅均有所放缓。2019 年洲际交易所总收入达 52.02 亿美元，连续四年位列世界第一，同比增加 4.58%，较上年增幅下降 2.66%；多伦多交易所业绩增幅最大，总收入 8.94 亿美元，同比增幅为 18.60%，增幅较上年有所回落；德国交易所和香港交易所业绩小幅上升，日本交易所业绩稍微下滑，纳斯达克业绩变化不大（见表 3-6）。

表 3-6　2014—2019 年全球主要证券交易所收入情况

总收入	2014 年（百万美元）	2015 年（百万美元）	2016 年（百万美元）	2017 年（百万美元）	2018 年（百万美元）	2019 年（百万美元）	2018 年增幅（%）	2019 年增幅（%）
洲际交易所	3092.0	3338.0	4512.0	4638.0	4974.0	5202.0	7.24	4.58
纳斯达克	3500.0	3403.0	3704.0	3948.0	4277.0	4262.0	8.33	-0.35

续表

总收入	2014 年（百万美元）	2015 年（百万美元）	2016 年（百万美元）	2017 年（百万美元）	2018 年（百万美元）	2019 年（百万美元）	2018 年增幅（%）	2019 年增幅（%）
德国交易所	2897.8	2842.2	2982.1	3174.9	3583.1	3703.6	12.86	3.36
伦敦证券交易所	2009.8	2092.0	2045.9	2642.4	2721.1	3064.7	2.98	12.63
香港交易所	1267.4	1659.6	1427.4	1673.7	2019.6	2089.1	20.67	3.44
日本交易所	1129.2	884.8	1021.5	967.6	1136.6	1093.2	17.47	-3.82
多伦多交易所	686.0	550.1	554.9	595.9	754.1	894.4	26.55	18.60
泛欧交易所	596.1	563.2	524.1	639.2	704.2	762.1	10.17	8.22

资料来源：根据 Capital IQ 数据库及各交易所年报整理。

四、数据及交易后业务比重增加，业绩增长越来越依赖于非交易业务

以伦敦证券交易所为例。2019 年伦敦证券交易所收入增长了 12.63%，其中占比最大的数据业务收入增幅为 7%，占比第二的清算业务收入增幅为 14%①，这两者收入的增加，奠定了伦敦证券交易所整体业绩的增长。伦敦证券交易所中传统资本市场业务（上市和交易）收入占比为 18.41%，对伦敦证券交易所整体收入贡献在减少。其他交易所的数据业务也保持增长（见表 3－7），总收入增幅最快的多伦多交易所，近年来数据业务收入占比不断提高，2015 年数据业务占比为 30%，2019 年达到 37%（见表 3－8）。

① 数据业务收入从 2018 年的 8.41 亿英镑，增加至 2019 年的 9.02 亿英镑，LCH 清算业务收入从 2018 年的 6.62 亿英镑，增加至 2019 年的 7.56 亿英镑。另外，因为汇率原因，美元计价的伦敦证券交易所的收入增幅，比英镑计价的增幅要高。

表 3-7　　2014—2019 年全球证券交易所各项业务收入①

交易所	业务名称	收入（百万美元）					
		2014 年	2015 年	2016 年	2017 年	2018 年	2019 年
洲际交易所	交易执行和清算服务	1884	1884	1925	1926	2186	2282
	数据和信息服务	691	871	1978	2084	2115	2211
	上市服务	367	405	432	426	444	449
	其他	150	178	177	202	234	260
	合计	3092	3338	4512	4638	4979	5202
纳斯达克	交易执行和清算服务	2299	2084	2255	2418	2709	2639
	公司解决方案和上市服务	397	407	477	501	528	496
	数据和信息服务	473	512	540	588	714	779
	交易技术服务	237	235	241	247	270	338
	其他	94	165	191	194	56	10
	合计	3500	3403	3704	3948	4277	4262
德国交易所	数据和信息服务	315	291	306	320	371	—
	交易执行服务	1464	1334	1394	1468	1770	—
	清算服务	920	823	879	1007	1138	—
	合计	2699	2448	2579	2795	3279	3704
伦敦证券交易所	信息服务	581	763	734	995	1072	1172
	清算服务 LCH	607	532	552	760	844	1001
	清算、结算和托管服务 CC&G/MonteTitoli	201	176	181	204	185	201
	上市和交易服务	519	487	455	528	519	564
	交易技术服务	103	119	109	123	83	110
	其他	141	15	15	32	19	16
	合计	2152	2092	2046	2642	2722	3064

资料来源：各交易所年报。德国交易所 2019 年之后收入划分方式改变，不便纵向比较。

① 2019 年欧元兑美元汇率为 1.122208506，英镑兑美元汇率为 1.324415602。

表 3－8　　2015—2019 年多伦多交易所各业务收入构成情况

业务＼时间	2015 年（%）	2016 年（%）	2017 年（%）	2018 年（%）	2019 年（%）
数据业务①	30.00	30.73	27.97	35.31	37.18
上市业务	25.09	26.75	28.21	24.21	22.39
衍生品交易和清算	14.57	17.19	17.16	15.83	16.51
股票和固收产品交易及清算	22.02	25.64	27.45	24.35	24.18
其他	8.13	－0.31	－0.79	0.30	－0.26

资料来源：根据 Capital IQ 数据库及多伦多交易所年报整理。

① 多伦多交易所数据业务目前主要包括四方面产品：一是信息服务 TMX Datalinx；二是分析服务 TMX Insights；三是主机托管服务 Co－location；四是欧洲能源批发市场的网络连接和数据及分析平台 Trayport。

竞争篇

境外一流证券交易所之争

第四章

证券交易所的竞争力分析[①]

证券交易所是资本市场、国民经济的重要组成部分，发挥着促进资本形成、发现价格、管理风险、配置资源等重要功能，在激发企业家精神、培育创新动能等方面发挥着不可替代的作用。当今世界，美欧等大国强国的一个基本特征，就是都拥有强大的资本市场和一流的证券交易所，并以此占据全球市场资源配置的主导权。

第一节　证券交易所的竞争力

20 世纪 90 年代以来，全球证券交易所的结构变革风起云涌，随着金融全球化、自由化的深入，各国资本市场的开放程度逐渐提高，交易所之间的国际竞争及其背后蕴含的对金融话语权的争夺构成了国际金融发展的主旋律。证券交易所的竞争，是对金融资源、金融资产定价权的争夺，是一国金融影响力和支配力的重要内容，也是一个国家竞争力的重要组成部分。近年来，全球证券交易所的寡头格局越发明显。在全球证券交易所的竞争日趋激烈、证券交易所结构变革加速发展的背景下，研究交易所国际

① 受数据可获得性限制，除特殊说明外，本章主要数据更新至 2017 年底。

竞争力，具有重要的现实意义。

什么是竞争力？瑞士洛桑国际管理发展学院（IMD）和世界经济论坛（WEF）均将金融竞争力视为国际竞争力的一个重要方面[①]。其发布的《全球竞争力报告》将竞争力解释为“一国或一公司在世界市场上均衡的生产出比其他竞争对手更多财富的能力”。根据该研究，在不同的发展阶段，竞争的内容也不同。在要素驱动阶段，各国主要竞争的是劳动力和自然资源；在效率驱动阶段，各国主要竞争的是高效的生产流程；进入创新驱动阶段，各国竞争的主要是独特的产品[②]。

关于交易所的国际竞争力，学界有一些相关研究。陈雨（2005）认为，有效降低交易成本是提高交易所核心竞争力的关键所在，而改进交易机制、拓展产品服务以及调整组织架构可以作为我国沪深交易所降低交易成本、提高交易所竞争力的具体竞争策略[③]。陈薪宇等（2012）认为，影响证券交易所的因素很多，但规模是竞争力的核心，因为证券交易所具有规模经济的特点，扩大规模就是增强证券交易所的竞争力[④]。刘凤元等（2010）研究发现，一个交易所要成功，一方面需要吸引足够的公司来上市，另一方面还需要足够的投资者来交易，这两者缺一不可。影响企业选择上市交易所的因素主要包括金融法规、上市标准、信息披露要求、文化、证券市场规模、投资者保护等宏观因素，还包括行业竞争、上市成本、公司治理结构、公司价值等微观因素；影响投资者选择证券交易所的因素主要包括交易成本、投资者保护、是否有股指期货等对冲工具等[⑤]。刘彦来等（2014）的研究发现，交易所监管模式、组织形式对交易所竞争力具有显著的影响：“市场自律监管型公司制”的交易所竞争力强于“政

---

① 赵彦云，马玉琪，扈瑞鹏．资本市场竞争力的国际比较［J］．财贸研究，2016（1）．

② 全球竞争力报告（*The Global Competitiveness Report*）［M］．World Economic Forum，2004－2018.

③ 陈雨．竞争力、交易机制与证券交易所变革［J］．上海金融，2005，9.

④ 陈薪宇，潘小军．从双边市场角度看证券交易所竞争力的提高——基于上海证券交易所数据的协整检验和格兰特因果检验［J］．科学技术与工程，2012（3）．

⑤ 刘凤元．宏观因素、制度特征与资本市场竞争力——基于全球证券交易所的经验证据［J］．经济问题，2010（12）．

府主导型公司制”的交易所，“市场自律监管型公司制”的交易所竞争力强于“政府主导型会员制”的交易所，“政府主导型公司制”的交易所竞争力强于“政府主导型会员制”的交易所[①]。

上海证券交易所施东辉（2010）对证券交易所竞争力进行了较为系统的研究，他认为，证券交易所具有规模经济和网络外部性的特点，证券交易所作为提供证券交易和服务的特殊经济组织形式，其竞争力主要体现为交易效率，而影响交易效率的主要因素是交易成本，因此，可以说证券交易所的核心竞争力在于交易成本的高低。在全球竞争的态势下，交易成本的高低既是机构投资者业绩的重要决定因素，也将显著地影响机构投资者对各国证券市场的投资比重。交易成本对上市公司也有重要的意义，当交易成本下降时，投资者需求的收益率也会下降，进而导致资本成本降低。还有，交易成本在公共政策层面上也极具价值[②]。

第二节　证券交易所国际竞争力的评价指标、对象和方法

一、评价指标

从证券交易所特殊性出发，参考《财富》杂志、麦肯锡咨询公司等的一流企业评价标准，拟从宏观、中观、微观三个层面评价（见表4－1）。

一是宏观环境层面，主要涉及国民经济社会发展情况。作为整个社会经济肌体的一个部分，证券交易所运行、发展依附于整个宏观环境。一般来说，只有经济体量较大，经济增速稳定，市场化、国际化、法治化水平

① 刘彦来，陈琛，何瑞卿．全球主要证券交易所监管模式、组织形式与竞争力研究［J］．上海金融，2014（9）．

② 施东辉．交易所竞争力分析［M］．上海：上海人民出版社，2010．

表 4-1　　交易所国际竞争力评价指标体系

评价维度		具体评价指标
宏观环境层面	环境因素	GDP 总量、GDP 增速
		利率、汇率市场化
		货币国际化
		有无集团诉讼或其他支持诉讼制度、腐败指数
中观行业层面	产品和服务	上市标准包容性
		产品体系、衍生品结构
		价格发现能力
		交易系统评分
	社会价值	上市公司总市值、上市公司数
		IPO 融资金额、IPO 公司数
		交易活跃度（电子交易总额）
		投资回报情况（风险调整收益率）
	品牌形象	知名度（知名范围）
		美誉度（国外上市公司数量）
		忠诚度（采用技术收入指标）
	国际化水平	国外上市公司数占比
		国外投资者占比（数据不齐全，未采用）
		国外业务拓展能力（海外合作）
微观运营指标	战略管理能力	战略规划（规划目标）
		战略激励（CEO 薪酬与是否存在股权激励）
		战略执行（并购能力）
	运营能力	业务协调能力（业务多样化、垂直一体化程度）
		业务收入
		近两年盈利
		每股盈利情况

较高的国家和地区，才会诞生一流的证券交易所。

二是中观行业层面。证券交易所的产品和服务等方面是其重要核心竞争力。这方面是交易所竞争力的外在行业性指标。只有具有较好的基础设施、完整的产品线、良好的包容性，才会吸引不同的企业和不同的投资者聚集在一起，并最终形成较大的市场规模。这方面的评价指标包括市场总体情况、产品和服务、品牌形象和国际化水平。

三是微观运行层面。证券交易所的竞争力，需要一个运行高效的治理机制的支撑。这方面的指标，是对交易所内在素质和能力的一种评价。在这里，主要从战略目标、战略激励、战略执行、交易所收入盈利情况、公司治理情况等角度进行评价。

二、评价对象

评价对象为 WFE 注册会员，剔除数据、信息无法获得的证券交易所，总共有 56 家。本部分的研究目的，是找出世界一流交易所应具备的素质、特征。为了进一步聚焦，我们分别从市场总市值、国际化水平等角度，筛选出 15 家可比交易所作为评价对象（见表 4 –2）。

表 4 –2 交易所国际竞争力评价对象

区域	可比交易所
美洲	洲际交易所、纳斯达克交易所、多伦多交易所
亚太	日本交易所、香港交易所、澳大利亚证券交易所、韩国交易所、印度国家证券交易所、新加坡交易所
欧洲	伦敦证券交易所、德国交易所、瑞士交易所、泛欧交易所

三、评价方法

定量评价方法：第一名分值 15 分，第二名分值 14 分，依次类推。

定性评价方法：总共分为 A、B、C、D 四个等级。A 等级得分 15 分，B 等级得分 10 分，C 等级得分 5 分，D 等级得分 0 分。

交易所的竞争力评价是一项非常困难的工作，由于定量评价和定性评价并存，会存在信息和数据不可得的情况，存在主观判断的可能性，权重的设定也可能有争议。目前，我们没有完美的评价方法，只能尽量在充足信息和数据基础上作出客观判断。

第三节 证券交易所国际竞争力的初步评价结果

一、宏观环境竞争力评价

在交易所的成长和发展环境方面，洲际交易所、纳斯达克、德国交易所排名第一。从中可以发现，一般像地理区域比较小的国家或地区，在宏观竞争力方面较弱，如瑞士交易所、香港交易所、新加坡交易所和韩国交易所（见表4－3）。

表4－3 交易所宏观环境竞争力评价

交易所	国家/地区	GDP（亿美元）	排名	年增长（%）	排名	法治指数	排名	货币国际化（%）	排名	总分	总排名
洲际交易所	美国	193621.3	1	2.30	8	0.73	10	62.70	1	44	1
纳斯达克	美国	193621.3	1	2.30	8	0.73	10	62.70	1	44	1
德国交易所	德国	36848.2	6	2.50	10	0.83	2	20.15	2	44	1
多伦多交易所	加拿大	16524.1	10	3.00	7	0.81	3	2.02	7	37	4
伦敦证券交易所	英国	25650.5	8	1.79	13	0.81	3	4.54	6	34	7
泛欧交易所	法国	25748.1	7	1.90	12	0.74	9	20.15	2	34	7
日本交易所	日本	48721.4	5	1.70	14	0.79	7	4.89	5	33	9
澳大利亚证券交易所	澳大利亚	13436.1	12	2.28	11	0.81	3	1.80	8	30	10
印度国家证券交易所	印度	22735.6	9	7.20	1	0.52	13	0.00	15	26	11
瑞士交易所	瑞士	6785.8	13	1.05	15	0.86	1	0.18	11	24	12
香港交易所	中国香港	3416.6	14	3.80	4	0.77	8	0.00	15	23	13
新加坡交易所	新加坡	3239	15	3.50	5	0.8	6	0.00	15	23	13
韩国交易所	韩国	15380.3	11	3.08	6	0.72	12	0.00	15	20	15

二、中观行业竞争力评价

（一）产品和服务评估

产品体系是交易所服务国家（地区）战略、发挥资本市场功能的直接抓手，一流交易所应当有种类多样、层次丰富的期现货和衍生产品体系。

从上市包容性的角度看，成熟市场国家和地区对企业的包容度较高，一般都会提供多套上市标准，且有多种上市途径。从产品体系来看，纽约证券交易所、纳斯达克、伦敦证券交易所、德国交易所等境外交易所已形成直接融资（以股票、固定收益、私募股权为抓手）、资产配置（以基金为抓手）以及风险管理（以场内外衍生品为抓手）三位一体的功能体系。从二级市场价格发现能力看，伦敦证券交易所、香港交易所、韩国交易所、泛欧交易所排名靠前。从交易系统评分看，老牌交易所如洲际交易所、德国交易所等继续保持领先，但深圳证券交易所、瑞士交易所已异军突起。总体看，在产品和服务能力上，纳斯达克、洲际交易所、伦敦证券交易所保持前三甲的位置（见表4－4）。

表4－4　交易所产品和服务竞争力评价

交易所	上市包容性		产品体系		价格发现		交易系统		总分	排名
	评价	得分	评价	得分	评价	得分	评价	得分		
纳斯达克	A	15	A	15	0.78	8	A	15	53	1
洲际交易所	A	15	A	15	0.77	7	A	15	52	2
伦敦证券交易所	B	10	B	10	0.85	15	A	15	50	3
日本交易所	B	10	A	15	0.74	6	A	15	46	4
德国交易所	C	5	A	15	0.79	9	A	15	44	5
香港交易所	B	10	B	10	0.82	13	B	10	43	6
泛欧交易所	B	10	B	10	0.81	12	B	10	42	7
韩国交易所	B	10	B	10	0.84	14	C	5	39	8

续表

交易所	上市包容性		产品体系		价格发现		交易系统		总分	排名
	评价	得分	评价	得分	评价	得分	评价	得分		
多伦多交易所	B	10	A	15	0.67	2	B	10	37	9
瑞士交易所	C	5	C	5	0.81	11	A	15	36	10
澳大利亚证券交易所	B	10	B	10	—	5	B	10	35	11
新加坡交易所	B	10	B	10	0.72	3	B	10	33	12
印度国家证券交易所	C	5	C	5	—	1	C	5	16	15

注：二级市场定价能力为股票长期收益率方差与短期收益方差之比。

（二）社会价值评估

从社会贡献度来看，洲际交易所、纳斯达克列前两名。在社会价值评估方面，最大的特点是亚洲交易所较为领先，原因可能有两个方面：一是亚洲交易所比较注重服务国家（地区）实体经济，非常重视交易所的融资功能，比如韩国交易所等，非常注重与国家战略的衔接；二是亚洲作为新兴市场，这几年融资需求上涨较快（见表4-5、表4-6）。

表4-5　　交易所社会价值竞争力评价（一）

交易所	国内上市公司总值（万亿美元）	排名	IPO融资金额（亿美元）	排名	日均成交额（亿美元）	排名
洲际交易所	22.08	1	114.04	4	579.28	1
纳斯达克	10.04	2	74.72	5	451.79	2
上海证券交易所	5.09	4	205.75	1	309.84	4
香港交易所	4.35	6	164.95	2	79.67	6
韩国交易所	1.77	12	70.59	6	76	8
深圳证券交易所	3.62	7	138.18	3	371.26	3
日本交易所	6.22	3	51.36	9	227.45	5
多伦多交易所	2.37	9	49.79	10	50	10
泛欧交易所	4.39	5	38.3	13	79.1	7

续表

交易所	国内上市公司总值（万亿美元）	排名	IPO 融资金额（亿美元）	排名	日均成交额（亿美元）	排名
伦敦证券交易所	3.52	8	56.95	7	26.56	14
德国交易所	2.25	11	28.48	15	58.8	9
印度国家证券交易所	2.35	10	40.75	12	39.15	11
澳大利亚证券交易所	1.51	14	52.04	8	32.94	13
瑞士交易所	1.67	13	43.32	11	38.68	12
新加坡交易所	0.79	15	34	14	8.4	15

表 4-6　　交易所社会价值竞争力评价（二）

交易所	ETF 数量	排名	风险调整收益率	排名	总分	总排名
洲际交易所	1498	2	0.24	4	68	1
纳斯达克	337	7	0.25	3	61	2
香港交易所	133	11	0.23	5	50	4
韩国交易所	325	8	0.27	2	44	5
日本交易所	254	9	0.02	14	40	7
多伦多交易所	653	6	0.18	7	38	8
泛欧交易所	804	5	0.02	13	37	9
伦敦证券交易所	2482	1	-0.06	15	35	10
德国交易所	1204	3	0.15	10	32	11
印度国家证券交易所	61	14	0.36	1	32	11
澳大利亚证券交易所	145	10	0.2	6	29	13
瑞士交易所	1170	4	0.03	12	28	14
新加坡交易所	64	13	0.08	11	12	15

（三）品牌形象评估

经过多年发展，许多交易所已形成自身的典型特征。洲际交易所旗下的纽约证券交易所作为世界上最古老的交易市场之一，聚集了最大的市场参与者群体。纳斯达克提供了新兴产业的竞争平台，是创新经济的典型符号。德国交易所则以诚信、透明和安全为特色，作为全球领先的交易机构，其技术水平出众，产品和服务线均非常全面。

从知名度看，根据需要我们设定了一套评价指标，即全球知名、区域知名、本国知名和本地区知名四个等级，对应 A、B、C、D 四个评分体系，但本研究所选的可比交易所，基本都在全球知名或区域知名范围内。

从美誉度来看，因为评价数据比较难以获得，我们选择国外上市公司数作为评价指标。因为国外上市选择某家交易所融资，标准之一往往是业界对这家交易所的美誉度评价。

从忠诚度看，选择近四年技术输出收入平均值为标准。连续四年购买某交易所的技术服务，不仅意味着这家交易所在行业内有较好的口碑，也意味着客户对这家交易所的技术和服务较为肯定。

从综合排名情况看，除了洲际交易所、纳斯达克、伦敦证券交易所、德国交易所等在全球具有影响力之外，新加坡交易所、香港交易所和泛欧交易所的品牌塑造较为成功，排在第五、第六和第七名（见表 4 –7）。

表 4 –7　　　　交易所品牌形象竞争力评价

交易所	知名度		美誉度		忠诚度		总体情况	
	知名范围	排名	国外上市公司数	排名	技术输出	排名	总分	排名
洲际交易所	全球知名	A	501	1	176.75	2	44	1
纳斯达克	全球知名	A	408	3	267.25	1	44	1
伦敦证券交易所	全球知名	A	422	2	108.18	4	41	3
德国交易所	全球知名	A	50	8	148.34	3	36	4
新加坡交易所	亚洲知名	B	408	4	47.03	7	31	5
香港交易所	亚洲知名	B	137	6	50.18	6	30	6
泛欧交易所	欧洲知名	B	160	5	37.77	9	29	7
澳大利亚证券交易所	亚太知名	B	136	7	45.87	8	27	8
日本交易所	亚洲知名	B	6	13	51.44	5	24	9
多伦多交易所	北美知名	B	48	9	0	15	18	10

续表

交易所	知名度		美誉度		忠诚度		总体情况	
	知名范围	排名	国外上市公司数	排名	技术输出	排名	总分	排名
瑞士交易所	欧洲知名	B	36	10	0	15	17	11
韩国交易所	亚洲知名	B	20	12	0	15	15	12
印度国家证券交易所	亚洲知名	B	1	14	0	15	13	13

（四）国际化水平评估

从国际化水平来看，存在几个方面的特征。一是洲际交易所、伦敦证券交易所、纳斯达克等老牌交易所的国际化水平较高，海外拓展也非常活跃。二是比较突出的亮点是新加坡交易所、瑞士交易所等交易所的国际化水平也较高（见表4－8），原因可能是这两家交易所所处国家地域较小，交易所要发展壮大，唯一的途径就是通过国际化。

表4－8　　交易所国际化水平评价

交易所	外国公司占比（%）	排名	海外拓展评价	总分	总排名
洲际交易所	21.82	2	A	29	1
伦敦证券交易所	16.97	3	A	28	2
纳斯达克	13.74	4	A	27	3
新加坡交易所	35.97	1	B	25	4
泛欧交易所	12.84	6	A	25	5
德国交易所	9.94	7	A	24	6
瑞士交易所	13.48	5	B	21	7
澳大利亚证券交易所	6.32	8	B	18	8
香港交易所	6.29	9	B	17	9
多伦多交易所	1.43	10	B	16	10
韩国交易所	0.93	11	B	15	11
日本交易所	0.17	12	B	14	12
印度国家证券交易所	0.05	13	C	8	15

三、微观运营竞争力评价

（一）战略管理能力评估

在战略规划定位的选择上，我们认为，规划定位是交易所未来发展的重要坐标。一家交易所要成为世界一流交易所，首先必须要有雄心壮志。如果在规划目标上都不敢定位全球，不敢靠近世界一流，那么，它就很难成为世界一流交易所。

有了好的目标，就要有足够的战略激励手段。在这里，选择首席执行官（CEO）薪酬作为参考指标。原因在于 CEO 是交易所的重要核心，是引领交易所未来发展的灵魂人物。而招揽强有力的 CEO，并激励他奋力前行的，除了理想和斗志，就是薪酬待遇。

在战略执行方面，我们选择战略并购作为参考指标。主要考察这家交易所在十余年间有没有采取并购手段，实现其产品战略、技术战略、服务战略和国际化战略。

从排名来看，纳斯达克、洲际交易所、伦敦证券交易所、德国交易所的战略管理能力遥遥领先于其他交易所。第五名香港交易所与第四名伦敦证券交易所有 10 分的差距（见表 4－9）。

表 4－9　交易所战略管理能力评价

交易所	战略规划		战略激励		战略执行		总体排名	
	规划定位	得分	薪酬	排名	战略并购	得分	总分	排名
纳斯达克	全球 A	15	1441	1	A	15	45	1
洲际交易所	全球 A	15	1073	2	A	15	44	2
德国交易所	全球 A	15	612	4	A	15	42	3
伦敦证券交易所	全球 A	15	114	10	A	15	40	4
香港交易所	全球 A	15	325	6	C	5	30	5
瑞士交易所	欧洲 B	10	约 200	8	B	10	28	6

续表

交易所	战略规划		战略激励		战略执行		总体排名	
	规划定位	得分	薪酬	排名	战略并购	得分	总分	排名
日本交易所	亚洲 B	10	约 700	3	C	5	28	7
澳大利亚证券交易所	亚太 B	15	195	9	C	5	27	8
印度国家证券交易所	全球 A	15	346	5	D	0	26	9
泛欧交易所	欧洲 B	10	223	7	C	5	24	10
新加坡交易所	亚洲 B	10	约 100	11	C	5	20	15
多伦多交易所	美洲 B	10	约 100	11	C	5	20	15
韩国交易所	亚洲 B	10	约 100	11	C	5	20	15

注：规划定位评价方法：主要查阅该交易所战略规划及相关定位、愿景。如果规划定位为全球一流，得分 15；如果规划定位为区域一流，得分 10。本研究涉及的交易所均为区域性较为著名的交易所，因此不涉及 C、D 评价。战略激励采用薪酬排名。薪酬单位：万美元。战略执行采用战略并购指标，共分 A、B、C、D 四个等级，得 A 者在近年并购上既有横向并购，也有纵向并购，同时也包括技术战略、国际化战略等。

（二）运营能力评估

在业务多元化方面，大部分交易所均已经实现业务多元化，只是程度不一。有的交易所（如洲际交易所、德国交易所）业务种类丰富且庞杂，而新加坡交易所、香港交易所等虽然业务也是多元化的，但相对要简单一些（见表 4－10）。

表 4－10　　交易所运营能力评价

交易所	业务多元化		垂直一体化		业务收入		一线监管和风险防范		总体评价	
	评价	得分	评价	评分	收入（百万美元）	排名	评价	评分	总分	排名
洲际交易所	A	15	A	15	5320	1	B	10	55	1
德国交易所	A	15	A	15	3068.26	2	B	10	54	2
纳斯达克	A	15	A	15	2183.5	3	B	10	53	3
伦敦证券交易所	A	15	A	15	2122.23	4	B	10	52	4

续表

交易所	业务多元化		垂直一体化		业务收入		一线监管和风险防范		总体评价	
	评价	得分	评价	评分	收入（百万美元）	排名	评价	评分	总分	排名
日本交易所	A	15	A	15	1024.24	6	B	10	50	5
泛欧交易所	A	15	A	15	622.36	8	B	10	48	6
瑞士交易所	B	10	A	15	1910.51	5	B	10	46	7
澳大利亚证券交易所	A	15	A	15	566.4	10	B	10	46	8
多伦多交易所	A	15	A	15	527.51	11	B	10	45	9
韩国交易所	B	10	A	15	656.1	7	B	10	44	10
新加坡交易所	B	10	A	15	613	9	B	10	42	11
香港交易所	B	10	A	15	393	12	B	10	39	12
印度国家证券交易所	B	10	A	15	378	13	B	10	38	13

在清算服务方面，几乎所有的境外可比交易所都已经实现垂直一体化，清算等服务都被纳入业务范畴，成为重要收入。

在业务收入方面，洲际交易所、德国交易所、纳斯达克、伦敦证券交易所、日本交易所收入排在前5名，充分体现了一流交易所的盈利能力。

四、全球交易所竞争力排名

在宏观环境、中观行业、微观运营等指标体系的基础上，可构建全球交易所竞争力排行榜（见表4－11）。

表4－11　　交易所竞争力排名

交易所	宏观环境排名	产品和服务排名	社会价值排名	品牌形象排名	国际化排名	战略管理排名	运营能力排名	总体评分	综合排名
洲际交易所	1	2	1	1	1	2	1	103	1
纳斯达克	1	1	2	1	3	1	3	100	2
德国交易所	1	5	11	4	6	3	2	80	3

续表

交易所	宏观环境排名	产品和服务排名	社会价值排名	品牌形象排名	国际化排名	战略管理排名	运营能力排名	总体评分	综合排名
伦敦证券交易所	7	3	10	3	2	4	4	79	4
泛欧交易所	7	7	9	7	5	10	6	61	5
日本交易所	9	4	7	9	12	7	5	59	6
香港交易所	13	6	4	6	9	5	12	57	7
多伦多交易所	4	9	8	10	10	15	9	47	8
澳大利亚证券交易所	10	11	13	8	8	8	8	46	9
瑞士交易所	12	12	14	11	7	6	7	43	10
新加坡交易所	13	10	15	5	4	15	11	39	11
韩国交易所	15	8	5	12	11	15	10	36	13
印度国家证券交易所	11	15	11	13	15	9	13	25	15

从评分情况来看，定义 70 分以上的为一流交易所，主要有四家，分别为洲际交易所、纳斯达克、德国交易所和伦敦证券交易所。

在评价过程中，本研究未将沪深两交易所纳入可比范畴。原因在于：

一是沪深两交易所是会员制交易所，可比交易所均为公司制交易所，且大部分已成为上市公司，二者在综合排名上很难具有可比性。在我国境内，证券交易所的首要目标并非盈利，而是服务国家战略，服务实体经济，保护投资者特别是中小投资者的合法权益。相比之下，境外证券交易所的首要目标是为股东创造权益，其他职能如一线监管职能、风险防控等工作，目标在于合规。机构性质的完全不同，使境内证券交易所很难与境外证券交易所进行排名比对。比如，评价境外交易所运营能力的一个重要指标，是营业收入、净利润等财务性指标，但在境内，如果强行通过这些指标进行评判，则将失去科学性、准确性。由于二者服务功能差异巨大，强行排名会产生较多争议，且说服力不强。

二是境内、境外交易所成长背景不一样，所处市场、法律环境也不一样，二者竞争力难以进行强行排名比对。目前，境内证券交易所处在一个相对封闭的市场环境中，对外开放程度也十分有限。境内证券交易所的自主性也较弱，业务发展等各方面受到监管机构、政府部门的约束。而境外特别像美国、欧洲、加拿大、澳大利亚等，各种新兴交易所平台兴起，交易所行业是一个充分竞争性的行业，对外开放程度较高。境外交易所与监管机构、政府部门间的职责清晰，业务发展自主性较强。在这两种不同的市场环境中，即使通过一些硬性指标强行对比，也很难说明境内证券交易所的真实竞争力。

第五章

境外一流证券交易所的个性特征[①]

从全球56家可比证券交易所中，通过定性和定量方法进行竞争力排名，定义前四名洲际交易所、纳斯达克、德国交易所、伦敦证券交易所为世界一流交易所。这四家交易所各方面实力都比较突出，但又有各自的优势和个性特征。洲际交易所综合实力和品牌影响力十分强大，纳斯达克科技创新企业集聚明显，德国交易所具有较为突出的技术优势，伦敦证券交易所的国际化水平相对较高。

第一节　境外一流交易所的标准和标杆

对证券交易所国际竞争力的研究发现，洲际交易所、纳斯达克、德国交易所、伦敦证券交易所的综合实力较强。这四个世界一流交易所主要具备三个要素：一个优质的成长环境；两个顶尖的能力素质；四个卓越的外部特征。

① 受数据可获得性限制，除特殊说明外，本章主要数据更新至2017年底。

一、要有一个优质的成长环境

世界一流交易所不是凭空产生的，而是植根于一国或一区域的经济社会发展基础。一是该国家或区域要有较大的经济体量、稳定的经济增长。一般来说，经济体量较小、经济增速太慢的发展中国家（地区）或者发展相对落后的国家与地区，难以产生一流交易所。洲际交易所、纳斯达克所在的美国，是世界上综合国力最强的国家，德国交易所、伦敦证券交易所也地处发达国家序列，综合国力全球领先。二是该国家或区域市场化、法治化、国际化程度较高。开放的市场环境和良好的投资者保护，是世界一流交易所成长的沃土。比较来看，这几个国家的法治指数领先，司法环境相对公开透明，投资者保护水平较高，另外，美元、英镑、欧元也是世界货币，货币国际化水平也很高。

二、具备两个顶尖的能力素质

这些交易所之所以能够在全球化的竞争格局中脱颖而出，除了当地的经济发展基础、法治环境和国际化程度外，还取决于自身的能力和素质，主要包括以下两个方面：

一是顶尖的战略管理能力。战略管理是交易所最核心的优势。纳斯达克有一个很重要的部门，叫公司战略部，主要职责是投资并购。纳斯达克不到50年的发展历程，其实是一个不断并购的过程。纵向上，期货、期权、清算等业务来源于OMX－AB交易所集团等；横向上，并购了费城股票交易所和波士顿股票交易所。近年，在新技术的引领下，纳斯达克投资和收购了大量技术和数据公司。

二是顶尖的运营能力。有机协调的业务体系、高效的集团管控、强大的资源配置和健全完善的内部风险管控体系，是一流交易所又一重要的共性素质。从四家一流交易所的情况来看，无一例外地都具有十分完整的业务链，能有效实现主营业务、扩展业务和新兴业务之间的衔接和协同。交易所集团管控和子公司相对独立的运行模式，在保证交易所战略得到有效执行的基础上，实现有效的一线监管和风险隔离。

三、表现为四个卓越的外部特征

世界一流交易所之所以能够被称为“一流”，还在于这几家交易所的各项可观测性指标遥遥领先。

（一）卓越的产品和服务

产品和服务是交易所的生命线。排名靠前的几家交易所，包括洲际交易所、纳斯达克、伦敦证券交易所、德国交易所、日本交易所、泛欧交易所等，从现代、基金、债券到衍生品，产品线都十分健全，是货真价实的“金融超市”。一方面，制度包容性很强，针对不同的融资需求，有不同的方案和标准；另一方面，通过设计精巧、功能丰富的交易产品，为投资者提供多元化的投资选择和灵活的风险管理工具，促进市场价格发现功能的实现，并加强流动性。

（二）创造了极高的社会价值

交易所不是一般的企业机构，是国民经济发展的重要引擎，也是国家利益交汇博弈的场所。因此，衡量交易所是否为一流交易所的重要标准，是其对实体经济的贡献。洲际交易所、纳斯达克的上市公司总市值分别为22.08万亿美元、10.04万亿美元，遥遥领先于其他交易所。洲际交易所、纳斯达克强大的资源配置能力，是美国长盛不衰的重要因素。另外，洲际交易所、纳斯达克市场也为投资者提供了较好的投资回报，以道琼斯指数为例，该指数已连续上涨10年。

（三）强大的品牌影响力

交易所在国际、国内拥有很高的知名度，是交易所行业乃至全球金融行业的领袖。排名靠前的几家交易所都具有很好的品牌识别度。洲际交易所旗下的纽约证券交易所是美国崛起的象征，纳斯达克是全球新经济的聚集地，伦敦证券交易所是伦敦金融中心的支柱，德国交易所的技术品牌形象深入人心，泛欧交易所、日本交易所在其所在区域也具有很高的知名度。强大的品牌影响力，使这些交易所不仅是全球企业和投资者争相进入的场所，也是技术输出、标准输出、制度输出甚至价值输出的集散地。

（四）较高的国际化水平

世界一流交易所均具有全球化经营理念，以全球性思维制定发展战略，在市场开拓、业务范围、资源占有、收入比重等方面国际化程度较高。排名靠前的几家交易所均允许海外企业上市发行，洲际交易所、纳斯达克、伦敦证券交易所的海外上市公司占比较大。近年，这几家一流交易所也都开展了大量的海外并购和战略合作，洲际交易所、纳斯达克、伦敦证券交易所、德国交易所等都在海外有大量业务，是名副其实的国际化交易所集团。

综上，我们理解，世界一流交易所成长于一个优质的环境，在全球范围内其战略管理能力、运营能力在交易所行业处理顶尖水平，能通过卓越的产品和服务，创造极高的社会价值，且具有较高的国际化水平和强大的品牌影响力，能够成为其他交易所的标准和标杆。

在管理学里，“世界一流”并不是一个规范的学术概念，而是一个与应用性的企业经营管理实践紧密结合在一起的研究议题。在对全球证券交易所行业进行竞争力排名的基础上，我们发现洲际交易所、纳斯达克、伦敦证券交易所和德国交易所这四家交易所，不论在资本形成能力、资源配置水平方面，还是在产品服务、组织运营、风险管理、技术系统等各方面，都遥遥领先于其他交易所，是公认的世界一流交易所。

第二节　洲际交易所：具有强大的综合实力和品牌影响力

美国洲际交易所成立于2000年5月，2001年收购了伦敦国际石油交易所，2007年与纽约期货交易所合并，2010年与气候交易所合并，2012年收购纽约证券交易所，自此成为国际综合性的交易所集团。其中，纽约证券交易所起源于1792年的华尔街“梧桐树协议”，1866年首次建立了上市标准，规定企业上市必须提供年度财务报告等。在200多年的演进过程中，纽约证券交易所在美国经济发展、崛起并保持世界超级大国地位的过程中，发挥了十分重要的作用。以美国强大的经济实力为基础，不断收购或被收购，成长为交易所巨无霸（见图5－1）。

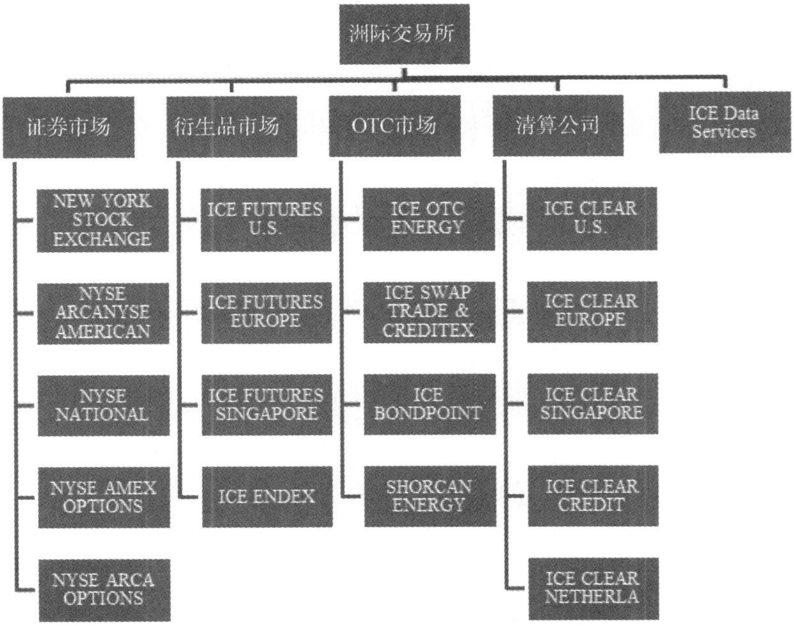

图5－1　洲际交易所集团组织结构

一、洲际交易所及其子公司纽约证券交易所是全球实力最强的综合型交易所

截至2017年底，洲际交易所共有4家证券交易所、8家衍生品交易所、3家OTC市场、2家另类交易系统和7家清算公司，交易产品包括股票、ETF、债券与多种衍生品合约，成为拥有衍生品、证券交易的综合型交易所。洲际交易所业务链条完整，业务遍布全球，其业务模式为全球交易所竞相学习。洲际交易所旗下的纽约证券交易所的上市公司数量达2286家，市值22.1万亿美元，稳居全球首位。2017年IPO数量为88家，融资额310亿美元，融资额位居全球第一①。2017年股票和ETF成交额20.3万亿美元，仅次于纳斯达克，位居全球第二。2017年，洲际交易所是全球资产和营业收入最大的交易所，资产规模为783亿美元，营业收入超过58亿美元，净利润超过25亿美元（见表5－1）。从竞争力评分来看，不论是宏观环境，还是纽约证券交易所自身的产品和服务能力、创造的社会价值、国际化水平，包括其内部战略管理能力、内部运营能力，都名列世界前两名。

表5－1　纽约证券交易所及其母公司主要经济指标情况

年份	总市值（万亿美元）	总资产（亿美元）	合约数（亿张）	成交额（万亿美元）	营业收入（亿美元）
2014	19.4	683	12.1	18.2	43.5
2015	17.8	780	12.2	20	46.8
2016	19.6	820	13.1	19.7	59.6
2017	22.1	783	14.3	16	58.3

① 数据源于洲际交易所2017年年报。当年深圳证券交易所IPO数量为219家，融资额约138亿美元，数据源于《深圳证券交易所市场统计年鉴》。在收集数据的过程中，我们也发现，WFE的数据与交易所年报数据有出入。以洲际交易所为例，根据WFE的统计，2017年洲际交易所IPO数量为74家，融资额为282.44亿美元，融资额列全球第一。在此，我们采用洲际交易所2017年年报的数据。

二、长期以来洲际交易所旗下的纽约证券交易所建立的品牌吸引了大量优质企业聚集

纽约证券交易所一直是金融、工业等传统行业公司上市的首选地。在纽约证券交易所现有的上市公司中，芝加哥桥梁公司在1889年上市，标普公司在1929年上市。进入21世纪后，高盛、维萨、花旗银行、美联航等巨头也选择在纽约证券交易所上市。近年，面对纳斯达克在吸引信息技术公司方面的优势，纽约证券交易所奋起直追，先后争取到了阿里巴巴、推特等公司。这些优秀的企业与纽约证券交易所形成了良性互动，交易所因为有了这些优秀企业的示范效应从而能吸引更好的优质上市资源，这些上市企业因为交易所的规模效应和网络效应，能形成良好产业集聚，吸引更多投资者，形成正向反馈。品牌效益导致强者恒强的逻辑在交易所的发展中表现明显。

三、洲际交易所旗下的纽约证券交易所能够不断适应市场变化，与时俱进地进行制度变迁

纽约证券交易所经过多次经济危机的洗礼，从众多的竞争者当中幸存下来，并脱颖而出，与其适应效率紧密相关，比如上市标准，就处于不断调整过程中。1980年，美国国会通过《小企业投资促进法》，拓展中小企业的投融资渠道。纽约证券交易所也开始调整上市标准，从过去侧重公司的盈利能力，转到注重公司成长性。在1995年和1999年，纽约证券交易所在先前“税前利润”的盈利指标基础上，增加了“调整后净利润+市值+收入”和“市值+收入”两套标准，放松了企业的盈利限制，对部分企业不作盈利要求。2000年3月，美国互联网泡沫开始破裂，随后《萨班斯–奥克斯利法》出台。纽约证券交易所开始加强自律监管，提高上市门槛，包括提高财务指标要求，强调持续盈利能力，调整资产指标，同时简化退市流程。2012年，为了促进新经济发展，扶持新兴企业，美国颁布

《创业企业促进法》，为中小企业融资提供诸多便利，在此背景下，纽约证券交易所开始提升市场化程度，进行市场内部分层并制定差异化的多套上市标准，满足更多类型企业的融资需求①。

四、并购仍是洲际交易所扩张的重要手段

受监管影响，全球交易所并购活动有所降温。2014 年 6 月，泛欧交易所在 IPO 时，洲际交易所将泛欧交易所进行了剥离，以减轻欧洲政策制定者和监管机构关于垄断的担忧。但是，并购仍是洲际交易所拓展业务的主要形式。比如2017—2018 年，洲际交易所先后完成了澳大利亚国家证券交易所、欧洲大陆能源交易所、芝加哥证券交易所、固定收益市场 TMC Bonds 的收购，同时也收购了 ATRIUM、Bondpoint 等技术公司。同时，泛欧交易所收购了爱尔兰证券交易所、全球外汇市场交易提供商 FastMatch 等（见表 5－2）。

表 5－2　洲际交易所和泛欧交易所近年并购情况

交易所	时间	合作事件
洲际交易所	2017 年 1 月 31 日	完成收购澳大利亚国家证券交易所、NYSE National
	2017 年 7 月 5 日	收购欧洲大陆能源交易所（ICE Endex）的剩余股权
	2018 年 4 月 5 日	收购芝加哥证券交易所（CHX）
	2018 年 7 月 23 日	完成对固定收益市场 TMC Bonds 的收购
泛欧交易所	2017 年 5 月 23 日	收购 FastMatch，业务扩展到全球外汇市场
	2017 年 11 月 29 日	收购爱尔兰证券交易所（ISE），增加全球领先的债务、基金和 ETF，加强收入状况
	2018 年 8 月 14 日	收购全球外汇现货市场运营商 FastMatch8% 的股权，已拥有其 97.3% 的权益

① 廖士光，缪斯斯，张晓斐，史婧祎．纽交所和纳斯达克上市制度变迁及启示．证券市场导报［J］．2018：（1）13－20.

第三节　纳斯达克：高科技企业集聚特征明显

纳斯达克成立于1971年，起初只是一个用来显示美国OTC市场2500家精选公司价格的报价系统。1975年，纳斯达克设置了第一套上市标准，将自己与OTC市场区别开，成为一个独立的上市场所。自成立以来，得益于信息技术行业和科技服务业等新兴产业的兴起与快速发展，纳斯达克股票市场成长迅猛。目前，纳斯达克交易所成为业务多元化的全球性金融服务提供商，上市公司总市值规模全球第二。纳斯达克的快速成长可以归纳为以下几个特点。

一、信息技术、互联网等新经济特征突出

纳斯达克的市值规模虽然不到纽约证券交易所的1/2，但在股票成交额方面，纳斯达克已经连续多年超过30万亿美元，2017年纳斯达克股票成交额更是纽约证券交易所的2倍。纳斯达克能在竞争中脱颖而出，成为纽约证券交易所的强大竞争对手，根本原因在于纳斯达克抓住了信息技术和互联网革命的机遇，通过较为宽松的上市标准，鼓励和支持高新技术企业上市。纳斯达克整个市场的科技创新行业标签非常突出，以前十大市值公司，纳斯达克有8家为信息技术、互联网科技企业，包括苹果、微软、亚马逊、脸书等行业巨头，而纽约证券交易所只有阿里巴巴1家是科技企业，其余均为金融、能源类传统行业。从行业分布的角度看，2017年纳斯达克的前五大行业为信息技术、可选消费、医疗生物、金融和消费必需品，市值占比分别为48%、17%、12%、10%和5%（见表5－3）。

表 5-3　　各交易所总市值排名前十的公司

交易所	排名	名称	总市值（亿美元）	行业
纳斯达克	1	苹果公司（APPLE）	8385	电脑硬件
	2	微软公司（MICROSOFT）	8330	系统软件
	3	亚马逊（AMAZON）	8158	互联网零售
	4	谷歌（ALPHABET）	7389	互联网软件与服务
	5	脸书（FACEBOOK）	3964	互联网软件与服务
	6	英特尔（INTEL）	2179	半导体产品
	7	思科（CISCOSYSTEMS）	2128	通信设备
	8	康卡斯特（COMCAST）	1715	广播
	9	百事公司（PEPSICO）	1663	软饮料
	10	安进（AMGEN）	1260	生物科技
纽约证券交易所	1	阿里巴巴	4072	互联网零售
	2	强生公司	3916	医疗保健用品
	3	摩根大通	3566	多元化银行
	4	埃克森美孚	3363	综合性石油天然气
	5	伯克希尔哈撒韦	2863	财产与意外保险
	6	维萨（VISA）	2796	数据处理与外包
	7	沃尔玛（WALMART）	2784	大卖场与超市
	8	联合健康集团	2680	管理型保健护理
	9	美国银行	2649	多元化银行
	10	辉瑞制药（PFIZER）	2609	西药

资料来源：WIND，纳斯达克和纽约证券交易所公司市值的单位为万亿美元。

二、层次鲜明的多层次市场结构

纳斯达克股票市场内部设有全球精选市场、全球市场和资本市场三个板块。全球精选市场的上市标准最高，主要吸引大型优质企业作为上市资源；全球市场属于中间层次的主要服务中型企业；资本市场是纳斯达克建立初期最早设立的市场层次，上市标准最低，主要服务小微型企业。纳斯达克各板块均提供多套上市标准供企业自主选择，且允许未盈利企业上市，上市标准主要由财务指标和流动性指标组合而成（见表5－4）。纳斯达克还在内部建立了不同市场之间灵活、便捷的转板机制（Transfer），支持成长股转板升级，推动上市公司做大做强。截至2020年11月，纳斯达克股票市场共有上市公司2729家，其中，全球精选1372家，全球市场437家，资本市场884家，全球精选上市公司市值占比超过九成。

表5－4　纳斯达克主要上市场所情况

市场种类	标准1 盈利	标准2 市值、收入和现金流	标准3 市值和收入	标准4 市值、资产和权益
全球精选市场	最近三年税前利润总和≥1100万美元 最近三年每年税前利润≥0 最近两年每年税前利润≥220万美元	过去三年现金流总和≥2750万美元 过去三年每年现金流≥0 前12个月平均市值≥5.5亿美元 前一财年收入≥1.1亿美元	前12个月的平均市值≥8.5亿美元 近一财年收入≥9000万美元	市值≥1.6亿美元 近一财年的总资产≥8000万美元 所有者权益≥5500万美元
全球市场	过去一年或过去三年中的两年税前利润≥100万美元 所有者权益≥1500万美元	上市证券的市场价值≥7500万美元	最近一年或最近三年中的两年的总收入与总资产均≥7500万美元	所有者权益≥3000万美元
资本市场	所有者权益≥400万美元 最近一年或最近三年中的两年税前利润≥75万美元		所有者权益≥400万美元 上市股份的市场价值≥5000万美元	所有者权益≥500万美元 经营历史≥2年

资料来源：NASDAQ Initial Listing Guide。

三、通过拓展私募股权市场，延伸科技创新服务链

为应对全球其他交易所的竞争，延伸产业服务链，适应高成长企业需求，2014 年，纳斯达克与 SharesPost 合资成立非上市股票交易市场（Nasdaq Private Market，NPM）。NPM 主要为初创期、成长型的新兴企业提供针对性的融资、股权交易、员工期权管理以及上市前配套服务。一方面，这个新平台的早期员工可以销售自己的股票，并控制哪些人可以买卖股票、某个时段可以销售多少股票、交易时间以及在何种程度上可以向潜在投资者透露财务信息。通过这个平台，私人公司更有能力把控自身发展进程。另一方面，新经济企业可能会利用纳斯达克的客户网络，获得国际机构投资人、家族办公室以及高净值个人的关注，以便寻找长期合作伙伴。这些企业还可享受与纳斯达克上市公司同等的配套服务，包括投资者关系管理、董事会合作等。通过私募股权市场，纳斯达克与有潜力的拟上市资源建立了密切的合作关系，为后续争取企业上市打下良好基础。根据 NPM 发布的 2018 年中期报告，2018 年上半年 NPM 进行了 33 个二级项目，交易总规模也首次突破 100 亿美元，2017 年同期仅有 7.33 亿美元。一些大型科技企业迟迟不上市，但是却选择了在二级市场交易，这也是 NPM 交易规模破百亿美元的主要原因。NPM 今年的一些大型交易来自 Uber，该公司曾表示计划于明年公开上市。

第四节 德国交易所：通过技术构建一体化平台[①]

德国交易所的前身法兰克福证券交易所成立于1585年，是世界上最古老的交易所之一[②]。德国交易所集团（DBAG）成立于1992年，是以德国法兰克福证券交易所（FWB）为基础设立的控股公司，德国交易所集团在1994年完成了公司化改制，并于2001年2月5日在自身市场挂牌上市。目前，德国交易所已经成为全球最大的交易所集团之一，在协助欧洲央行改善金融资本市场效率、流动性、安全和诚信等方面起到了关键性的作用，是欧洲金融市场的重要支柱。

一、通过打造Xetra交易系统，塑造德国交易所集团的专业形象

Xetra是全球范围内较为高效且灵活的交易基础设施之一，占德国本土市场股票成交金额的90%，法兰克福证券交易所的现货证券数量居欧洲之首。高流动性、持续创新和高安全性是德国交易所证券交易平台Xetra

---

① 本部分所涉及的个性特征分析，并不是说德国交易所的技术是世界上最强的，事实上，与德国交易所相比，纳斯达克、纽约证券交易所的技术水平、技术输出能力更胜一筹，只是从德国交易所本身来看，最大的特色在于其通过高超的技术能力和水平，打造了一体化交易平台。此外，近年德国交易所对标纳斯达克，开始注意通过信息技术改造交易所组织形式。

② 1585年，为了抵御货币贬值，法兰克福的货币经纪商协商制定统一的外汇汇率，法兰克福证券交易所由此诞生，是世界上最古老的交易所之一。目前，对于谁是第一家证券交易所，是存在争议的。历史上，证券交易所的形成可以追溯到11世纪的集市，当时在法国已经出现首批经纪商，他们主要交易债券和政府证券。1565年，英国商人托马斯·格雷哈姆爵士创立英国皇家交易所，除了交易大宗商品、奢侈品外，还存在票据、债券、汇率等交易品种。我们认为，阿姆斯特丹证券交易所是全球第一家股票交易所，但至于是不是全球第一家证券交易所，是值得商榷的。1602年，荷兰东印度公司成立，随后产生了大量股票交易需求，起初，人们在荷兰阿姆斯特尔河（Amstel River）上的新桥（New Bridge）进行交易，由此形成了一个专门从事股票交易的市场。之后，恶劣的天气使交易者不得不从新桥转移到圣欧拉夫教堂（St. Olaf's Chapel）。但他们很快就被赶走了，原因是股票交易太吵闹、粗暴，还经常发生斗殴。1611年，阿姆斯特丹仿照英国皇家交易所建立了一座多柱型建筑，这个露天的院子，就是世界上第一家用于交易股票的交易所。

的决定性优势。通过 Xetra 平台，投资者可以买卖来自全球 130 多个国家的机构发行的 140 万只证券，涵盖股票、债券、ETF、ETC、ETN、投资基金、凭证和权证等产品。德国交易所也持续更新其交易系统，目前已经升级至 15.0 版本。2017 年 7 月，德国交易所 T7 交易平台上线，进一步降低了延迟。通过 Xetra，德国交易所在全球交易所行业树立了非常良好的专业形象。自 1999 年以来，Xetra 的交易技术被广泛运用到爱尔兰证券交易所、保加利亚证券交易所等近 20 家交易所。其中，在上海证券交易所运行的新一代交易系统也是基于 Xetra 的交易技术开发的。

二、以信息技术为引领，构建一体化平台，提供全价值链服务

在 1990 年以前，法兰克福证券交易所只是一家地方性股票交易所。1992 年，法兰克福证券交易所首次采用电子化订单路由系统，并更名为德国交易所股份有限公司，开始从传统股票交易场所转变为全产业链集团。德国交易所集团采用直通式交易程序（Straight – through processing，STP），通过更快、更可靠的一体化系统平台，集成各类证券产品的交易，提高从接受委托到最终交收、存管全过程的效率，从而促进客户的利益。在法兰克福证券交易所、Tradegate 交易所、中欧国际交易所、欧洲期货交易所债券公司进行的多种现货证券的挂牌与交易，统一由欧洲期货交易所清算公司进行清算，由明讯银行进行结算、登记和托管（见图 5 – 2）。

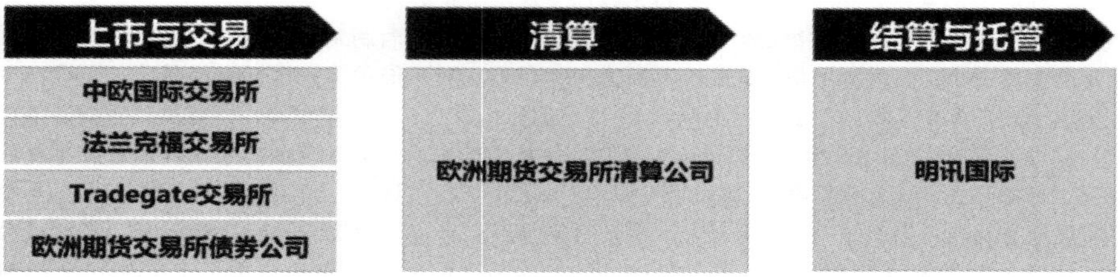

图 5 – 2　德国交易所现货市场业务

三、加大资金投入，发布路线图，积极布局未来技术项目

2017 年初，德国交易所设立“交易所 4.0 计划”，将集团的创新活动捆绑在一起，重点考虑金融科技、数字化和大数据的驱动因素，以促进未来增长。其中，区块链技术和上市公司的数据业务应用是“交易所 4.0 计划”中的重点。德国交易所首席执行官认为，新技术的运用将给金融服务行业带来“DNA 层面的转变”，交易所将向数字化和数据驱动转型。在布局未来技术项目方面，德国交易所向来都是不遗余力的。2018 年 5 月，德国交易所发布“2020 年路线图”，计划投资 2.7 亿欧元，用于区块链、人工智能、大数据分析、云计算和机器人等相关项目。为了实现这一目标，德国交易所裁员 350 人，简化传统运营机构。与此同时，德国交易所宣布与 FinTechfigo 公司等合作，创建一个通用的金融科技加速平台，使金融行业参与者和新一代数字公司能够分配和利用彼此的服务，创造新的收益机会。

四、信息技术不仅是德国交易所创新的引擎，也是业务收入的重要来源

信息技术早已植根德国交易所集团的血液，成为其在全球交易所行业竞争的关键优势，并推动德国交易所的产品不断创新发展。德国交易所最大的两块收入来源分别是衍生品交易和交易后端服务，2017 年两块收入分别为 10 亿欧元和 8.9 亿欧元，占比约为 41% 和 36%①。这得益于德国交易所全球领先的交易和风控技术。以德国交易所交易后端机构明讯国际为例，依托于先进的基础设施、强大的风险控制能力、灵活的证券借贷机制

---

① 衍生品市场对 IT 技术提出的需求主要体现在以下两个方面：第一，在交易方面。衍生品市场的标的物不断扩张，需要统一的多资产快速交易平台来完成衍生品的对冲组合交易。第二，在风险控制、策略制定方面，需要可定制的密集计算中心来支持衍生品复杂的参数计算。第三，在模型方面，需要高性能的量化平台。

以及高效的担保品管理服务，为全球110个国家的2500家客户提供固定收益证券、股票和基金的结算、存托与借贷服务，托管的证券数量达30多万只，日均结算的证券交易超过25万笔。此外，自2013年以来，德国交易所集团持续强化其数据与技术服务，指数产品创新层出不穷，编制的指数数量持续增长，可持续概念指数进一步深化推进，旗下ETF资产管理规模也整体维持增长的趋势。截至2017年底，德国交易所集团编制的指数数量超过12000只，其中可持续概念指数为115只。此外，技术和数据服务也是德国交易所的重要收入来源，2017年贡献了近4亿欧元，占比为16%（见表5-5）。

表5-5 德国交易所集团各分部净收入

业务	2014年		2015年		2016年		2017年	
	净收入（百万欧元）	占比（%）	净收入（百万欧元）	占比（%）	净收入（百万欧元）	占比（%）	净收入（百万欧元）	占比（%）
技术和数据	380.5	18.58	401.6	18.09	391.4	16.39	396.8	16.12
明讯银行	698	34.09	746.4	33.62	797.4	33.38	886.9	36.02
Xetra	161.9	7.91	184.8	8.32	164.6	6.89	176.5	7.17
欧洲期货交易所（Eurex）	807.4	39.43	887.5	39.97	1035.3	43.34	1002.1	40.70
合计	2047.8	100	2220.3	100	2388.7	100	2462.3	100

第五节 伦敦证券交易所：国际化能力和水平不断提高

伦敦金融市场是世界上最古老、规模最大的金融市场之一。历史上，伦敦证券交易所曾是英国唯一的证券交易所。自20世纪70年代以后，特别是1986年英国政府实施“大爆炸”变革，英国本国资本市场逐渐开放，伦敦证券交易所迅速走向国际化，全球性交易蓬勃发展。

一、开放市场接入，通过进行产品和服务创新吸引国际客户

根据2017年财务报告，伦敦证券交易所近60%的收入来自海外市场，国际化为伦敦证券交易所的业务发展作出重要贡献（见图5－3）。目前，伦敦证券交易所的国际化战略是开放接入（Openaccess），向市场参与者提供所有市场和全资产类别服务，打造综合型的全球交易服务平台。一方面，伦敦证券交易所建立了AIM创业板，并在意大利推出了ELITE项目，吸引国际优质上市资源。截至2017年底，伦敦证券交易所共有2487家上市公司，其中外国上市公司430家，占比17.3%。1966—2016年英美两国的伦敦证券交易所、纽约证券交易所、纳斯达克跨境上市公司数量变化情况见图5－3。另一方面，伦敦证券交易所还有针对性地推出新交易品种，提升交易所的国际竞争力。以衍生品为例，伦敦证券交易所境外产品十分丰富，包括国际存托凭证、股票期权和期货、国际权益类指数的期权和期货以及股息类衍生品等。2017年，伦敦证券交易所股票交易金额达3.3万亿美元，外国公司交易金额达1.1万亿美元，占比超过三成。

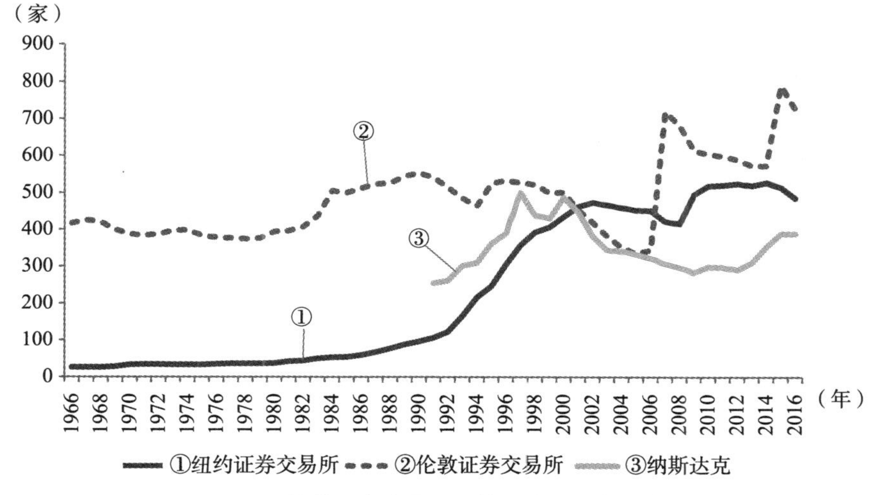

图5－3　美英三家交易所跨境上市公司数量变化

二、着眼国际布局，通过兼并收购拓展国际业务链条

收购兼并，是伦敦证券交易所国际化战略的核心（见表5-6）。伦敦证券交易所立足自身优势，通过兼并收购，不仅推动了传统交易业务发展壮大，而且提升了新业务的竞争力。一方面，伦敦证券交易所通过收购境外交易市场，实现国际业务布局。以收购意大利交易所为例，由于意大利交易所的MTS债券平台在欧洲有强大的影响力，该收购成功地使伦敦证券交易所直接获得了大量欧洲业务。另一方面，伦敦证券交易所通过收购指数公司、技术公司、交易后服务公司等，拓展国际业务链条，获得新的收入增长点。比如，伦敦证券交易所收购的核心系统LCHClearnet覆盖到法国、美国，收购了SmartClear并把它扩展到美国和澳大利亚。2014年，伦敦证券交易所收购美国著名指数公司弗兰克罗素公司（FrankRussell），成为全球首屈一指的指数服务供应商。伦敦证券交易所收购富时指数公司后，积极拓展全球指数业务，并发展与之配套的ETF。目前，富时公司已发布了25万种指数，涵盖全球范围内股票、债券、另类资产等。与其他交易所的合作策略不一样的是，伦敦证券交易所强调通过共享股权与合作伙伴的共同成长，对一些子公司，其会让客户拥有少数股东权益。

表5-6 伦敦证券交易所的主要业务合作对象

合作时间	合作对象	合作形式
2007年10月1日	意大利交易所	并购
2009年9月16日	千禧IT	收购，信息技术支持
2010年2月2日	Turquoise	并购，拓展交易平台
2010年4月21日	埃及交易所	技术输出
2011年2月4日	卢森堡证券交易所	技术输出
2011年6月17日	约翰内斯堡证券交易所	技术输出
2011年8月11日	挪威奥斯陆证券交易所	技术输出
2012年3月1日	LCH. Clearnet	并购

续表

合作时间	合作对象	合作形式
2012 年 4 月 3 日	伦敦清算所	收购
2012 年 6 月 25 日	意大利证券交易所	技术输出
2012 年 7 月 2 日	南非约翰内斯堡证券交易所	技术输出
2012 年 7 月 17 日	新加坡交易所	跨境产品
2012 年 8 月 15 日	LCH. Clearnet	收购，提供结算服务
2012 年 11 月 12 日	挪威奥斯陆证券交易所	技术输出
2013 年 1 月 4 日	马来西亚证券交易所	技术输出
2013 年 1 月 18 日	秘鲁交易所	技术输出
2013 年 2 月 11 日	Gatelab 软件公司	收购，提供技术服务
2013 年 11 月 7 日	新加坡证券交易所	技术输出
2014 年 3 月 6 日	MTS	并购，提供平台服务
2014 年 6 月 3 日	加拿大 Aequitas 交易所	技术输出
2015 年 1 月 13 日	伊斯坦布尔证券交易所	跨境产品
2015 年 5 月 8 日	秘鲁证券交易所	技术输出
2015 年 6 月 1 日	Exactpro	收购，提供技术服务
2015 年 7 月 27 日	约翰内斯堡证券交易所	技术输出
2015 年 12 月 21 日	XTF	收购，提供信息服务
2016 年 4 月 19 日	奥斯陆证券交易所	技术输出
2016 年 11 月 21 日	Mergent	收购，提供信息服务
2017 年 9 月 13 日	LCH	收购，提供清算服务
2018 年 6 月 27 日	AcadiaSoft	收购，提供市场服务

三、创新合作方式，将技术输出和互联互通作为国际化重要抓手

相对于激进的兼并收购，技术输出是一种更为温和的国际化策略，但在效果上毫不逊色。在技术输出方面，通过在斯里兰卡的千禧公司，伦敦证券交易所向加拿大 TMX、香港交易所、约翰内斯堡证券交易所、蒙古交易所等国家（地区）交易所提供技术服务。尽管技术服务仅约占伦敦证券交易所集团收入的 5%，低于其他业务板块，但伦敦证券交易所将其视为国际业

务拓展的重要突破口，通过技术输出奠定国际合作的基础，可在未来开发更多的合作产品。在市场联通方面，2012 年伦敦证券交易所与新加坡交易所签署了交易联通协议，在该协议下，新加坡会员能够交易 FTSE100 指数标的公司的证券，伦敦证券交易所会员也可以交易新加坡交易所市场上的特定证券。

四、整合价值链，通过股权合作打造全球性交易平台

在经济全球化的背景下，交易所跨境与跨界股权合作成为拓展业务范围、扩大市场规模和增强核心竞争力的利器。伦敦证券交易所的发展策略之一便是通过股权合作拓展业务范围，并寻求新的业务增长点。一方面，伦敦证券交易所引入国际战略投资者。目前，伦敦证券交易所前五大股东中，外国机构有卡塔尔投资公司和贝莱德公司，持股比例分别为 10.3% 和 6.9%。此外，纳斯达克也持有伦敦证券交易所部分股权。另一方面，加大与其他交易所之间的股权合作。伦敦证券交易所与东京交易所、加拿大交易所及多家国际知名投行均有股权合作关系，与多家国际交易平台、清算结算机构、信息及技术公司有参股或控股的关系。通过股权合作，伦敦证券交易所不仅拓展了国际业务，而且促进价值链的整合与增长。目前，伦敦证券交易所集团有子公司 27 家，其中，欧洲地区 19 家、美洲地区 5 家、亚太地区 3 家[①]（见图 5-4）。

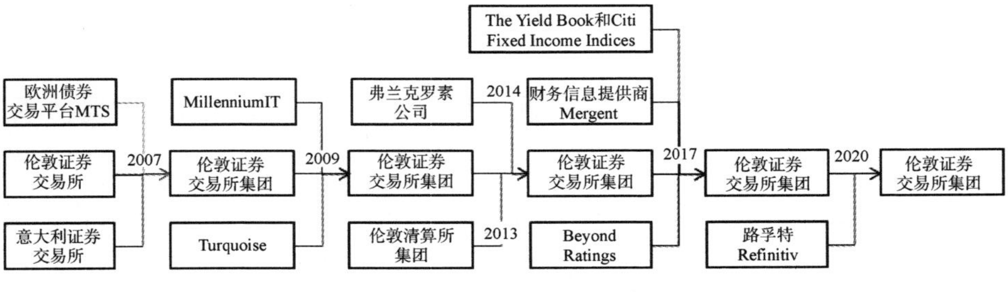

图 5-4　伦敦证券交易所集团发展历程

① 2020 年 10 月 14 日，伦敦证券交易所集团发布公告，意图将意大利证券交易所剥离。2021 年 4 月 29 日，伦敦证券交易所集团宣布已完成将意大利证券交易所剥离至泛欧交易所。

第六章

境外一流证券交易所的共性特征

交易所植根于国民经济大环境，受不同经济社会文化影响而呈现差异化特征。但由于交易所融资、投资、风险管理等功能相同，服务经济社会、服务国家（地区）发展的目标基本一致。因而一流交易所会呈现一些共同特征——完备的市场功能、扎实的基础制度、卓越的市场效率、有效的组织运行、充分的投资者保护等。

第一节　市场功能完备：具有强大的资本形成和产品开发能力

理论上，证券交易所的功能主要包括融资、交易、风险管理、价格发现等。当前，海外许多新兴交易平台崛起，成交量巨大，比如巴兹全球市场。但本书并没有将这些交易所列入可比范畴，原因在于交易所本身没有上市公司，市场功能是缺失的。

一、资本形成能力强大

在 IPO 融资方面，2017 年，伦敦证券交易所、纽约证券交易所、纳斯达克和德国交易所通过IPO上市的企业分别为138家、89家、74家和16家，位列IPO上市公司家数排名的第四、第七、第十二位和第二十三位，融资规模分别为150亿英镑、321亿美元、157亿美元和27亿欧元。伦敦证券交易所和德国交易所近年IPO数量虽然较少，但在债券融资方面表现突出，2017年，伦敦证券交易所发行债券13676只，融资4444亿美元（见表6－1）。境内公司债券占比47.3%，境内政府债券占比2.5%，境外公司和政府债券占比50.2%，都是境内外企业和政府直接融资的重要渠道。

表6－1　一流交易所的资本形成能力

交易所	上市公司市值（万亿美元）	IPO家数（家）	股票融资额（亿美元）	债券只数（只）	债券融资额（万亿美元）
洲际交易所	22.08	88	310	5659	—
纳斯达克	10.04	136	83	7558	556
伦敦证券交易所	4.46	138	189	13676	4444
德国交易所	2.26	16	28.5	5726	—

资料来源：WFE及WIND，金额数据根据2017年国际汇率调整计算。

二、种类多样、层次丰富的产品体系

产品体系是交易所发挥资本市场功能的直接抓手。洲际交易所、纳斯达克、伦敦证券交易所、德国交易所都具有种类多样、层次丰富的期现货产品体系，产品宽度上几乎覆盖所有类型，产品深度上也能够满足不同类型投资者对收益和风险的偏好（见表6－2）。在纳斯达克，交易所在发展股票、基金、固定收益等传统现货业务的同时，也开发了大量股票类、利率类、外汇类、商品类等衍生品，且不断向场外衍生品、私募股权等业务延伸。在洲际交易所，衍生品交易所就有8家，业务涉及农产品、能源、股票、利率、外汇等。在德国交易所，凭借其先进的指数编制与数据服务能力，已把ETF打造成明星产品。截至2017年底，德国交易所集团已挂牌的 ETF 产品的资产管理规模达到 1132 亿欧元，同比增长 24%。

表 6－2　　一流交易所的产品体系

交易所	股票	基金	固定收益	衍生品	其他衍生品	私募股权
洲际交易所	普通股、优先股、存托凭证	ETFs、ETNs、ETVs	可转债、公司债、境外发行人债券、非美元债、零息债券、资本证券、强制可转换证券、零售债券证券	股票类、股指类、ETF 类、外汇类、利率类、商品类衍生品	有奇异期权；有场外衍生品业务	无
纳斯达克	普通股、优先股、存托凭证	ETFs、ETPs	美国国债；北欧抵押债券、政府债券、结构化债券、公司债券、可转债、房地产金融基金债券等	股票期权、指数期权和期货、行业指数期权、境外指数期权、股票远期合约等；以欧元计价的短期利率、长期利率衍生品等	天然气、碳排放市场、原油、铁矿石等期货	有
伦敦证券交易所	普通股、优先股、存托凭证	ETFs、ETN、ETC 等	结构化债券、可转债、公司债、零售债券、金边债券（GILTS）	基于存托凭证和指数的衍生品，如 FTSE100 的期货和期权；基于个股的期货和期权、备兑权证；短期利率、长期利率衍生品等	无	有
德国交易所	普通股、优先股、存托凭证	ETFs、ETCs、REITS、LOF、普通收益型	德国及他国政府债、德国巨额债券、高收益债券、公司债、资本证券	现货衍生品；期货类衍生品；期权类衍生品等	电力、天然气、碳排放权	有

三、具有配置国际资源的能力和水平

交易所国际化，是指交易所基本功能的跨境化，也就是交易所基本功能在境外的实现，其直接影响了交易所配置国际资源的能力。洲际交易所、纳斯达克、伦敦证券交易所、德国交易所都具有较高的国际化水平（见表 6－3）。以上市公司分布为例，纽约证券交易所、纳斯达克、伦敦证券交易所、德国交易所的外国公司占比分别为 21%、13.5%、17.3% 和

10%。这四家交易所自身股东结构也实现了国际化，股权投资、产品业务更是遍布全球。

目前来看，一流交易所国际化的类型主要包括以下几个方面：一是并购型。比如洲际交易所、纳斯达克等主要通过并购方式，在现货和衍生品市场进行国际业务扩展，快速实现全产业链覆盖。二是全球网络型。以德国交易所为代表，发挥技术优势，通过建立全球网络，扩展衍生品业务。三是离岸市场型，以伦敦证券交易所为代表。伦敦证券交易所充分运用伦敦金融中心在离岸金融方面的优势，通过发展离岸市场来拓展现货市场和时间性要求不强的指数期货等衍生品市场。

表 6-3　　　　一流交易所国际化情况

上市公司国际化	洲际交易所	纽约证券交易所有上市公司约 2300 家，外国公司占比 21%，成交金额占比 6%，当年新上市外国公司占比约 21%
	纳斯达克	纳斯达克美国市场有上市公司 2935 家，外国公司占比 13.5%，成交金额占比 13%，当年新上市外国公司占比 19%
	伦敦证券交易所	伦敦证券交易所有 2487 家上市公司，外国公司占比 17.3%，成交金额占比 33%，当年新上市外国公司占比 13.4%
	德国交易所	德国交易所上市公司 499 家，其中 48 家为外国公司，占比接近 10%
投资者国际化	美国	根据美联储资金流量表（z1）数据，2017 年美国证券市场投资者持股总市值 42.2 万亿美元，其中，外国投资者持股市值 6.3 万亿美元，占比 15%
交易产品国际化	洲际交易所	以衍生品为例，洲际交易所有 8 家衍生品交易所，其中 3 家位于美国，两家位于加拿大，英国、荷兰、新加坡各 1 家
	纳斯达克	纳斯达克在美国和欧洲等地均有交易所市场，提供现货股票基金、存托凭证、债券和衍生品等。比如，纳斯达克全球指数家族拥有超过 4 万只指数，涵盖了全球 45 个国家大约 9000 只证券
	伦敦证券交易所	在现货方面，有众多追踪境外指数的指数产品，基金市场囊括了普通开放式基金、ETF、ETN、ETC 以及 Reits 等多种产品。在衍生品方面，包括国际存托凭证、挪威和英国上市股票的期权和期货等
	德国交易所	旗下欧洲期货交易所向全球投资者提供 9 种资产类别的交易。旗下明讯国际的服务覆盖了 110 多个国家的 50 余个市场、2500 个客户

续表

市场联通情况	洲际交易所	洲际交易所的市场联通则以海外收购和建立联盟为主，先后在加拿大、伦敦、新加坡、荷兰等国家和地区展开收购活动
	纳斯达克	纳斯达克主要通过技术输出与新兴市场建立合作联系。纳斯达克向全球50多个国家或地区的85个证券市场提供全球领先的技术服务
	伦敦证券交易所	与新加坡交易所、卡萨布兰卡交易所建立了互联互通等合作关系
	德国交易所	与韩国交易所、台湾期权交易所等交易所之间建立了产品互挂、信息互通等业务
股权投资情况	洲际交易所	洲际交易所有子公司57家，其中，欧洲地区占比18%，美洲地区占比10%，亚太区占比3%
	纳斯达克	纳斯达克有子公司195家，其中海外公司70家，包括欧洲地区50家，亚太地区11家，加拿大7家，非洲及中东地区2家
	伦敦证券交易所	有子公司27家，欧洲地区19家、美洲地区5家、亚太地区3家
	德国交易所	德国交易所集团有各类子公司约40家，其中涉及国际的有10余家
股东结构情况	洲际交易所	纽约证券交易所母公司洲际交易所集团股东结构以机构投资者为主，大部分为美国本土投资公司
	纳斯达克	在前五大股东中，外国机构有迪拜交易所以及瑞典投资公司InvestorAB，持股比例分别为17.9%和11.7%
	伦敦证券交易所	前五大股东中，外国机构有卡塔尔投资公司和贝莱德公司，持股比例分别为10.3%和6.9%。此外，纳斯达克也持有伦敦证券交易所部分股权
	德国交易所	来自德国的股东仅持有德国交易所16%的股份，剩余股份中美国占35%，英国占比19%，其他国家和地区占比30%

注：如没有特殊注明，均为2017年度数据。

四、能够切实增强投资者的获得感

能为投资者带来长期稳定的回报，这是交易所市场的基本功能之一。纽约证券交易所、纳斯达克等一流交易所中上市公司的长期表现反映了美国经济发展水平，且整体收益率高于经济增长率。以道琼斯指数、纳斯达克指数为例，自2009年3月走出谷底以来，截至2018年10月，不断连创新高，已连续上涨近 10 年。伦敦证券交易所富时 100、德国交易所 DAX 也呈现缓步走高的情形，为投资者提供了较好的投资回报（见图 6－1）。道琼斯指数从 2009 年 3 月 9 日的 6547. 05 谷底走出来，然后小步慢走，这一轮大牛市足足走了近 10 年。2013 年 5 月道琼斯指数首次站上 15000 点，2016 年 7 月创下历史最高点 18622 点，2018 年 10 月 3 日再次创下历史新高，达到 26828. 39 点，累计上涨 310%。

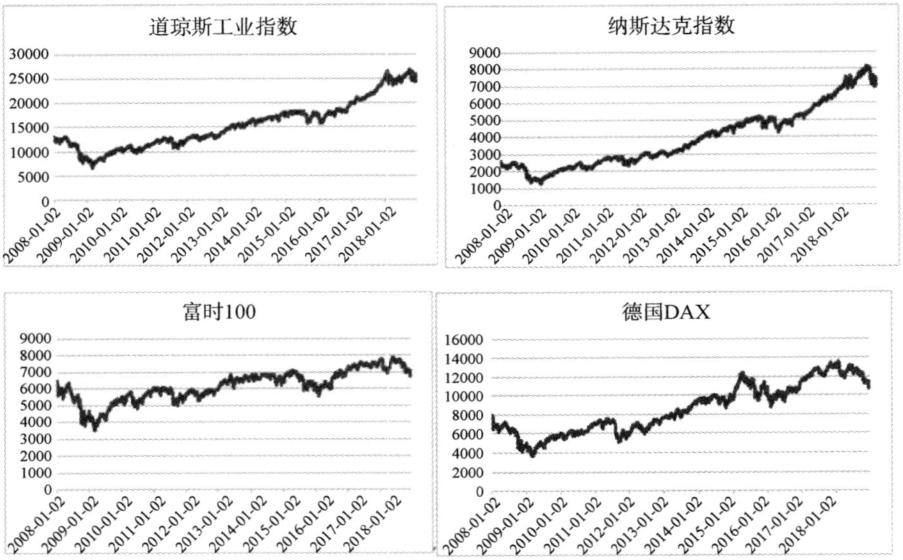

图 6－1　四家交易所股票指数趋势

第二节　基础制度扎实：公司化并上市具有很强的适应效率

20 世纪 80 年代以来，受竞争环境、监管制度、市场需求等因素影响，全球主要交易所在组织形式、上市制度、交易制度、系统建设等方面都出现了重大变化。一流交易所都能够针对市场需求快速反应，制订相应的方案和标准及时修正问题，不断开放纳新、兼容并包、迭代递进。

一、组织形式方面，均已经公司化并上市

自20世纪90年代以来，交易系统的自动化改变了大厅交易的空间限制和市场进入的限制，而全球化的到来也使各交易所面临日趋激烈的竞争。这些因素暴露出会员制利益冲突、决策和组织效率低下等问题，证券交易所的公司化改革浪潮席卷全球。从洲际交易所、纳斯达克、伦敦证券交易所、德国交易所来看，这四家交易所不但已经公司化并上市，而且都已经集团化发展（见表6－4）。

表6－4　　主要交易所的公司化改制和IPO时间

交易所	建立年份	公司化改制年份	上市年份	并购情况
泛欧交易所	2000	2000	2001	被纽约证券交易所收购
纽约证券交易所	1817	2006	2006	被洲际交易所收购
纳斯达克	1971	2000	2002	
伦敦证券交易所	1801	2000	2001	
德国交易所	1993	2000	2001	
东京证券交易所	1878	2001	2013	组建日本交易所并上市
香港交易所	1947	2000	2000	
约翰内斯堡证券交易所	1887	2005	2006	
马来西亚证券交易所	1930	2004	2005	
澳大利亚证券交易所	1987	1998	1998	
新加坡交易所	1999	1999	1999	
奥斯陆证券交易所	1819	2001	2001	
瑞士交易所	1993	2002	—	
菲律宾证券交易所	1992	2001	2003	

资料来源：根据P. S. Hughes，E. Zargar（2006）、施东辉（2010，PP：206）和WFE资料整理，时间截至2013年12月1日。

通过公司化这种所有权模式和治理结构，证券交易所转变成为一个客户导向、盈利导向的商业机构。一方面，公司化使交易所采用商业化的经营方法，对市场环境的变化能够迅速作出反应，从而以最具竞争力的价格给客户提供所要求的产品和服务；另一方面，公司化淡化了交易所的公共职能，在一定程度上加剧了交易所监管角色和商业角色的冲突，而且交易所上市也产生了一些新的问题，比如在自己交易所上市，可能存在监管中获得特殊待遇问题。

二、明确的市场导向，与政府监管之间边界清晰

交易所兼具市场发展和一线监管两种职能，二者目标存在联系，也有冲突。洲际交易所、纳斯达克、伦敦证券交易所、德国交易所均是公司化、集团化的上市公司，具有很强的盈利导向，一般都具有极大的动力开发盈利能力较好的衍生产品，不断挖掘信息服务附加值，大力争夺投资者、资金、上市资源、指数资源等。

作为市场经营主体，四家交易所虽然负有一定的一线监管职责，但通过规范性文件、协议或者备忘录等一系列制度安排，与所在国家和地区的证券监管机构、其他自律监管机构之间有着十分清晰的边界（见表6-5）。比如，以会员监管为例，根据美国法律，美国证券交易委员会（SEC）对全国的证券经纪商和投资公司等有执法权、提起民事和刑事诉讼权、取消注册登记权、民事处罚权等，同时，纽约证券交易所和纳斯达克将部分会员管理权协议转让给了美国金融业监管局（FINRA），纽约证券交易所经营公司享有会员注册审批权、会员监督权，纽约证券交易所监管公司则负责会员审查、账户管理等，各个主体职责清晰。

不过，由于监管主体不一致，也存在较大的协调成本。自2016年以来，纳斯达克、纽约证券交易所从美国金融业监管局收回了部分监管权

限，并尝试重新整合对会员的监管①。

表 6－5　　主要国家证券监管机构与交易所职权划分情况

国别	类型	监管机构名称	发行上市审核权	证券交易的监管权	违法、违规行为查处权	监管权
美国	政府机构监管	美国证券交易委员会（SEC）	证券发行注册权、审核权	注册管理权和证券交易行为管理权	执法权、提起民事和刑事诉讼权、暂停或取消经纪等注册登记权、民事处罚权	对市场主体行使全国管理和监督的权力
		各州政府证券监管部门	证券发行、上市注册与审核权	根据州《蓝天法》监管交易行为	根据各州颁布的《蓝天法》对上市公司的违法、违规行为进行查处	根据各州颁布的《蓝天法》行使监管权
	自律监管	美国金融业监管局（FINRA）	—	对证券经纪代理商的监管权	拥有纽约证券交易所执法权、仲裁权	根据协议行使会员管理权
		证券交易所	上市注册权	实时监控权，关注交易是否正常进行	—	会员注册审批权、会员监督权
		纽约证券交易所监管公司	—	市场交易行为的监管权	违规行为查处权	上市公司监管、会员审查权、账户管理

① 2015 年以来，纽约证券交易所打算重新调整交易所内部组织架构，改革方向包括以下几个方面：一是从美国金融业监管局重新收回部分监察、调查和执行职能。纳斯达克和纽约证券交易所分别于 2013 年和 2014 年宣布收回原本由美国金融业监管局承担的部分监管职能。纳斯达克的调整幅度较小。但是 2016 年以后纽约证券交易所明确向美国证券交易委员会提出申请，要求会员及会员组织将美国金融业监管局的某些监管职能转移至纽约证券交易所，其中包括纽约证券交易所旗下五个市场的监察、调查和执行权能。由于美国金融业监管局在跨市场监管方面有资源优势，美国金融业监管局保留了对跨市场交易的监管，以及对会员申请、注册、资格审查以及查核的职能。纽约证券交易所认为，此举目的在于加强交易所内部部门间的协同，更好地及时发现、处置可能的违规行为。交易所因为贴近市场，其一线监管能够高效运行。二是注销纽约证券交易所市场公司和监管公司，设立首席监管官，领导交易所监管部门，履行原本由纽约证券交易所监管公司承担的自律监管职能。设立监管委员会，负责对监管事务的监督，评估监管绩效。但这一改革目前还未完全落地。

续表

国别	类型	监管机构名称	发行上市审核权	证券交易的监管权	违法、违规行为查处权	监管权
英国	自律监管	金融市场行为监管司（FCA）	主板上市审批权	业务资格核准；市场行为监管；部分审慎监管	市场调查和执法；调查、惩罚和起诉	金融机构、上市公司、交易所、专业服务机构监管权
		审慎监管局（PRA）	—	审慎监管权	—	对大型金融机构进行审慎监管
		证券交易所	AIM 上市审核权	交易核准；交易监管；自由裁量	限制交易范围、暂停或终止会员资格	对券商的监管权
德国	政府机构监管	德国联邦金融监管局（BaFin）	—	监管操纵股价、并购、信披、经纪等市场行为	内幕交易调查权	—
		州监察署	—	—	监管调查交易所业务运作的规范性；对内幕交易等现场处理	依法监管交易所合规情况
		交易所交易监察部	—	检查交易过程和业务处理；记录整理交易数据	在有疑点的交易价格出现时进行调查	
	自律监管	证券交易所	审核权	监督权；监督证券的上市过程；监督二级市场交易	处罚权	监督交易所的业务流程及其组织管理
		行业自律机构(BIV)	—	—	—	会员管理权、建议权

三、在上市制度方面，具有很强的包容性和适应性

以上市制度为例，四家一流交易所在经济发展的不同阶段，主动适应企业融资需求，适时调整上市制度和市场板块，有效满足了不同类型企业的多元化融资需求，形成多层次市场体系，助力经济转型和结构调整（见

表6－6）。

表6－6　一流交易所上市标准的包容性

交易所	不同板块上市标准差异	多套上市标准（同一板块）	未盈利企业上市	双重股权	直接上市
纽约证券交易所	差异明显，低层次财务指标远低于高层次	是，最多4套	是，各层次均允许	是	是
纳斯达克	差异明显，低层次财务指标远低于高层次	是，最多4套	是，各层次均允许	是	是
伦敦证券交易所	差异明显，AIM无明确财务指标要求	否	是，各层次均允许	否	否
德国交易所	差异明显，低层次财务指标远低于高层次	否	是，各层次均允许	否	否

第一，为了更好地满足不同规模和类型的企业的融资需求，均通过市场内部分层，制定多套差异化的上市标准，实现对上市资源的精细化管理和精准服务。

第二，通过不断吸引行业优质型标杆企业上市，形成产业集聚效应，打造优势行业板块。比如，纳斯达克在科技领域有很强的优势，纽约证券交易所则吸引了金融、能源等蓝筹股公司上市。

第三，一流交易所都建立了有效的退市和转板制度，构成了有进有退、进退有序的内在循环，实现股票供求关系市场化调节和上市资源的优胜劣汰。

除此之外，为适应高成长性企业发展，纳斯达克和伦敦证券交易所还推出私募平台。2014年，纳斯达克与SharesPost合资成立非上市股票交易市场（NPM），为私募股权提供交易服务①。2016年7月，伦敦证券交易所也宣布，面向ELITE项目企业和专业投资者推出在线私募平台（ELITE Club Deal，ECD）。在线私募平台是一个“一站式商店”，目的是让成长型企业在安全环境下与专业投资者有效沟通，从而能够融资成长，进而在欧

① 具体可参见第五章“个性特征”当中有关纳斯达克的部分。

洲及全球创造就业机会、驱动创新。

四、在交易系统方面，有强大的自主开发能力，为市场提供一流基础设施

证券交易所的核心是交易系统。交易系统的核心功能在于将买卖双方的交易需求和委托流量聚合在一起，通过一定的交易规则产生交易价格。为了向市场提供一流基础设施，一流交易所均具有强大的自主开发能力。

一是自主开发。对证券交易所而言，拥有交易系统的自主开发能力和自主知识产权是一个非常强的竞争力，只有拥有交易系统的自主开发能力，才可能在技术升级和系统改造中掌握主动，及时有效推动自身技术进步，并在国际市场整合中占据主导地位。目前来看，四家一流交易所都拥有自主开发的交易系统。

二是具有高连接性、高灵活性、高交易速度。纳斯达克起步于电子化交易，其交易系统的表现远远领先于其他交易所。在2010年启用的Genium INET交易系统，时延小于40微秒，处于世界领先水平。伦敦证券交易所、德国交易所、纽约证券交易所的交易系统也十分先进，时延分别小于100微秒、220微秒和375微秒。值得一提的是，在新技术的引领下，一些新兴交易平台迅速成长，比如成立于2006年的Bats，其交易系统也十分先进，时延小于82微秒。这也是Bats能够迅速崛起，在成交量方面名列全球前三的重要原因（见表6-7）。

表6-7　部分典型交易所交易系统

交易所	交易系统	性能	时间
纳斯达克	Genium INET	40微秒，100万笔订单/秒	2010年10月
Bats	Bats交易系统	82微秒，55万笔订单/秒	2013年
伦敦证券交易所	Tuequoise	100微秒	2010年10月
德国交易所	Xetra T7系统	220微秒	2012年2月

续表

交易所	交易系统	性能	时间
纽约证券交易所	UTP	375 微秒，32 万笔订单/秒	2013 年 6 月
东京证券交易所	Arrowhead	1 毫秒	2011 年 11 月
深圳证券交易所	STS V5	1.1 毫秒，30 万笔订单/秒	2016 年 6 月
香港交易所	AMS/3.8	2 毫秒	2012 年 11 月

资料来源：根据深圳证券交易所内部资料及上海证券交易所《低延迟证券市场基础架构研究》整理。

第三节　市场效率卓越：实现投融双方资源的有效配置

良好的市场效率是实现投资者和融资者之间有效资源配置的保证。世界一流交易所一般都具备以下特点：股票市场机制较为健全；信息不对称程度较低；发行中利益输送较为少见；流动性好；信息传播速度快。总体而言就是市场效率较高。市场效率的衡量维度主要包括资本配置效率、市场运行效率和信息效率。

一、能把资源配置到市场最需要的地方

市场机制发挥决定性作用，能把资源配置到市场最需要的地方。

一是拥有世界一流的企业。纳斯达克的苹果、谷歌、微软，纽约证券交易所的摩根大通、强生、美孚，伦敦证券交易所的阿斯利康、联合利华、力拓集团，德国交易所的西门子、奔驰、空客等都是各自行业领域的巨头。

二是上市公司能够代表国民经济的发展方向。例如，纳斯达克前十大上市公司中，除了苹果、谷歌、微软外，还有亚马逊、脸书、英特尔、思科等，都是美国新经济的代表。

三是股市“晴雨表”功能充分体现。股市是一个国家经济走向的“晴雨表”。以美国为例，2008 年金融危机以来，美国经济经过探底、修复阶段后重回较强增长周期，2008—2018 年，GDP 平均增速为 1.6%，对应道琼斯指数增长了 166%。“美股长牛”与美国经济持续复苏基本吻合。

四是市场择优机制运行顺畅。2017 年纽约证券交易所、纳斯达克和德国交易所退市企业分别达 131 家、89 家、16 家，优胜劣汰功能明显。

二、在资本配置效率方面，IPO 和再融资的配置效率很高

诺贝尔经济学奖得主尤金·法玛认为，若资本配置是有效的，则股价应当完全反映当前的可得信息。因此，可利用市场价格来构建资本配置效率的度量。由于 IPO 发行或增发时投资者和发行人之间的信息不对称、发行制度市场化程度低以及投资者非理性等原因，发行价格可能会远低于二级市场交易价格，说明资源配置并非完全有效。国际通行的度量方法是用抑价率和折价率分别衡量 IPO 和再融资的配置效率，抑价率和折价率越高，说明二级市场价格与发行价格相差越大，资源效率配置越差①。

从 IPO 配置效率看，在国际主要股票市场中，伦敦证券交易所、纽约证券交易所和纳斯达克等一流交易所的 IPO 配置效率明显高于其他市场（见表 6 - 8）。特别是伦敦证券交易所，其 IPO 加权平均抑价率仅为 6.98%；而 IPO 规模较大的纽约证券交易所，其算数平均抑价率和加权平均抑价率分别为 13.57% 和 10.06%，表现也较为突出②。从再融资配置效率来看，与 IPO 抑价率类似，伦敦证券交易所、纳斯达克和纽约证券交

---

① IPO 抑价率，指首次公开发行定价低于上市初始价格的比率；再融资折价率，指再融资发行价格低于发行公告日前一交易日收盘价的比率。具体相关理论及推导请参见：南开大学中国市场质量研究中心，《中国股票市场质量报告 2018》，中国金融出版社，2018 年 4 月。

② 所谓抑价，是指首次公开发行，定价明显低于上市初始的市场价格。目前市场中使用的溢价概念，则是指实际成交价格超过证券或股票的面值。

易所的配置效率较高，其中再融资市场规模居首的伦敦证券交易所，其折价率水平仅为5.64%，反映出很高的资金配置效率（见表6-9）。一流交易所高效的资本配置效率表明，它们能够将资本配置给优质的企业。其上市企业中的优质公司因而得到了较大支持，呈现较好的发展态势。

表6-8　　2007—2017年股票市场IPO配置效率的国际比较

市场	IPO数量（个）	算术平均抑价率（%）			加权平均抑价率（%）		
		未调整	调整后	排名	未调整	调整后	排名
上海证券交易所	509	42.79	238.64	10	34.06	97.62	9
深圳证券交易所	1341	57.00	185.40	9	43.36	147.53	10
香港交易所	678	17.73	17.73	4	11.18	11.18	5
台湾证券交易所	187	31.98	31.98	8	33.35	33.35	8
纽约证券交易所	787	13.57	13.57	2	10.06	10.06	4
纳斯达克	841	21.40	21.40	5	14.87	14.87	6
伦敦证券交易所	788	16.27	16.27	3	6.98	6.98	1
东京证券交易所	111	10.99	10.99	1	9.79	9.79	3
澳大利亚证券交易所	656	22.51	22.51	7	9.28	9.28	2
孟买证券交易所	126	22.11	22.11	6	15.90	15.90	7
圣地亚哥证券交易所	57	6.59	6.59	—	5.90	5.90	—
约翰内斯堡证券交易所	58	32.39	32.39	—	17.86	17.86	—
莫斯科交易所	14	1.98	1.98	—	0.05	0.05	—

注：（1）考虑到政策差异和数据可得性，此处的抑价率调整只适用于沪深两市；（2）沪市和深市分别有32.30%和24.87%的IPO上市首日涨停，且存在连续涨停现象，故调整后IPO抑价率大幅提高；（3）抑价率为反向指标，抑价率越高，配置效率越低，此处排名按照配置效率由高到低进行排序，下文做同样处理；（4）加权平均计算中以资金额作为权重，下文亦做同样处理。

表 6-9　　2017 年股票市场再融资配置效率的国际比较

市场	次数	算数平均折价率（%）	排名	加权平均折价率（%）	排名
上海证券交易所	989	36.71	11	40.32	11
深圳证券交易所	1514	47.39	12	44.29	12
香港交易所	1374	11.98	4	10.71	3
台湾证券交易所	655	31.31	9	15.12	8
纽约证券交易所	1023	8.47	2	12.72	5
纳斯达克	1611	9.33	3	5.83	1
伦敦证券交易所	2279	5.64	1	10.69	2
东京证券交易所	890	21.56	7	25.27	10
澳大利亚证券交易所	2583	13.48	5	18.31	9
孟买证券交易所	652	29.23	8	11.78	4
圣地亚哥证券交易所	330	31.40	10	13.83	7
约翰内斯堡证券交易所	295	13.68	6	12.92	6
莫斯科交易所	19	3.74	—	6.19	—

三、在市场运行效率方面，一流交易所流动性高，运行也更有效

市场运行效率与流动性息息相关，反映了市场的活跃度和成交成本，一流交易所市场中各方参与者的交易成本较低，市场运行更有效。在市场运行效率方面，国际通行度量指标为相对报价价差和相对有效价差。金融学理论认为，买卖存在价差，说明市场供求不能及时匹配，因此，价差越小，买卖双方成交的成本就越小，说明市场流动性就越高，运行也更有效。纽约证券交易所、纳斯达克和伦敦证券交易所等一流交易所的相对报价价差和相对有效价差均远小于国际各主要交易所的均值，运行效率在众多市场中名列前茅。以相对有效价差为例，纽约证券交易所排名第一，纳斯达克排名第二，伦敦证券交易所排名第四（见表 6-10）。

表 6－10　　　　主要国际股票市场运行效率比较

股票市场	相对报价价差①		相对有效价差②		价格影响③（bps）	相对实现价差④（bps）	价格影响与相对有效价差之比⑤（%）
	均值（bps）	按均值从小到大排名	均值（bps）	按均值从小到大排名			
上海证券交易所	12.76	4	19.29	7	9.78	9.41	50.72
深圳证券交易所	12.88	5	23.75	9	18.70	4.94	78.72
香港交易所	28.20	12	31.27	11	22.90	7.50	73.22
台湾证券交易所	24.30	11	29.64	10	26.15	3.48	88.22
纽约证券交易所	7.74	2	5.71	1	4.45	1.14	77.89
纳斯达克	10.79	3	10.92	2	8.61	3.52	78.64
伦敦证券交易所	15.23	6	16.63	4	8.42	7.99	50.64
东京证券交易所	19.27	7	19.40	8	18.63	0.75	96.06
澳大利亚证券交易所	21.37	9	17.72	5	6.34	11.40	35.79
孟买证券交易所	21.82	10	36.77	12	21.95	16.10	59.71
莫斯科交易所	7.66	1	11.48	3	8.19	3.20	71.34
圣地亚哥证券交易所	48.41	13	48.36	13	35.66	12.40	73.74
约翰内斯堡证券交易所	21.03	8	18.70	6	13.65	5.07	73.00
平均	19.34		22.28		15.65	6.68	69.84

四、在信息效率方面，一流交易所信息消化能力强，股价波动率小

根据金融学有效市场假说，在信息效率较高的市场中，当前股价和历史价格之间的关系应该是相互独立的。而当前股价与历史股价之间的相关程度，可用日内自相关系数绝对值和日内方差比绝对值这两个指标进行衡量。这些数的数值越小，说明信息效率越高，市场越有效。此外，由于股

① 相对报价价差，指当期最低卖价和最高买价之间的差异，公式为：最低卖价－最高买价。

② 相对有效价差衡量了当期股票实际成交价格相对股票真实价值的偏离情况。

③ 价格影响衡量了当期市场交易对下一期股票价格变动的影响。

④ 相对实现价差衡量了流动性提供者（如做市商）以中间价卖出可获得的利润。

⑤ 该比率越大，说明现在成交对未来股票价格的影响程度越大。

价的波动可用于衡量信息的不对称性或不确定性，日内波动率指标越小，市场信息效率就会越高。总体来看，在信息效率方面，在可比交易所中，纽约证券交易所排名第一，纳斯达克列第三，伦敦证券交易所列第四（见表6－11）。总体而言，世界一流交易所的信息效率是很高的。一流交易所能够迅速地消化各类相关消息并反映在股价上，较少出现消息市这样的情形，历史信息与当前股价的相关程度低，股价波动较为稳定。

表6－11　国际主要股票市场信息效率比较

股票市场	日内自相关系数绝对值①		日内方差比绝对值②		日内波动率③		综合排名	综合得分
	均值	按均值从小到大排名	均值	按均值从小到大排名	均值	按均值从小到大排名		
上海证券交易所	0.1447	13	0.3263	11	0.3980	11	12	35
深圳证券交易所	0.1355	12	0.2997	10	0.4221	12	11	34
香港交易所	0.0342	4	0.2708	8	0.2950	9	7	21
台湾证券交易所	0.0384	6	0.2813	9	0.2860	8	9	23
纽约证券交易所	0.0297	2	0.2051	2	0.1945	2	1	6
纳斯达克	0.0300	3	0.2053	3	0.2338	5	3	11
伦敦证券交易所	0.0403	7	0.2551	7	0.1929	1	4	15
东京证券交易所	0.0433	8	0.2446	6	0.2817	7	7	21
澳大利亚证券交易所	0.0503	9	0.2274	4	0.2018	3	5	16
孟买证券交易所	0.0241	1	0.2328	5	0.3666	10	5	16
莫斯科交易所	0.0359	5	0.1859	1	0.2106	4	2	10
圣地亚哥证券交易所	0.1279	11	0.3506	12	0.4548	13	13	36
约翰内斯堡证券交易所	0.0805	10	0.3817	13	0.2815	6	10	29

① 研究认为，若当前股价与历史价格存在自相关，则股价的信息反映能力较弱。该指标公式为$Auto = |corr(r_{t,mid}, r_{t-1,mid})|$，即两日收益率相关性的绝对值。

② 公式为$VR = \left|\frac{P_{5min,mid}}{5P_{1min,mid}} - 1\right|$，即长短期方差比率的绝对值。该指标越小，说明每一期的股价都相对越独立，信息反映更充分。

③ 该指标计算日内每5分钟买卖中间价的标准差，即$vol = Stdev(P_{5min,mid})$。

第四节　组织运行有效：战略和业务协同能力很强

证券交易所具有双重性，一方面是一个有组织的证券市场，例如美国《证券交易法》将证券交易所定义为金融工具市场；另一方面，也可以将交易所理解为一个企业，特别是随着交易所公司化并上市，交易所的业务活动和管理理念越来越向标准意义的企业靠拢。从企业属性出发，我们从战略规划、资源整合、盈利能力、技术输出能力等角度来衡量交易所的水平。

一、强大的战略规划和激励能力，引领交易所发展壮大

首先，在战略规划定位的选择上，规划定位是交易所未来发展的重要坐标。从洲际交易所、纳斯达克、德国交易所、伦敦证券交易所来看，他们的定位均为全球市场（见表6－12）。相比之下，日本交易所是亚洲第一，新加坡交易所的定位是亚洲领先，孟买证券交易所的定位是印度一流。

其次，有了明确的目标，就要有足够的战略激励手段。从数据可得性的角度，我们选择首席执行官（CEO）的薪酬作为参考指标。原因在于CEO是引领交易所未来发展的灵魂人物，招揽强有力的CEO，并激励其奋力前行的，除了理想和斗志，就是薪酬待遇。从数据来看，四家一流交易所均设置了股权激励，此外，洲际交易所的CEO薪酬为1070万美元，纳斯达克的为1440万美元，德国交易所的约为612万美元，伦敦证券交易所的为114万美元，均处于行业较高水平。

表6-12 可比交易所战略规划目标或愿景

交易所	战略目标	定位
洲际交易所	帮助伟大的公司做伟大的事。通过信息、技术和专业知识，建立、运营和发展全球市场	全球
纳斯达克	创新是我们DNA的一部分，要成为全球资本市场领先的技术、交易和知识提供商	全球
伦敦证券交易所	为国际业务和投资者提供通往欧洲资本市场无可匹敌的通道	全球
德国交易所	全球市场基础设施供应商，在其所有活动中名列榜首	全球
日本交易所	成为亚洲地区最受欢迎的交易所，致力于提供具有公益性、可靠性、创造性的高质量服务。口号是亚洲第一	亚洲
新加坡交易所	亚洲领先和值得信赖的市场基础设施，促进资本和理念的交流，为人们、企业和经济创造价值	亚洲
香港交易所	引领不同金融市场互联互通的国际交易所集团。志在通过连接中国与世界其他市场，重塑全球市场格局	全球
韩国交易所	通过创新增加价值的金融平台。向企业提供融资渠道，为国民谋求增富机会，以此为国家经济发展作出积极的贡献	亚洲
泛欧交易所	通过透明、高效和可靠的场所集合买家和卖家来为实体经济服务，成为欧洲资本市场的核心，促进欧洲市场未来发展	区域
印度国家证券交易所	继续成为领导者，建立全球形象，促进人民的经济福祉	全球
孟买证券交易所	成为印度一流的证券交易所，拥有全球一流技术、产品和服务	印度
西班牙证券交易所	欧洲主要证券运营商。为西班牙长期繁荣提供增长动力	欧洲
多伦多交易所	为加拿大、北美洲及世界各地的客户提供资本和商品市场、投资和经济增长的动力，成为一个技术驱动的解决方案提供商，把客户放在第一位	北美
瑞士交易所	为瑞士金融中心提供具有竞争力的基础设施，服务国际客户	瑞士
澳大利亚证券交易所	世界级，全球连接，具备国际竞争力，客户驱动	全球
上海证券交易所	有效维护市场公开、公平、公正，有效配置国内国际资源，有效防范市场风险；建设成为安全高效、功能完备，与我国社会主义现代化强国相匹配的世界领先交易所	全球
深圳证券交易所	创新资本形成中心，世界一流交易所	全球

二、良好的盈利能力，收入结构日益多元化

全球证券交易所公司化浪潮，有效推动了交易所转向客户和盈利导向的商业化经营目标。良好的盈利能力，可使交易所在资本市场获得较高的估值，进而有利于交易所的筹资和并购活动。四家一流交易所的业务收入都是多元化的，具体涉及现货交易、清算结算、上市、衍生品交易、信息数据、技术输出等。

首先，四家一流交易所都具有很强的盈利能力。从排名看，在可比交易所中，2017 年度洲际交易所营业收入排名全球第一，为 58.34 亿美元，德国交易所营业收入排全球第二，为 27.82 亿美元，伦敦证券交易所和纳斯达克营业收入相当，分别为 25.19 亿美元和 24.28 亿美元，排在全球的第三和第四位（见表 6－13）。

其次，德国交易所、伦敦证券交易所的交易后端服务收入逐年提高。德国交易所、伦敦证券交易所基本上都已经实现了交易、清算、结算一体化，2017 年两家交易所后端服务均超过总收入的 35%，且近年交易后端服务收入连年提高（见表 6－14）。相比之下，在美国，洲际交易所、纳斯达克近年虽然做了大量垂直一体化的工作，但大部分结算仍然由美国证券存托与清算公司（DTCC）进行。正是得益于交易后端的突出能力，德国交易所在收入、竞争力等方面跻身全球一流交易所行列。

表 6－13　　可比交易所总收入及各业务板块收入情况

交易所	业务名称	业务内容	收入情况（百万美元）			2017 年占比（%）
			2017 年	2016 年	2015 年	
洲际交易所	交易与清算	衍生品交易与清算、现货交易等	3131	3384	3228	53.67
	上市服务	公司解决方案、上市服务	417	419	405	7.15
	数据服务	数据产品、指数授权和服务	2084	1978	871	35.72
	其他服务	技术服务等	202	177	178	3.46
	合计		5834	5958	4682	

续表

交易所	业务名称	业务内容	收入情况（百万美元）			2017 年占比（%）
			2017 年	2016 年	2015 年	
纳斯达克	交易服务	衍生品交易与清算、现货交易等	881	827	771	36.29
	公司服务	公司解决方案、上市服务	656	635	562	27.02
	信息服务	数据产品、指数授权和服务	588	540	512	24.22
	技术服务	技术支持与输出	303	275	245	12.48
	合计		2428	2277	2090	
德国交易所	欧洲期货交易所（Eurex）	衍生品交易、回购业务以及其他	1132.35	1145.99	984.76	40.70
	Xetra	股票现货交易、上市及其他	199.44	182.2	205.05	7.17
	明讯银行	国际国内清算、投资基金服务	1002.18	882.65	828.2	36.02
	数据与服务	数据服务、指数、基础设施服务	448.38	433.25	445.61	16.12
	合计		2782.35	2644.08	2463.61	
伦敦证券交易所	市场服务	上市、股票、债券及衍生品交易	503.98	498.07	504.78	20.01
	CC&G	清算、结算、存管及其他	194.63	198.27	182.01	7.73
	交易后服务	清算、净利息收入及其他	724.39	605.73	551.24	28.76
	信息服务	富时罗素指数、实时数据等	948.66	805.7	790.71	37.66
	技术服务	技术支持与输出	117.29	119.63	123.18	4.66
	其他	其他收入	30.93	16.8	16.05	1.23
	合计		2519.89	2245.04	2167.97	

注：德国交易所和伦敦证券交易所的收入数据根据相应年份的平均汇率换算。其中，2015 年、2016 年、2017 年欧元兑美元汇率分别为 1.1096、1.1069、1.1300，2015 年、2016 年、2017 年英镑兑美元汇率分别为 1.5282、1.3548、1.2889。

资料来源：根据各交易所年报整理。

表 6－14　德国交易所、伦敦证券交易所交易后端服务收入占比

交易所＼时间	2010 年	2011 年	2012 年	2013 年	2014 年	2015 年	2016 年	2017 年
德国交易所	—	—	—	—	34.09%	33.62%	33.38%	36.02%
伦敦证券交易所	18.74%	22.31%	28.04%	24.45%	37.54%	33.82%	35.81%	36.47%

资料来源：根据各交易所年报整理。

最后，信息、技术等新兴业务收入占据重要位置。2016 年开始，洲际交易所和伦敦证券交易所的数据信息和技术服务收入均超过总收入的 40%（见图 6－2），纳斯达克的数据和技术服务占比接近 30%。由于受到场外交易系统的冲击，交易所交易方面的收入近年大幅下滑，但通过加强数据信息、技术等方面的产品开发，有效弥补了交易业务的下滑。

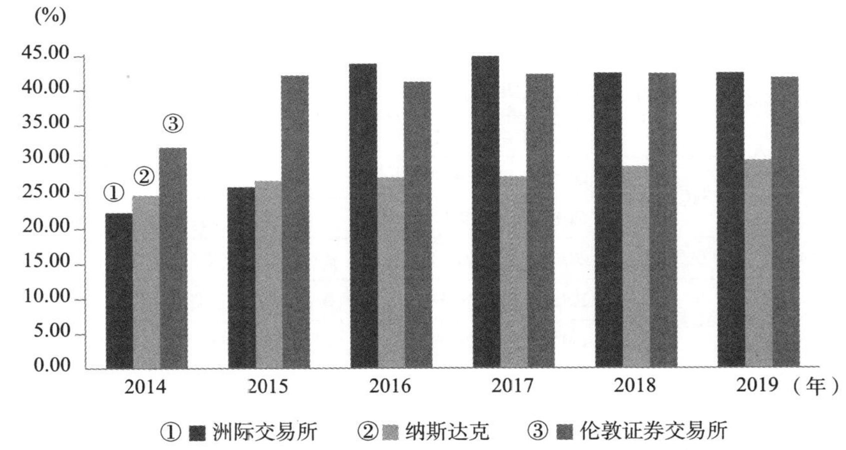

图 6－2　洲际交易所、纳斯达克、伦敦证券交易所的数据信息和技术服务占比

资料来源：根据各交易所年报整理。

三、顶尖的资源整合能力，实现交易所跨区和跨界的合作

为了提升市场竞争力，全球主要交易所通常会采取股权合作、产品互挂、市场互联或是技术合作等方式，实现不同类型交易所跨区与跨界的合作。四家一流交易所股权结构清晰、业务收入稳定、技术系统先进，通常会采取股权收购或者技术输出的方式，拓展市场范围，建立合作联盟，获取行业垄断。从数据来看，这四家交易所并购整合和对外合作的次数规模，是全球交易所中最多的（见表6－15）。从资源整合模式来看，主要包括两种方式：一是收购兼并。比如，2016 年纳斯达克以 10.7 亿美元完成对德国交易所旗下国际证券交易所的收购，强化了期权业务；2018 年洲际

交易所收购了美国芝加哥交易所（CHX）。二是产品合作。比如，2016 年 5 月德国交易所与台湾期权交易所签署协议，德国交易所将作为台湾期权交易所市场数据和信息产品的许可方，面向国际客户开展推广业务。

表 6－15　　2015—2018 年一流交易所资源整合情况

项目	交易所	时间	对象	合作
并购收购	洲际交易所	2016 年 12 月 14 日	美国全国股票交易所	收购
		2017 年 1 月 31 日	澳大利亚国家证券交易所	收购
		2017 年 7 月 5 日	欧洲大陆能源交易所	收购
		2018 年 4 月 5 日	芝加哥交易所	收购
	纳斯达克	2015 年 12 月 8 日	Chi－X 加拿大	收购
		2016 年 3 月 9 日	国际证券交易所	收购
	德国交易所	2015 年 5 月 27 日	上海证券交易所	股权合作
产品合作/技术输出	洲际交易所	2015 年 2 月 16 日	约翰内斯堡证券交易所	产品合作
		2015 年 9 月 21 日	上海证券交易所	跨境产品
	德国交易所	2015 年 3 月 10 日	孟买证券交易所	市场链接
		2015 年 5 月 27 日	上海证券交易所	股权合作
		2015 年 6 月 30 日	爱尔兰证券交易所	技术输出
		2015 年 11 月 2 日	孟买证券交易所	产品合作
		2016 年 4 月 20 日	韩国交易所	产品互挂
		2016 年 5 月 31 日	台湾期货交易所	产品合作
	伦敦证券交易所	2015 年 1 月 13 日	伊斯坦布尔证券交易所	跨境产品

资料来源：根据公开信息整理。

四、较强的业务协同能力，为交易所创新发展提供便利渠道

证券交易所业务的开展、产品的创新是一个前端、中端和后端紧密配合的过程，不仅涉及交易所产品的设计，交易系统的磨合，还涉及交易中端各类技术公司，交易后端的清算、结算、托管等一系列流程。在信息技术发展的推动下，近年来，交易所产品创新动力越来越强，推动了交易所行业的垂直一体化进程。

一方面，四家一流交易所近年通过大量的纵向并购，将许多技术公司、指数公司、数据公司纳入交易所业务体系，提高了产品创新的协同能力（见表6－16）。比如，洲际交易所近几年通过收购数据服务提供商Interactive Data、商品和股权交易技术领先供应商Traypor，大大提升了其数据分析和场外交易技术的水平。

表6－16　2015—2018年主要交易所基于纵向发展的并购和投资

交易所	年份	纵深并购和投资
洲际交易所	2015	以52亿美元收购金融数据商IDC和场外交易技术提供商Trayport
	2016	收购MERSCORP大部分股权，以重建抵押电子登记系统基础设施
	2016	收购标准普尔的证券评估部门和信用市场分析部门
	2017	收购澳大利亚国家证券交易所
	2017	收购多伦多交易所TMX ATRIUM全球外部网和无线服务业务，提供12个国家、30多个主要交易场所的低延迟连接
	2017	收购欧洲大陆能源交易所（ICE Endex）的剩余股权
	2018	完成对Virtu Financial旗下的Virtu Bondpoint的收购，Bondpoint成为洲际交易所固定收益交易和数据解决方案的一部分，提供更多的固定收益服务
	2018	收购TMC Bonds，提供新的互补流动性接入点，提高固定收益市场效率
	2018	完成对交易所运营商、数据和上市服务的提供商MERS的收购
纳斯达克	2015	并购数据提供商Dorsey、Wright & Associates
	2015	收购高性能另类交易系统Chi－X Canada，以便进入加拿大股票市场
	2016	收购新闻发布与分析提供商Marketwired，提供通信工具和情报
	2016	收购董事会门户解决方案提供商Boardvantage
	2017	投资欧洲区块链公司Stratumn，以加强数据的安全性和完整性
	2017	收购行为分析公司Sybenetix，并将其纳入风险和监控解决方案
	2018	收购云内容提供商eVestment，帮助机构投资者识别、利用全球投资趋势，帮助资产管理人员在全球范围内推广基金
	2018	收购瑞典金融科技公司Cinnober。Cinnober专注提供与数字货币相关的交易、清算技术，提高作为全球市场基础设施运营商服务的能力
	2018	收购在替代和核心财务数据领域领先的提供商QUANDL，以推进替代数据的使用

续表

交易所	年份	纵深并购和投资
伦敦证券交易所	2016	收购金融信息提供商 Mergent，以增强其数据和分析业务能力
	2017	提高伦敦清算所集团公司的股份
	2018	收购 AcadiaSoft 16% 的股份，简化非清算衍生品市场的保证金计算和处理
	2018	进一步收购全球多资产清算公司 LCH 集团股份至 80% 以上
德国交易所	2014	在新加坡设立运营欧洲期货交易所亚洲清算机构
	2015	以 7.25 亿欧元收购德国外汇交易平台 360T，进军货币交易市场
	2015	收购瑞士交易所持有的指数公司 STOXX 和 Indexium 的 49.9% 和 50.1% 的股份
	2017	以 1000 万美元获得美国债券电子交易网络金融技术公司 Trumid 股权
	2017	投资 Trifacta，加强大数据分析技术力量，推进解决方案的全球应用
	2017	投资 RegTek. Solutions，提高合规软件的水平，应对《金融工具市场指令Ⅱ》的监管要求
	2018	收购 HQLAX 少数股权，提升证券出借的市场效率

资料来源：根据公开资料整理。

另一方面，这四家证券交易所还通过收购清算、结算等机构，提高一体化程度，为产品创新提供方便。垂直一体化不仅增加了交易所的收入，也有助于延伸交易所的价值链，提升交易所产品创新的业务协同能力。比如，近年来，德国交易所、伦敦证券交易所的产品创新力度较大，与其一体化平台的建设是息息相关的。

五、突出的技术输出和品牌管理能力，拓展交易所业务范围

在交易所发展过程中，技术系统发挥着越来越重要的作用。在全球主要交易所并购案例中，大部分并购的初衷是获得比较先进的交易系统以提升技术优势，降低交易成本。另外，伴随着技术输出，通常会有现货、衍生品、清算托管和信息数据等更广泛的合作，从而带动交易所多产品线与多业务链的拓展。目前，洲际交易所、纳斯达克、伦敦证券交易所、德国

交易所都在对其 IT 系统进行品牌管理，积极向全球其他交易所输出交易技术与系统，技术收入已经在其总收入中占据一定地位（见图 6－3）。比如，伦敦证券交易所的千禧 IT 被伦敦金属交易所、新加坡交易所、香港交易所和阿根廷中央登记机构、布宜诺斯艾利斯证券交易所等采用。

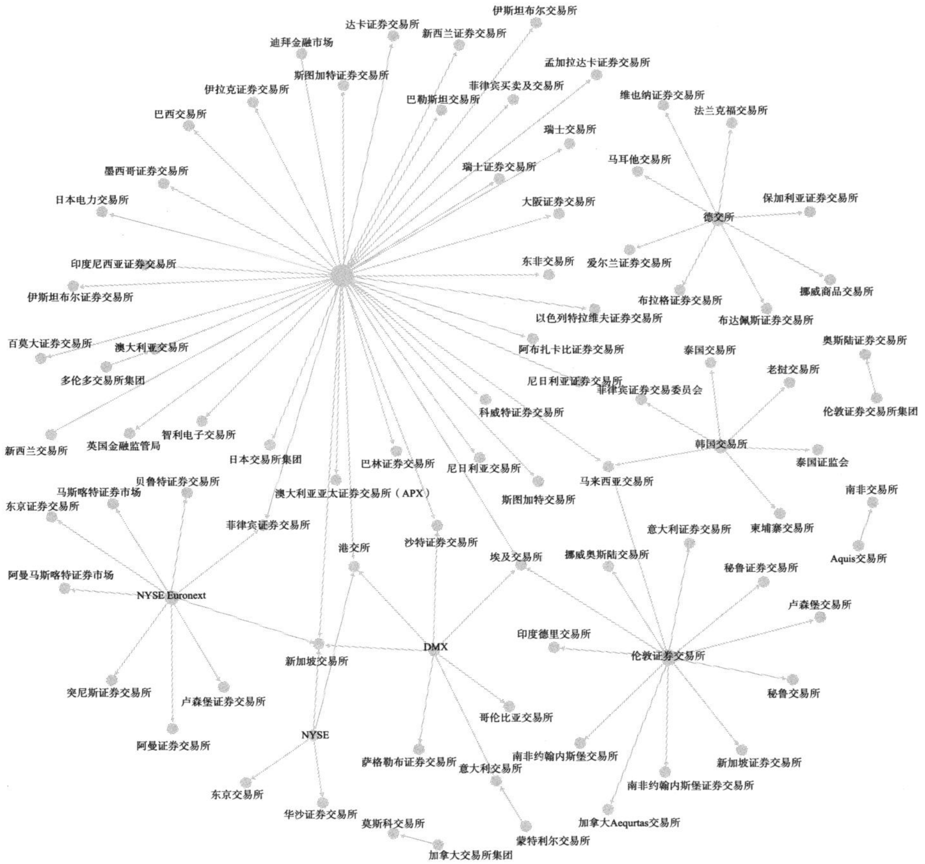

图 6－3　全球交易所技术输出

资料来源：根据资料信息整理。

在技术品牌管理和输出方面，纳斯达克表现最为突出（见表 6－17）。通过收购、投资、自建等方式，纳斯达克建立了一整套的金融框架技术，树立了很好的技术品牌。目前，纳斯达克的技术系统被 50 个国家（地区）

的80余个市场所使用，包括澳大利亚、ICAP、哥伦比亚、埃及、中国香港、瑞士等。从近期的数据看，纳斯达克在技术输出方面的能力已经远超其他交易所。2017年，技术输出为纳斯达克带来的收入已超过3亿美元。值得注意的是，由于衍生品业务日益重要，纳斯达克因其在衍生品、清算结算等方面的优势，受到许多交易所的欢迎。如日本交易所、菲律宾证券交易所都采用纳斯达克—OMX的X－Steam替代过去由纽约证券交易所以现货为基础的IT系统。

表6－17　纳斯达克的技术输出

合作时间	合作对象	合作形式
2009年3月9日	印度尼西亚证券交易所	技术输出
2009年3月23日	新加坡交易所	技术输出
2009年4月24日	瑞士交易所	技术输出
2009年6月22日	科威特证券交易所	技术输出
2009年9月15日	大阪证券交易所	技术输出
2009年11月4日	迪拜金融市场	技术输出
2010年11月29日	澳大利亚证券交易所	技术输出
2011年6月21日	瑞士证券交易所	技术输出
2011年9月15日	巴西证券商品期货交易所	技术输出
2012年5月1日	尼日利亚交易所	技术输出
2012年5月1日	瑞士交易所	技术输出
2012年5月14日	科威特证券交易所	技术输出
2012年5月30日	新西兰交易所	技术输出
2012年6月27日	香港交易所	技术输出
2012年11月16日	新西兰交易所	技术输出
2012年12月12日	马来西亚证券交易所	技术输出
2012年12月14日	智利证券交易所	技术输出
2013年1月23日	东非交易所	技术输出
2013年2月20日	菲律宾买卖及交易所公司（PDEx）	技术输出
2013年4月29日	百慕大证券交易所	技术输出

续表

合作时间	合作对象	合作形式
2013 年 5 月 14 日	英国金融监管局	技术输出
2013 年 7 月 3 日	伊斯坦布尔证券交易所	技术输出
2013 年 7 月 9 日	巴林证券交易所	技术输出
2013 年 9 月 10 日	斯图加特证券交易所	技术输出
2013 年 9 月 25 日	沙特证券交易所	技术输出
2013 年 10 月 6 日	香港交易所	技术输出
2013 年 12 月 10 日	马来西亚证券交易所	技术输出
2014 年 3 月 23 日	孟加拉达卡证券交易所	技术输出
2014 年 4 月 23 日	阿布扎卡比证券交易所	技术输出
2014 年 7 月 21 日	巴林证券交易所	技术输出
2014 年 9 月 15 日	埃及交易所	技术输出
2014 年 11 月 11 日	伊拉克证券交易所	技术输出
2014 年 12 月 12 日	孟加拉达卡证券交易所	技术输出
2015 年 1 月 19 日	日本交易所	技术输出
2015 年 2 月 9 日	墨西哥证券交易所	技术输出
2015 年 3 月 10 日	澳大利亚亚太证券交易所（APX）	技术输出
2015 年 4 月 22 日	日本电力交易所	技术输出
2015 年 6 月 22 日	菲律宾证券交易所	技术输出
2015 年 7 月 1 日	澳大利亚证券交易所	技术输出
2015 年 10 月 7 日	斯图加特证券交易所	技术输出
2015 年 12 月 11 日	伊斯坦布尔证券交易所	技术输出
2016 年 1 月 6 日	以色列特拉维夫证券交易所	技术输出
2016 年 1 月 27 日	尼日利亚证券交易所	技术输出
2016 年 2 月 29 日	澳大利亚证券交易所	技术输出
2016 年 7 月 18 日	日本交易所	技术输出
2017 年 12 月 4 日	沙特证券交易所	技术输出
2018 年 2 月 5 日	巴勒斯坦交易所	技术输出

资料来源：根据公开信息整理。

第五节 投资者得到保护：始终具有一线监管职能

从国际上看，交易所天然具有监管的职能，并普遍为法律所确认。美国、英国、德国等国家的法律、判例均明确了交易所的监管职能，而且不管交易所组织形态如何变迁，始终扮演着监管的角色。20 世纪 90 年代末和 21 世纪初，交易所一度出现公司化浪潮，即便如此，交易所始终依据法律规定承担着一定的监管职能。交易所的一线监管职能是国际共识，也在实践中积累了丰富经验。

一、为避免利益冲突，成立专门的监管公司或向外部转移一线监管职能

证券交易所作为市场的组织者，处于一线监管地位。但随着公司化甚至上市，交易所的市场职能和监管职能产生了一定的利益冲突。2006 年 3 月，为了解决利益冲突问题，纽约证券交易所在集团旗下设置了两个全资子公司，一个负责市场运营，一个负责市场监管。此外，纽约证券交易所还通过协议的方式，向 FINRA 转移了部分会员监管职能。2013 年 7 月，为了保证监管独立性，日本交易所在集团旗下成立了新的监管子公司（JPX－R），负责自律业务（见图 6－4）。2017 年 9 月，新加坡证券交易所也宣布成立一个独立的全资附属公司——新加坡监管公司（SGX Regco），执掌新加坡交易所目前的监管职能，以解决监管职能及商业目标之间的利益冲突。

二、为维护市场稳定，一流交易所均设计了成熟的价格稳定机制

目前，主要交易所的价格稳定机制包括价格限制、集合竞价延长机

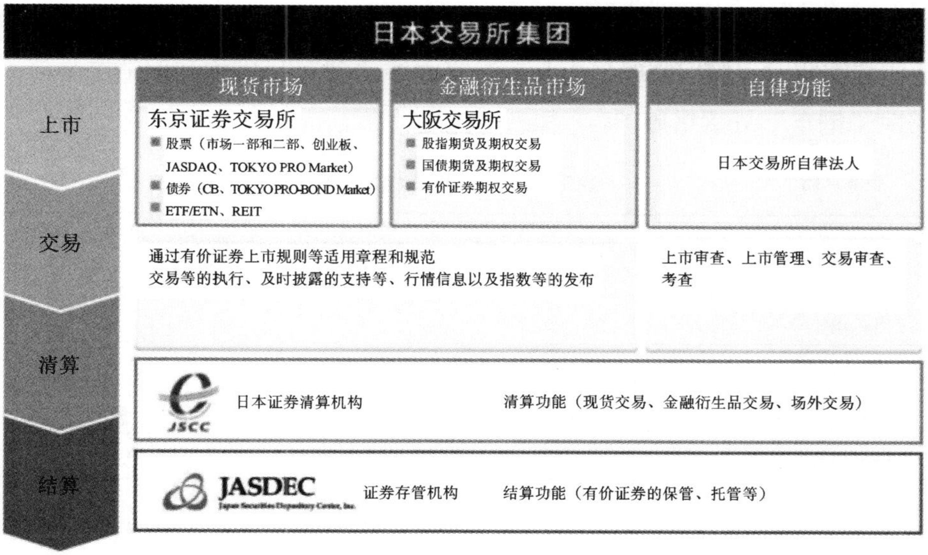

图 6－4　日本交易所业务结构

制、指数熔断机制、波动性中断机制、错误交易处置和惩罚机制等（见表 6－18）。在美国，引入了动态价格涨跌幅限制（Limit－Up/Limit Down，LULD）①，制定了以标普 500 指数下跌 7%、13% 和 20% 为熔断阈值的三档指数熔断机制等，以防止市场异常波动。伦敦证券交易所主要制定了市价订单延长机制和价格监控延长机制，根据股票的类别和价格设置了不同的波动幅度，且同一只证券的静态价格监控机制与动态价格监控机制的波动范围也存在不同。对于错误交易，纽约证券交易所、纳斯达克、伦敦证

① LULD 旨在通过将个股成交价格动态限定在一定变化幅度内来防止市场发生异常波动，考虑到个股的基本面变化，LULD 继续沿用了个股熔断对 5 分钟集合竞价的设计。参考价格为前 5 分钟内所有合格的已成交订单的算术平均价格，限制幅度根据证券价格分级设置为 5%、10%、20% 或 75% 不等。在触发个股涨跌幅限制机制时，该证券将进入 15 秒的监测期［即所谓限制状态/（Limit State）］，若 15 秒内价格仍然没有恢复至区间内，则会暂停交易 5 分钟，之后通过集合竞价恢复竞价交易。大多数 S&P 500 和 Russell 1000 的成分股，以及部分 ETF 和票据（所谓“Tier 1 NMS stocks”）的涨跌幅触发阈值为 5%，其余大多数个股和部分交易所的交易产品触发阈值为 10%，开闭市阶段各触发阈值翻倍，3 美元以下低价股的触发阈值为 20% 以上。与个股熔断相比，LULD 为多交易中心的市场结构提供了一种更佳的价格同步机制。LULD 具有功能综合、防“乌龙指”强的优势，是一种较好的、常规性的个股盘中稳定机制。LULD 的主要局限在于其抑制波动效果受订单簿不平衡程度的影响较大。

券交易所、德国交易所都已建立错误交易处置制度，常见的处置交易异常的措施有临时停牌、临时停市、暂缓交收等“刹车”措施和取消交易等实质性“倒车”处置措施。

表 6－18　　一流交易所主要价格稳定机制

交易所	价格涨跌幅限制	集合竞价延长机制	指数熔断机制	静态波动性中断机制	动态波动性中断机制	错误交易处置与惩处机制
纽约证券交易所	√		√			√
纳斯达克	√		√			√
伦敦证券交易所		√		√	√	√
德国交易所	√					√

资料来源：根据公开信息整理。

三、为提高监察效率，一流交易所非常注重运用科技手段

在市场一线监察方面，世界一流交易所非常重视运用最新科技手段武装监管，以提高市场监察效率，降低市场风险。纳斯达克在欧洲成立了机器学习实验室，不断加强金融科技在监管中的运用，科学监控投资者行为，进行投资者画像。伦敦证券交易所进行实时监测的集合性电脑监督系统（IMAS）和进行异常交易的分析和智能监督系统（IAS）都充分利用了最新科技成果。纽约证券交易所和德国交易所主要选择瑞典的 Scila 监察系统。Scila 是瑞典斯德哥尔摩的一家监察技术领先的独立软件提供商，其合规系统包含了告警规则与报告、检索、重演以及可视化等功能。

四、为强化合规，一流交易所监管措施多样，并以罚款为主

证券市场交易者千差万别，利益诉求不同，由此造成市场中的不合规行为多种多样。交易所作为一线监管主体，丰富且行之有效的监管措施是监管有效的前提。总体来看，纽约证券交易所、纳斯达克、伦敦证券交易

所、德国交易所这几家交易所的一线监管手段比较丰富，并没有统一的标准和措施，都是根据自身系统、实际情况制定的。其中，针对公司的处分措施主要包括罚款、公开谴责、整改风控系统等；针对交易员等个人的处罚，包括中止执业资格、罚款和返还违法所得，对高管的处罚还包括任职禁止和罚款。在四家交易所中，罚款是最常用的纪律处分措施。以纳斯达克为例，自2014年1月1日起至2018年7月31日，共公布处罚案例84个，其中涉及罚款的数量为81个，金额在100万美元以上的有7次，金额在10万~100万美元的有14次，不到10万美元的有60次。

五、为防控风险，一流交易所都成立了风险防控委员会

上海证券交易所刘逖所著《平台的未来》，从交易所运营和交易组织角度，将与交易所相关的风险分为三大类：宏观层面的风险、交易所自身业务的风险和市场参与者的风险①。其中，宏观系统性风险的防范与化解是交易所防控风险工作的重中之重。世界一流交易所主要从以下三个方面主动防范风险：第一，将证券交易所列入系统性重要金融机构或系统重要性金融基础设施的范畴，使其落实更加严格的审慎要求。第二，要求交易所加强对股市风险溢出的监测，并向监管机构及时报告。第三，从交易所运营的角度出发，世界一流交易所通过制度和组织架构的完善，对操作风险和道德风险进行严格防控。例如，四家世界一流交易所都成立了风险防控委员会，并不断优化风险防控流程和方案，建立了数据恢复系统，每年都要在年报中披露风险防控方面的措施和工作，并及时向投资者、监管机构和市场参与人汇报（见表6－19）。

① 宏观风险包括系统性风险和股票市场失灵风险等；交易所风险包括操作风险、结算风险、内幕交易、炒作和被操纵风险、高频交易风险、经纪商和做市商风险以及法律风险等；市场参与者风险包括价格波动风险、流动性风险、信用风险等。

表6-19 可比交易所风险防控情况

交易所	风险防控委员会	风险防控流程和方案	数据恢复系统
深圳证券交易所	风险管理部	有	有
上海证券交易所	风险管理部	有	有
香港交易所	有	有	年报未提及
纽约证券交易所	有	有	有
纳斯达克	有	有	有
伦敦证券交易所	有	有	有
德国交易所	有	有	有
日本交易所	有	有	有
新加坡交易所	有	有	有
韩国交易所	有	年报未提及	年报未提及
泛欧交易所	有	有	有
印度国家证券交易所	有	有	有
孟买证券交易所	有	有	有
西班牙证券交易所	有	有	有
多伦多交易所	有	有	有
瑞士交易所	有	有	有

资料来源：根据公开信息整理。

第七章

美国证券交易所行业国际竞争力的提升①

纽约证券交易所和纳斯达克是美国两家主要证券交易所，经过近半个世纪的竞争与合作，它们的国际竞争力均得到大幅提升。两所现在均已发展成为全球最具影响力的交易所集团。

第一节　美国证券交易所行业近半个世纪的发展

美国证券交易所行业的发展主要体现为纳斯达克与纽约证券交易所的发展，其中，竞合是美国证券交易所行业发展的主题。下面以时间为顺序，按照纳斯达克与纽约证券交易所的发展，将美国证券交易所行业发展变迁历程划分为七个不同阶段。

一、第一阶段（1971—1975 年）：纳斯达克“自废武功”艰难上线，引爆场外市场挂牌热潮

受纽约证券交易所势力的影响，全国证券交易商协会一手打造的纳斯

---

①　本章的撰写参考了大量美国证券交易委员会、纽交所、纳斯达克的相关资料（Annual Report/Factbook），以及美国证券交易委员会历史学会相关史料，文献方面主要参考了 A Financial History of the United States（2004—2006）Vol. 5、Wall Street：A History（2018）以及《伟大的博弈：华尔街金融帝国的崛起（1653—2019 年）》《华尔街变迁史：证券交易所委员会及现代公司融资制度的演化过程》《纽交所之王》《大交易场：美国证券市场风云实录》等。除特别注明，文中不再做过多注释。

达克系统先天不足[①]。一方面，纳斯达克系统在设计之初仅作为已有证券市场的一个补充，只提供报价服务，不包含交易撮合和订单执行功能[②]。另一方面，为避免纽约证券交易所等交易所成员的联合抵制，纳斯达克系统中不提供纽约证券交易所和美国证券交易所上市证券的场外报价信息[③]。因此，1971 年 2 月 8 日艰难上线的纳斯达克开始仅仅是场外市场的高层次市场，功能不健全，且无法提供股票成交的即时信息，只能在交易日结束后向公众公布。

纳斯达克缩小价差的作用明显，吸引了众多公司挂牌交易，顺势推出了第一套上市标准。由于投资者和经纪商可以在纳斯达克显示屏上看到证券的报价信息，做市商之间的竞争导致买卖价差明显缩小[④]。纳斯达克报价系统一经推出，就在场外市场引起极大反响，甚至被媒体追捧为“股票交易的未来”。1971 年刚推出报价时证券数量为 2300 只；一年后，报价证券数量增长到 3350 只，总市值超过 1400 亿美元，交易量也达到了 22 亿股，按成交量统计，纳斯达克是纽约证券交易所当年成交数量的 48.93%（见表 7 - 1）。1975 年，纳斯达克顺势推出了第一套上市标准，对挂牌公司的总资产、股本及资本公积、公众持股数、股东数及做市商数量提出了要求，只有达到标准才可以申请在纳斯达克挂牌。通过设置上市标准，纳

---

① 全国证券交易商协会（National Association of Securities Dealers，NASD）于 1939 年成立，创建依据是 1938 年修订的《马洛尼法案》和 1934 年的《证券交易法》。创建 NASD 的初衷是规范证券业的行为和实践，加强高标准的商业信誉建设，促进公平公正的交易以保护投资者利益，采纳并执行公平的实践规则，促进联邦和州证券人员遵守法律。NASD 1963 年接受了美国证券交易委员会（SEC）的指导。目前，美国法律要求所有与公众进行交易的证券公司必须是 NASD 的会员。

② 参考 1970 年全国证券交易商协会备忘录，“从根本上来说是一个报价系统，其目的是使零售公司（以及它们的客户）在报价信息方面日益增长但又难以满足的矛盾能够得到一定的缓解”。

③ 全国证券交易商协会理事会的 23 个成员中，有 16 个来自纽约证券交易所，如果得不到纽约证券交易所成员公司的支持，纳斯达克系统不太可能会投入运转。因此，新上线的纳斯达克系统最初没有挂牌纽约证券交易所上市证券报价信息。经过了多轮博弈，在 SEC 的支持下，1971 年 3 月，纳斯达克系统开始实验性地挂牌 36 种纽约证券交易所上市证券，为期 90—180 天，1971 年 9 月，决定展期。一直到 1975 年 5 月，在 SEC 的支持下，全国证券交易商协会决定将纽约证券交易所的证券永久地包含在纳斯达克系统中。

④ 研究表明，1970—1972 年，场外证券市场买卖价差的中位数从 0.4871 下降到了 0.4028。参考：Hamilton J L. Marketplace Organization and Marketability：NASDAQ，the Stock Exchange，and the National Market System [J]. The Journal of Finance，1978，33（2）：487 - 503.

斯达克将自己与场外市场区别开，成为一个完全独立的上市场所。截至1975年底，纳斯达克市场共有上市公司2598家。

表7－1　　1972—1998年纳斯达克市场交易情况

时间	纳斯达克挂牌公司数（家）	纳斯达克交易量（亿股）	纽约证券交易所交易量（亿股）	纳斯达克/纽约证券交易所（%）
1972年	3500	22	44.96	48.93
1973年	2932	16	43.37	36.89
1974年	2953	12	38.22	31.40
1975年	2598	14	50.56	27.69
1976年	2627	17	56.49	30.09
1977年	2575	19	76.18	24.94
1978年	2582	28	76.18	36.76
1979年	2670	36.5	86.75	42.07
1980年	3050	67	123.90	54.08
1981年	3700	80	128.43	62.29
1982年	3700	80	182.21	43.91
1983年	4500	160	242.53	65.97
1984年	4723	150	251.50	59.64
1985年	4784	207	302.22	68.49
1986年	5189	287	392.58	73.11
1987年	5537	379	530.38	71.46
1988年	5144	311	440.18	70.65
1989年	4963	335	441.40	75.89
1990年	4706	334	438.29	76.21
1991年	4684	413	476.74	86.63
1992年	4764	485	533.44	90.92
1993年	5393	665	687.32	96.75
1994年	5761	744	766.65	97.05
1995年	5955	1012	900.62	112.37

续表

时间	纳斯达克挂牌公司数（家）	纳斯达克交易量（亿股）	纽约证券交易所交易量（亿股）	纳斯达克/纽约证券交易所（%）
1996 年	6384	1381	1081.51	127.69
1997 年	6208	1639	1387.52	118.12
1998 年	5583	2020	1788.91	112.92

资料来源：根据 SEC 相关资料整理。受数据限制，交易量可比时间序列只到 1998 年。

二、第二阶段（1975—1987 年）：两所均加快技术升级，纽约证券交易所加强宣传以维护专营商制度[①]，以高端品牌形象吸引已上市公司转所

面对纳斯达克挂牌企业数量的激增，纽约证券交易所不断强化市场宣传和舆论引导，增强品牌吸引力。苹果、微软公司等科技企业上市，造成了巨大的轰动效应，引起了纽约证券交易所的警觉，纽约证券交易所开始着手加强市场宣传，不断拉拢已上市的优质企业。纽约证券交易所主席约翰·费伦（John J. Phelan Jr.）带领当时还是上市部总经理的格拉索（Richard Grasso）在全国奔走[②]，或在投资专业人士集会上发表演讲，或直接与上市公司的高管交谈，吸引已上市公司转所。纽约证券交易所的努力很快收到了成效，大型上市公司 Syntex 制药、安豪泽—布施（Anheuser - Busch）等从美国证券交易所退市，美国运通（American Express）、美国国际集团（American International Group，AIG）、美国超微半导体公司（Ad-

① 做市商（Market Maker）和专营商（Specialist）是纳斯达克和纽约证券交易所中参与价格形成过程的两类特殊主体。纳斯达克的每只证券通常都有多个做市商，平均每只股票有 14 个做市商提供流动性和有效的交易。纽约证券交易所的专营商为特定股票做市，为其发布双边报价，管理限价订单并执行交易。

② 约翰·费伦（John J. Phelan Jr.）从 1984 年领导纽约证券交易所，直到 1990 年退休。费伦（Phelan）因带领交易所在 1987 年 10 月的股市崩盘中坚持做市受到了赞扬，他在那场危机中的出色领导能力被广为称赞。理查德·迪克·格拉索（Richard Grasso），1946 年 7 月 26 日出生于纽约皇后区，1968 年以上市部办事员的身份进入纽约证券交易所，1995—2003 年担任纽约证券交易所主席。

vanced Micro Devices，AMD）等从纳斯达克退市[①]，转而投奔纽约证券交易所。

两交易所一边“较劲”，一边加快技术升级。纽约证券交易所不断向市场灌输“专营商制度才是证券市场的最佳平衡者”的理念，指出纳斯达克因缺少交易大厅，交易的透明度不高可能损害投资者利益，声称计算机可能会导致市场崩溃，从而维持其上市公司股票交易场所的合法垄断地位。尽管如此，纽约证券交易所对信息技术的重要性还是有非常清晰的认识的。1976 年，纽约证券交易所的交易订单电子传输系统（Designated Order Turnaround，DOT）开始投入运行，用于将会员的小订单自动发送到交易大厅；1984 年，其引入了一个名为 Super DOT 的系统，允许将多达 2000 股的订单以电子方式发送给场内专营商。纳斯达克方面，1984 年首次推出小订单执行系统（Small Order Execution System，SOES），用于为订单少于或等于 1000 股的个人交易者提供自动订单执行。两所的区别在于，纳斯达克首次实现了小订单的自动撮合交易，而纽约证券交易所只是提高了订单进入交易大厅的效率，订单最后的执行还依赖于场内经纪人和专营商。结果就是，从 1984 年之后，纳斯达克的挂牌公司数量和交易规模再次提升。

三、第三阶段（1987—1992 年）：纳斯达克交易系统崩溃，纽约证券交易所不惜代价坚持做市被塑造成救市英雄

1987 年 10 月 16 日，由于价格下跌，程序交易自动触发电脑程序向交易所发送海量买卖指令，导致美国股市暴跌 22.6%[②]。在纳斯达克市场中，价格下跌非常迅速，最终导致做市商停止接受买卖指令，暴露出纳斯达克自动交易系统 SOES 的不足。而纽约证券交易所则坚持营业，当天交易了

---

① 美国运通（American Express）于 1925 年在纽约证券交易所上市，1972 年转至纳斯达克，1977 年返回纽约证券交易所；AMD 于 1972 年在纳斯达克挂牌，1979—2014 年，转至纽约证券交易所上市，2015 年回到纳斯达克上市。

② 美国称之为黑色星期一（Black Monday）。在这之后，美国开始有了熔断机制。

创纪录的6.04亿股，由此塑造了救市的英雄形象。因为在混乱的局势下坚持交易，纽约证券交易所赢得了投资者的认可。当然，股市暴跌使纽约证券交易所付出的代价也非常大：交易席位价格急剧下跌，从115万美元降至25万美元；交易量直线下降，佣金和各种费用也骤降；直到1991年，纽约证券交易所才从亏损中走出来。

四、第四阶段（1992—2000年）：为争夺上市公司进入“巷战”，广告战、舆论战全面升级[①]

为了摆脱二流股票交易联盟的形象，纳斯达克采取了一系列进攻措施以提高品牌影响力。第一，改进在股市崩盘时期让客户极为失望的自动交易系统SOES，到1992年，纳斯达克的交易系统已经能够承受崩盘情况下的卖出压力。第二，纳斯达克断定新技术浪潮的涌来将使大量的公司寻求上市，因此，在硅谷专门设立办公室，为高科技公司提供针对性上市服务。第三，提高当时低得可怜的挂牌费（5000美元甚至更少，而纽约证券交易所收取的是50万美元），将这些钱用于广告宣传和品牌提升。第四，发起广告攻势，在曼哈顿时代广场，纳斯达克耗资3700万美元树立了一块巨大的广告牌，将纳斯达克的形象定位成“下一个百年的股票市场”，这是历史上首个关于交易所的广告[②]。第五，密切关注自身头部上市企业

---

① 1992年是纽约证券交易所的分水岭。1987年股市崩盘的影响已经正式结束，在低利率的市场环境下，市场低迷在改观，IPO在复苏，新的上市公司不断涌向纽约证券交易所。1992年，纽约证券交易所还举办了成立200周年庆典，当时的苏联总统戈尔巴乔夫和美国总统里根出席了活动。同年，纽约证券交易所主席唐纳森访问中国。

② 纳斯达克最初被媒体追捧为“股票交易的未来”，许多金融类报纸更是发表了纽约证券交易所和交易大厅的“讣告”，他们认为，纽约证券交易所及其交易大厅根本无法与电脑交易的效率和速度相匹敌。但是数年来，纳斯达克却一直未能实现财政上的快速增长。尽管它竭力推销自己的低廉挂牌费以及快捷、有效的电脑交易，但是各大型上市公司依然希望将自己的股票在纽约证券交易所挂牌上市。1987年的股市崩盘更是加剧了市场对纳斯达克的不信任：纽约证券交易所承诺随时有人恭候交易指令，并能够在任何条件下——即使价格空前下跌——都能够做市的承诺在危机中被证明非常有效，而纳斯达克的许多做市商只是简单地拒绝听电话或拒绝完成交易。

和纽约证券交易所的动向，防止纽约证券交易所“挖墙脚”①。第六，开始疯狂扩张，1998 年收购美国第二大股票期权市场——美国证券交易所，1999 年投资成立纳斯达克日本公司和纳斯达克欧洲公司，2000 年创建纳斯达克-加拿大，2001 年收购位于布鲁塞尔的泛欧洲证券交易所（EASDAQ）。

面对纳斯达克的进攻，纽约证券交易所也使出浑身解数提高媒体关注度，同时增加海外影响力。第一，制订《反对纳斯达克计划》，加入广告战，广告预算呈现指数增长②。第二，调整内部组织机制，将考核绩效与个人业绩挂钩。第三，在硅谷针对性地设立办公室，并频繁出差西海岸，与顶尖的科技公司会谈。第四，与美国著名财经新闻媒体 CNBC 合作，直播交易大厅以增加纽约证券交易所的曝光度③。第五，重启“挖墙脚”计划，各个击破已在纳斯达克上市的公司。1998 年，有 60 多家公司从纳斯达克转板到纽约证券交易所，1999 年转板的有 65 家公司。在 1995—2003 年格拉索任期内，只有 1 家公司从纽约证券交易所跳去纳斯达克，纽约证券交易所专营商席位的价格上升到了 265 万美元。第六，吸引国外上市公司。纽约证券交易所开始花费越来越多的时间奔赴海外，吸引国外的公司上市。1996 年，纽约证券交易所创纪录地争取到了 275 家上市公司，其中 59 家是海外的，1997 年也获得了同样成功的业绩。

---

① 主要是指微软、思科、英特尔和戴尔。纳斯达克与挂牌的龙头企业接拾，打感情牌，提醒它们在什么地方获得了起步机会，哪个交易所在它们什么都不是的时候没有忽视它们，所以纽约证券交易所多次尝试“挖墙脚”，均未能成功。

② 强调纽约证券交易所“俱乐部”形象——纽约证券交易所不仅仅是一个市场，还是一种做生意的方式。由于缺钱，纽约证券交易所的广告宣传不是很成功，做这样的广告需要花费大量资金，甚至有可能使自己陷于破产的境地，而纽约证券交易所在 1992 年的收入大概为 4000 万美元，1994 年，收入才 5000 万美元。

③ 将原来例行公事的开市和收市仪式变得更大更壮观，以吸引那些想免费宣传的 CEO。邀请 CNBC 记者玛利亚·巴蒂尔罗莫进入交易大厅直播。纽约证券交易所主席格拉索将纽约证券交易所变成地球上最大的“斗秀场”，从一开始邀请 CEO 演变成邀请能引起新闻关注的人物参加，包括政治家、名人、运动员、名模，开市钟以及收市钟变得更加华丽轰动。

五、第五阶段（2000—2007 年）：外部变革压力剧增，两所艰难转型

2000 年，美国股市进入熊市，2001 年的大部分时间里，市场行情进一步恶化。纽约证券交易所和纳斯达克虽然面临不同的问题，但都急需转型。纳斯达克方面，电子通讯网络（Electronic Communication Network，ECN）的快速发展[①]，侵蚀了纳斯达克的交易份额。为了赢回市场份额，2002 年纳斯达克转型成为一家上市公司，并推出耗费 1 亿美元巨资打造的新的交易系统——超级蒙太奇（Super Montage），与 ECN 竞争。然而，互联网泡沫的破灭让纳斯达克损失惨重，2003 年纳斯达克全年的收入比 2002 年减少了 98.2%，营业亏损达到前所未有的 1.05 亿美元。纳斯达克开始收缩国际扩张步伐，与美国证券交易所的合作也在 2003 年终止。2005 年 12 月，纳斯达克收购美国最大的 ECN 之一 Instinet，以进一步增强证券交易的实力；2006 年，在完成与监管部门的彻底分离之后获得了 SEC 的批准，成为全国证券交易所。

纽约证券交易所面临的问题还是人工交易方式，交易方式过时，交易系统落后，转型压力更大。2000 年，纽约证券交易所 390 规则（Rule 390）被废除[②]，纽约证券交易所上市公司股票开始被场外市场交易；2001 年，纽约证券交易所所有股票转换成十进制报价，人工交易的成本太高，导致证券交易收入骤降。纽约证券交易所逐渐失去了证券交易市场份额，业绩大幅下滑，2001 年利润减少至 3100 万美元，不到两年前的一半[③]。虽然“9·11”事件之后盛大的重新开市仪式提振了纽约证券交易所在美国

---

① 电子通讯网络（Electronic Communication Network，ECN）是一种计算机系统，可自动匹配证券市场中的买卖订单。它连接主要经纪人和交易者。

② 纽约证券交易所于 1957 年出台 Rule 394，1977 年改名为 Rule 390。该规则禁止纽约证券交易所会员通过场外交易商进行场内交易，直到 2000 年，这一规则才被取消。

③ 纽约证券交易所 1999 年的利润为 7550 万美元。

民众中的形象，纽约证券交易所主席格拉索也成为美国民众心中的英雄[①]，但纽约证券交易所不合时宜的交易大厅和专营商交易制度，最终也不得不面临退出历史舞台的结局。2003 年，纽约证券交易所主席格拉索因“高薪丑闻”下台，高盛集团的前总裁约翰·塞恩担任纽约证券交易所新主席，对纽约证券交易所进行了大刀阔斧的改革，最终，纽约证券交易所于 2006 年在完成与群岛交易所的合并后上市[②]。

六、第六阶段（2007—2013 年）：同质化竞争严重，业绩下滑之下寻求转型

随着 2005 年《全美市场体系修正案》的实施，高频交易公司和新型证券交易所等机构纷纷抢占证券交易市场[③]，纳斯达克和纽约证券交易所股票交易量大幅下滑。2000 年以前，美国超过 90% 的股票交易发生在纽约证券交易所和纳斯达克；2010 年，两大交易所集团市场份额下降至不足 50%。纽约证券交易所选择实施并购战略，2006 年与泛欧交易所合并，2008 年与美国证券交易所合并，但合并效果均不理想[④]，并未扭转纽约证券交易所业绩的下滑。纳斯达克在 2006 年对市场进行了重新分层，新设立的“全球精选”为纳斯达克树立起高层次市场形象。2007 年，纳斯达

---

① 2001 年 9 月 11 日，美国纽约遭遇恐怖袭击，导致美国股市关闭 4 天。2001 年 9 月 17 日，纽约证券交易所重新开市。纽约证券交易所重开是一个公关奇迹，全球有 3 亿人观看了开业仪式。纽约证券交易所主席格拉索在仪式上指出：“重开纽约证券交易所不仅是为了股票交易，还是为了击败恐怖主义，庆祝资本主义的延续以及称颂那些为了让我们继续自己的事业而付出生命的人们。”纽约证券交易所重开之后，格拉索和市场主管与警察、消防员以及失去亲人的团体会谈，宣传他们的英雄主义，同时也一直在警察慈善团体捐赠财物。电视采访的时候，格拉索都会向“9·11”真正的英雄致敬。纽约证券交易所年报也重新设计，报告里放了大量的警察和消防员的照片。开市仪式也精心设计，广告片中包含美国国旗和爱国歌曲元素，结尾是纽约证券交易所以及新的口号——“让自由鸣唱”，使与纽约证券交易所做生意，成为一种爱国行为。纽约证券交易所相对于纳斯达克的品牌优势更加鲜明。

② 纽约证券交易所在 2002 年寻求过上市，想利用募集的资金收购欧洲大型交易所（伦敦证券交易所、泛欧交易所以及德国交易所）。但最终 SEC 否定了纽约证券交易所的 IPO 方案，认为纽约证券交易所作为营利机构不适合再做监管者，除非参照纳斯达克，放弃监管部门。

③ 2005 年之后，Bats、EDGA、EDGX、IEX 等新型证券交易所纷纷在美国设立，详见第八章。

④ 纽约泛欧交易所集团的交易收入从 2008 年的 35.36 亿美元降至 2012 年的 23.93 亿美元，总收入从 47.02 亿美元降至 37.49 亿美元。

克收购北欧证券交易商瑞典 OMX 公司，改名为纳斯达克—OMX 集团（NASDAQ OMX）；2008 年，收购费城证券交易所、费城期货交易所和波士顿证券交易所，强化衍生品市场发展；2008 年和 2010 年两次收购全球最大能源衍生物交易所 Nord Pool ASA，成立 NASDAQ OMX Commodities。由于纽约证券交易所和纳斯达克同质化严重，横向并购并未改变业绩下滑的趋势，2008—2012 年，纽约证券交易所收入下滑了 23%，纳斯达克下滑了 15%。

七、第七阶段（2013 年至今）：多元化、差异化发展

竞争激烈导致业绩下滑，2013 年之后，在监管升级的背景下，纽约证券交易所和纳斯达克均寻求转型，转向多元化、差异化发展[①]。

纳斯达克在私募和交易技术方面积极投资。2014 年，纳斯达克成立非上市股票交易市场（Nasdaq Private Market，NPM），为初创期、成长型的新兴企业提供针对性的融资、股权交易、员工期权管理以及上市前配套服务。交易技术方面，纳斯达克已领先为 50 多个国家和地区的超过 115 个市场提供服务，市场监察系统 Smart 被全球 160 多个市场参与者使用，在 2019 年还收购了瑞典金融科技公司 Cinnober[②]，进一步巩固其作为全球市场基础设施运营商的服务能力。

纽约证券交易所方面，纽约泛欧交易所集团与洲际交易所在 2013 年完成合并，新组建的洲际交易所集团在巩固既有业务的同时，不断拓展数据业务，先后收购在数据业务方面有领先优势的金融风险管理分析提供商 Super Derivatives[③]、金融数据商 IDC、场外交易技术提供商 Trayport 以及标准普尔的证券评估部门和信用市场分析部门，发展固定收益定价和分析服务；购买美银美林的指数平台，丰富指数产品类型；完成对固定收益市场

---

① 2008—2012 年纽约—泛欧交易所集团收入分别为 44.73 亿、42.96 亿、41.10 亿、41.81 亿、34.48 亿美元，纳斯达克收入分别为 36.50 亿、34.11 亿、31.91 亿、34.38 亿、31.20 亿美元。

② Cinnober 专注于提供与数字货币相关的交易、清算技术。

③ Super Derivatives 提供基于“云”的衍生数据、技术和评估服务。

TMC Bonds、数据和上市服务的提供商 MERS 的收购，进一步巩固数据服务能力。

表 7-2　　纳斯达克和纽交所的发展历程①

第一阶段（1971—1975 年）	19 世纪 60 年代以来，共同基金的快速发展和监管层对解决市场分割、透明度低等问题的决心，要求建立自动操作系统，计算机的快速发展使 NASD 解决以上问题成为可能 1971 年纳斯达克系统推出后，缩小价差作用明显，引爆场外市场挂牌热潮，纳斯达克顺势推出第一套上市标准，与 OTC 市场分开。纽交所迫于市场压力取消固定佣金
第二阶段（1975—1987 年）	1980 年，苹果公司上市，短时间内创造了数位亿万富翁，财富效应让市场知名度大幅提高。至 1982 年，包括苹果公司在内的部分高科技公司的市值及交易占了整个市场相当大的份额，形成了事实上的分层。纳斯达克管理层因势利导，设置一套较高的上市标准，将部分规模大、交易活跃的企业独立出来成立一个专门市场板块，称为纳斯达克全国市场，纳斯达克进行市场分层。面对纳斯达克挂牌企业数量的激增，纽交所不断强化市场宣传和舆论引导，增强品牌吸引力。两所均加快技术升级
第三阶段（1987—1992 年）	1987 年 10 月 16 日，美股崩盘。纳斯达克做市商停止接受买卖指令，暴露出了纳斯达克自动交易系统 SOES 的不足。纽约证券交易所坚持营业，当天交易了创纪录的 6. 04 亿股，塑造了救市的英雄形象，赢得了投资者的认可
第四阶段（1992—2000 年）	为争夺上市公司，两所均建立多元化上市标准，两所之间广告站、舆论战全面升级。纳斯达克不断调整上市标准，同时采取了打广告等一系列进攻措施以提高品牌影响力。纽交所则使出浑身解数提高媒体关注度，同时增加海外影响力，调整上市标准
第五阶段（2000—2007 年）	ECN 市场的快速崛起导致传统交易所交易市场份额降低，两所寻求公司化转型并调整市场层次和上市标准。2006 年之后，纽交所和纳斯达克都已经是上市交易所，两所完成转型，业务模式趋同，即将进入全面竞争阶段

① 20 世纪 90 年代，世界经济格局对美国证券市场十分有利。首先，苏联解体之后，美国开放美苏冷战时期用于统一指挥作战的军事技术，军事技术转为民用，信息技术应用有了早期军事技术作为基础，技术投资硕果累累，经济步入低通胀、高增长的良性循环。其次，在 1990 年初泡沫经济破灭之后，日本陷入衰退，日本央行为刺激经济把利率降至极低水平，大量日资流向美国。最后，欧洲经济发展陷入停滞状态，欧洲大陆欧元贬值，资金也大量流向美国。在这个过程中，纳斯达克刚好迎合了这一次信息技术浪潮，快速发展壮大。

续表

第六阶段（2007—2013 年）	面对 ECN 等电脑自动撮合交易模式的冲击，纽交所仍看重现货市场，计划通过合并泛欧交易所形成强强联合以便应对。但横向并购效果不理想，组建的纽约泛欧交易集团最终被后起之秀洲际交易所收购。纳斯达克则加强技术并购和衍生品业务，转向多元化发展
第七阶段（2013 年至今）	2013 年之后，在监管升级的背景下，两所开始寻求新的业务方向。洲际交易所（纽交所）在巩固既有业务的同时，不断拓展数据业务；纳斯达克则在私募和交易技术方面积极投资。对于传统的上市业务，两所都在积极维护各自优势，同时不断推陈出新

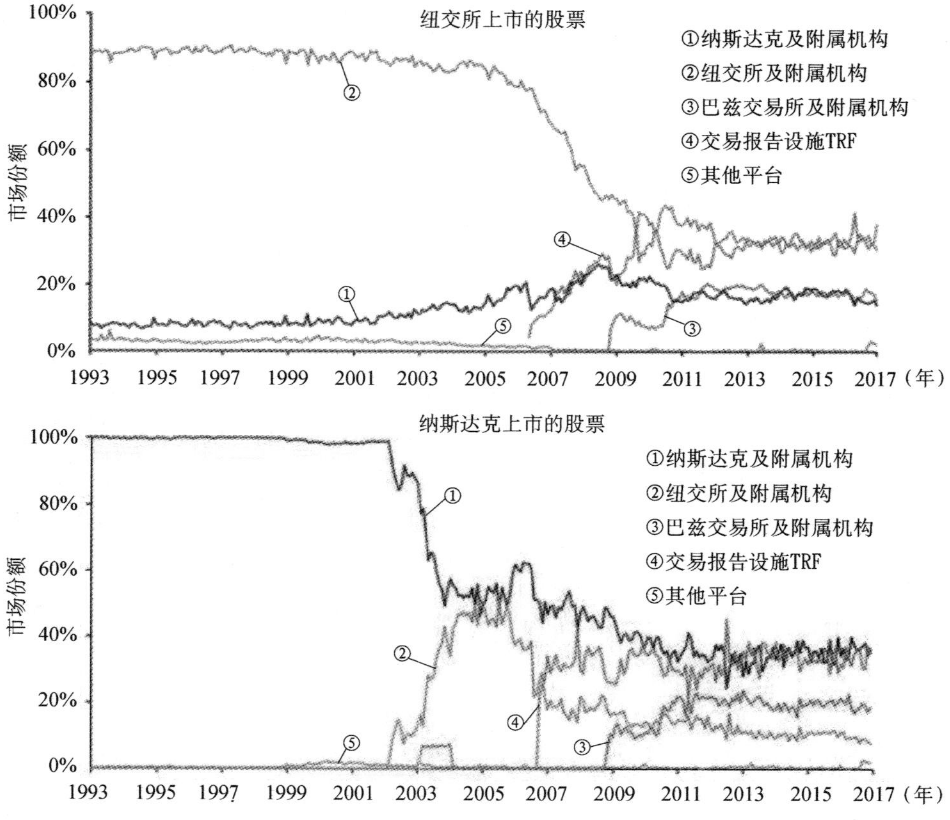

图 7－1　纽交所和纳斯达克交易自己上市股票份额变化情况

对于传统的上市业务，两所也都在积极维护各自优势，同时不断推陈出新。如纽约证券交易所和纳斯达克都积极推动 SPAC 上市，2020 年

SPAC 上市数量创下了历史新高。纽约证券交易所还于 2018 年推出直接上市服务，帮助创新企业以简单程序、较低成本进行公开融资，Spotify 成为全世界通过“直接上市”方式挂牌交易的第一家企业。

第二节　纳斯达克与纽约证券交易所的竞争

按竞争目标的不同，可以将纳斯达克与纽约证券交易所的竞争变迁过程分成三个不同阶段。前期竞争聚焦于上市资源的争夺；之后两所的上市标准、市场层次和交易模式趋同，进入全业务同质化竞争阶段；后期两所发挥各自禀赋优势，逐渐转向多元化、差异化发展。

一、上市资源的争夺（2006 年之前）①

20 世纪 90 年代之后，纳斯达克开始挑战纽约证券交易所的地位，与纽约证券交易所竞争上市资源。纳斯达克成立之初被媒体追捧为“股票交易的未来”，交易量在 1995 年之后开始超过纽约证券交易所。多年来，纳斯达克极力推销低廉的挂牌费和快捷、高效的电脑交易系统，但一直没能摆脱二流股票交易联盟的形象，各大型上市公司依然更希望将股票转至纽约证券交易所挂牌。于是，20 世纪 90 年代之后，纳斯达克开始了一轮主动与纽约证券交易所争取上市资源的操作。纳斯达克首先将自身形象定位为“下一个百年的股票市场②”，并在时代广场大肆宣传；其次，在硅谷专

---

① 2006 年之前，纽约证券交易所和纳斯达克以交易各自股票为主，证券交易业务的竞争很少，竞争主要在上市资源。纽约证券交易所的 390 规则禁止纽约证券交易所会员通过场外做市商进行场内交易，直到 2000 年，这一规则才被取消。在取消 390 规则后的最初几年，纽约证券交易所将近 90% 的上市公司股票仍在纽约证券交易所交易，直到其废除专营商交易制度，其上市公司股票才逐渐被其他交易所或交易平台交易。

② 广告语的英文为“The stock market for the next 100 year”，90 年代恰逢纽约证券交易所成立 200 周年。

门设立办公室，为科技浪潮下的高科技公司提供针对性上市服务；第三，1997 年开始采用多元化的上市标准，增加对上市企业的包容性。面对纳斯达克的挑战，纽约证券交易所开始注重品牌形象的维护，不断增加媒体曝光度；同时，纽约证券交易所启用“挖墙脚”计划，游说纳斯达克的上市公司转所（见图 7 –2）。

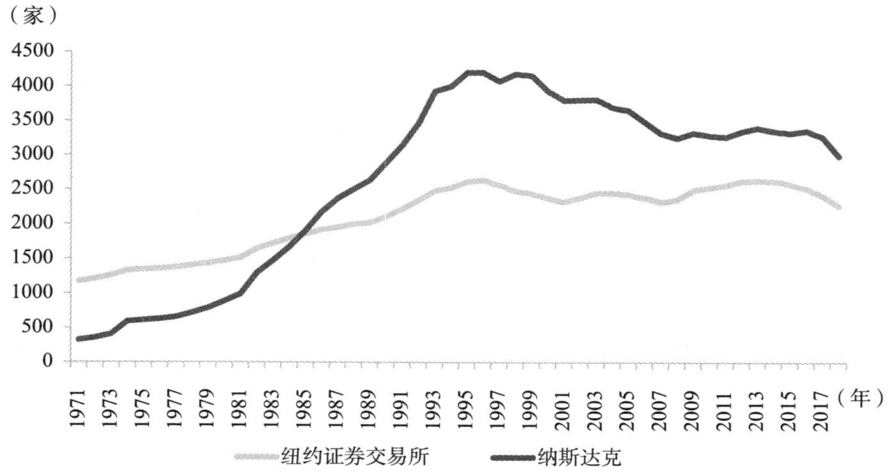

图 7 –2 纳斯达克和纽约证券交易所上市公司数量变化情况

资料来源：Wrds。

二、全业务同质化竞争（2006—2013 年）

2006 年，纽约证券交易所和纳斯达克都已经是上市公司，两所的上市标准、市场层次和交易模式趋同，进入全业务同质化竞争阶段。上市方面，纽约证券交易所和纳斯达克几乎同时开始深化内部分层，丰富上市条件，吸引上市资源。纽约证券交易所和纳斯达克在高端层次的定位相似：纽约证券交易所新设的 NYSE Arca 定位为高增长板[①]，纳斯达克的“全球

① NYSE Arca 主要功能包括股票交易和 ETP（包括 ETF、ETN 和 ETV）上市及交易。

精选”上市标准直接在纽约证券交易所的最高标准上提高10%。市场层次方面，纳斯达克形成全球精选市场、全球市场和资本市场三个市场层次，纽约证券交易所紧随其后进行市场分层，增设创业板（NYSE Alternext US)①，两所的板块设置走向一致。交易方面，纽约证券交易所通过反向收购群岛电子交易所，实现了电子化交易，而且，为应对日益加剧的交易所竞争，纽约证券交易所对做市商制度进行了改革，将专营商制度变革为指定做市商制度②。自此，两所均采用电子化交易模式，交易方面的差异很小，两所之间竞争激烈。

三、多元化、差异化发展阶段（2013年至今）

同质化竞争导致纽约证券交易所和纳斯达克的业绩下滑，两所开始发挥各自的禀赋优势，转向多元化、差异化发展。2013年，纽约证券交易所与洲际交易所合并。纽约证券交易所品牌悠久，国际化程度高，具有发展数据业务的市场基础。新组建的洲际交易所集团先后收购金融风险管理分析提供商Super Derivatives、金融数据商IDC、场外交易技术提供商Trayport以及标准普尔的证券评估部门和信用市场分析部门，不断拓展数据业务。近年来，洲际交易所特别注重固定收益定价和分析服务，通过完成对固定收益市场TMC Bonds、数据和上市服务的提供商MERS的收购，进一步巩固数据服务能力。2014—2019年，洲际交易所的数据业务收入占比从22.35%增长至42.5%。

---

① 创业板（NYSE Alternext US）于2012年更名为NYSE MKT。

② 专营商制度（Specilist），也叫专家制度。专营商（Specialist）是纽约证券交易所的一类特殊会员，他们一般由投资银行充任，且执行投资银行在证券二级市场上的三种基本职能，兼有自营交易商（Trader）、经纪商（Broker）及做市商（Market－maker）三重身份，以其为中心形成了纽约证券交易所特有的专营商制度。2008年10月24日，纽约证券交易所对做市商制度进行了重大改革，将专营商制度变为指定做市商（Designated Market Maker，DMM）制度。相比传统的专营商制度，DMM制度的变动主要有：（1）取消了优先看单权；（2）撤销了负面义务清单；（3）将专营商制下的退让（Yield）原则修改成为平等（Parity）原则；（4）增加资本承诺清单（Capital Commitment Schedule，CCS）。详见《证券市场导报》2016年第3期：纽约证券交易所指定做市商制度演进及运行效果研究。

纳斯达克以领先电子化交易技术起步，长期服务中小企业，在交易技术和私募市场业务上具有比较优势。2014 年，纳斯达克成立 NPM，为初创期、成长型的新兴企业提供针对性的融资、股权交易、员工期权管理以及上市前的配套服务。2019 年 6 月，纳斯达克还成立了纳斯达克公司治理中心，旨在促进公司治理和可持续发展方面的研究。技术方面，纳斯达克领先的交易技术已经为全球 50 多个国家和地区的 110 多个市场提供服务，纳斯达克的监察系统被全球 160 多个市场使用。2019 年 1 月，纳斯达克还收购了瑞典金融科技公司 Cinnober，进一步巩固其作为全球资本市场基础设施服务提供商的技术服务能力。

第三节　纳斯达克与纽约证券交易所竞争特点的分析

梳理纳斯达克与纽约证券交易所的竞争变迁历程，从竞争手段、竞争结果以及竞争主体行为方面可以总结以下几个特点。

一、品牌和服务是主要竞争手段

两个交易所从 20 世纪 90 年代以来的竞争主要围绕提升品牌形象和提高服务能力展开。品牌方面，纳斯达克和纽约证券交易所主要采取了加强宣传和广告投放的措施。从 1992 年开始，纳斯达克不间断地在美国三大电视广播公司节目中插播广告，宣传纳斯达克先进的电脑交易系统代表未来证券市场的发展方向，还耗资 3700 万美元（相当于纽约证券交易所 1 年总收入）用于室外广告投放。纽约证券交易所随后制订了《反对纳斯达克计划》，在媒体上宣传其高端的俱乐部形象，广告支出呈指数增长；纽约证券交易所还与美国著名财经新闻媒体 CNBC 合作，直播交易大厅以提高媒体关注度。服务方面，纳斯达克和纽约证券交易所的企业服务内容和方式在竞争中互相渗透。纳斯达克通过多次分层，树立起高端形象；纽约证券交易所则不断提高对科技创新企业的包容性和适应效率，纽约证券交易所最初上市标准主要是盈利指标，其后逐渐放松了盈利要求，引入多套上市标准，允许未盈利企业上市，甚至还建立了直接上市制度。

二、技术是交易所的核心竞争力，两个交易所均积极投入技术升级

纽约证券交易所早在 1976 年就开始运行交易订单电子传输系统 DOT①，但纽约证券交易所的技术升级只是提高了订单进入交易大厅的效率，订单最后的执行还依赖于场内经纪人和专营商。纳斯达克在 1984 年推出首个自动化交易系统 SOES②，技术投入资金远远低于纽约证券交易所，不过纳斯达克后期在交易技术上不断增加投入，依次推出了 SelectNet 系统、SuperSOES 系统、超级蒙太奇（SuperMontage）、纳斯达克市场中心系统（Nasdaq Market Center）等交易系统。经过多轮优化，纳斯达克交易系统在效率上远超纽约证券交易所。

三、竞争结果最终取决于能否洞悉时代发展变化，顺应市场需求，完成转型

迎合时代发展背景下企业和投资者需求是交易所成功的关键。1967 年，美国发生“文书工作危机”（Paperwork Crisis），交易量的上升超出了交易所后台处理能力③，自动化交易的呼声越来越高。纳斯达克系统正是

---

① 订单电子传输系统的英文全称为“Designated Order Turnaround”。

② 小订单执行系统的英文全称为“Small Order Execution System”。

③ 1964 年，纽约证券交易所的日均交易额为 489 万美元，4 年后达到了 1490 万美元。1967 年开始了“文书工作危机”。整个金融区的股票都在堆积，1969 年，纽约证券交易所会员有逾 44 亿美元未能交割，约 47 亿美元未能到账。为了应对“文书工作危机”，纽约证券交易所缩短了交易时间，一些经纪自营商将其业务计算机化，并增加计算机后勤人员的数量。然而，当昂贵的计算机程序出现故障或公司未能保留好拷贝备份时，这些措施非但不能应对日益攀升的交易量，甚至还导致“文书工作危机”愈演愈烈。

在这样的背景下上线的，而且很快赢得了证券交易市场①。二十世纪八九十年代，计算机、信息技术和互联网兴起，一大批科技公司寻求上市融资，而纳斯达克多元化的上市标准正好迎合了企业需求。纳斯达克宽松的上市条件和多层次市场体系，与其脱胎于场外市场有关，但更为重要的是纳斯达克认识到新兴企业具有与传统企业截然不同的特点。降低上市门槛，设置多层次的市场体系，鼓励和扶植新兴技术企业上市，是纳斯达克的鲜明特点，也是其成功的根本所在②。

四、交易所的转型受外部压力和自身利益集团的共同作用

20 世纪 90 年代之后，世界各国交易所纷纷采用电子化交易，伦敦证券交易所更是在 1986 年就决定启用电子化交易，但纽约证券交易所直到 2006 年与群岛交易所合并后，才实现全交易流程的电子化③。纽约证券交易所变革相对缓慢，与其自身利益集团的阻力有关。美国在 1975 年就提出了建立全美市场体系（National Market System，NMS）的设想，计划把纽约证券交易所、七家地方性交易所以及 NASD 管辖下的各类市场联系起来，实现市场统一下的竞争。但是，因为全美市场体系的建立会使纽约证券交易所场内成员在证券交易活动中的垄断地位丧失，所以专营商及其他场内成员缺乏变革的积极性。1999 年，摩根士丹利、美林证券和高盛率领

① 20 世纪 60 年代，随着美国机构投资者力量的增加，机构投资者不再满足于固定佣金，开始在场外市场交易，以寻求更优惠的佣金。而场外市场价格不透明，信息不及时成了最大的问题。

② 在资本市场和实体经济的良性互动下，美国在 20 世纪 90 年代后期加速进入了以信息产业为先导的新经济时代，并经历了有史以来持续时间最长的一次经济扩张。1994—1996 年，高科技产业占美国国内生产总值的比例高达 27%，而同期传统经济的领头产业——建筑业和汽车业仅占 14% 和 4%。高科技产业成为美国经济持续增长的主要动力，在这背后，纳斯达克功不可没。

③ 事实上，从 1867 年第一台股票报价器进入纽约证券交易所开始，发明创造、自动化就一直伴随着纽约证券交易所的成长和发展。2000 年，纽约证券交易所的日均交易量超过了 10 亿股，信息技术费用一直是纽约证券交易所第二大成本，仅次于薪酬支出。纽约证券交易所的交易流程唯一没有实现计算机化的，只剩下喊叫的股票拍卖，而这个环节之所以没有实现电子化，是因为涉及纽约证券交易所的价格发现和核心竞争力。2006 年之后，纽约证券交易所放弃专营商交易制度，采用全电子化交易。

华尔街投资集团一起要求纽约证券交易所采用电子交易，纽约证券交易所管理层的阻挠才以失败告终[①]。

第四节 美国证券交易所国际竞争力提升的启示

纳斯达克最初只是受纽约证券交易所牵制的报价板，最后成功转型为全球第二大交易所集团；纽约证券交易所作为交易所行业的明珠，经历被收购后涅槃重生，重新走向多元化发展之路。纵观纳斯达克与纽约证券交易所半个世纪的竞争历程，我们得到以下启示。

一、高度关注产业革命、科技革命最新动态，做好金融服务对接

每一次产业革命，都将产生伟大的交易所[②]。纳斯达克诞生于第三次产业革命浪潮下电子计算机的发展，又因为迎合了大批科技企业上市的融资需求而逐渐发展壮大。当前，我们正在经历一场更大范围、更深层次的科技革命和产业变革[③]。交易所作为资本市场的核心枢纽，应积极跟进，

---

① 1999 年，市场人士要求纽约证券交易所启用中央限价订单簿（Central Limit Order Book，CLOB），遭到纽约证券交易所管理层的反对。CLOB 是匹配订单的交易系统，具有透明、低成本、匿名等特征，并且可以实时匹配订单，https：//web. archive. org/web/20070927215110/http：//www. thestreet. com/stocks/brokerages/813821. html#。

② 第一次工业革命，繁荣了伦敦证券交易所，诞生了纽约证券交易所。英国出现了众多证券交易所，高峰时达 30 多家。这些交易所最初主要交易政府债券，之后交易公司债券，后来矿山、运河的股票陆续上市交易。18 世纪 70 年代到 19 世纪中期，英国政府利用股票集资的方式，修建了 2200 英里的运河和 5000 英里的铁路。交通、保险、矿业等行业的股份制公司飞速发展，融资额度在几十年里增长了 60 多倍。第二次工业革命，纽约证券交易所繁荣。19 世纪 50 年代，电报的发明大大缩短了信息传递时间，迅速强化了纽约证券交易所的影响力，其他交易所则被边缘化，华尔街成为美国股票中心。公债逐渐退出市场，企业融资模式逐渐从债券融资转向股票融资。从 19 世纪后期开始，铁路、制造业、矿业等行业的公司纷纷发行股票，纽约证券交易所成为美国证券市场的重要组成部分。1886 年，纽约证券交易所的股票日交易量第一次超过 1000 万股。

③ 大数据、人工智能等前沿技术不断取得突破，新技术、新业态、新产业层出不穷，http：//www. qstheory. cn/zhuanqu/2018 -07/27/c_ 1123186013. htm。

做好金融服务支持。

二、强化交易技术和技术品牌管理

技术是交易所的生命线，不同的技术会产生不同的运营成本和效率。纳斯达克的特色在于交易技术领先，技术品牌优势明显，是目前全球交易技术和监察技术输出最多的交易所。未来，我国应持续强化交易技术，提升技术品牌，为交易所的发展和竞争做好准备。

三、积极探索沪深交易所的差异化发展路径

纽约证券交易所和纳斯达克能从同质化竞争走向多元化差异化发展，既是出于成本收益的考虑，也是两个交易所先天禀赋差异的最优选择①。对于我国交易所来说，上海证券交易所地处上海金融中心，龙头企业集聚，债券市场发达，国际化合作相对较多；深圳证券交易所位于创新腹地深圳，交易技术先进，市场流动性好，服务中小创新创业企业经验丰富，民营企业、高新技术企业占比较高。我国交易所应充分发挥各自初始禀赋形成的优势，在适度竞争中积极探索差异化发展之路。

---

① 纽约证券交易所品牌悠久，国际化程度高，具有发展数据业务的市场基础；纳斯达克以电子化交易技术起步，长期服务中小企业，在交易技术和私募市场业务上具有比较优势。

技术篇

新型证券交易所异军突起

第八章

境外新型证券交易所总体发展概况[①]

信息技术和互联网的兴起，改变了人们的思维方式和生活方式，也在改变人们的交易方式。距今已有900年历史的证券市场，经历了从口头竞价、交易大厅到电子竞价的转变[②]。在境外资本市场，伴随着证券法规调整和交易技术发展，资本全球化和技术进步使证券交易所的生态环境发生巨大变化，证券交易所的自然垄断被打破。尤其是2005年前后，一批新型证券交易所开始出现并快速成长，不断挑战传统交易所的市场地位，正在深刻影响交易所行业的发展格局[③]。

第一节　新型证券交易所的特点[④]

与传统证券交易所的交易前、交易、交易后垂直一体化的经营模式相比，新型证券交易所功能可能不齐全，其可能以交易所业务链条的某一环

---

① 技术篇内容涉及较多境外交易所及交易平台的新名称，国内鲜有对应的表述，为了尽量保留原意，技术篇境外名词多采用原文表述。纽约证券交易所、纳斯达克、芝加哥期权交易所、洲际交易所、伦敦证券交易所在有需要的时候使用NYSE、NASDAQ、CBOE、ICE、LSE表示。

② 根据英国金融史学者拉纳尔德·米奇（Ranald Michie）的研究，证券市场的起源可以追溯到12世纪的欧洲，以意大利城邦可转让证券的出现为标志。参见Michie R. The Global Securities Market：A History [M]. Oxford：Oxford University Press，2008。

③ 由于我国境内沪深仍属于传统的会员制交易所，因此本书提到的新型证券交易所都指境外的新型证券交易所。

④ 在美国、加拿大等注册为ATS的ECN和暗池，以及在欧洲注册为MTF的交易平台不在本书研究范围。

节为突破，或者交易技术领先，或者交易成本低廉。具体来说，传统证券交易所发端于上市和交易业务，而新型证券交易所往往充分发挥其在交易技术和制度变革方面的优势，以交易所业务链条的某部分服务为突破，不僵化遵循从“上市前—上市—交易—清算”的传统交易所发展路径。

证券交易所的业务可以划分为私募服务、上市前服务、上市服务、交易服务、清算服务、结算服务、数据和信息服务、交易技术服务、风险管理服务等①，在交易所各业务链条中，新型证券交易所可能只经营其中的一个环节，或者可能由某个业务开始，视情况再决定是否进行垂直一体化发展。新型证券交易所的不同表现在技术手段、业务发展模式以及业务组织方式等方面（见表8-1）。

表8-1 新型证券交易所与传统证券交易所的主要差异

项目	传统证券交易所	新型证券交易所
成立时间	2005年之前成立，历史相对较长，一国或地区的主要交易所	2005年之后成立，一国或地区的后发交易所
组织形式	经历从会员制到公司制的转变	公司制
功能定位	上市、交易等功能较为齐全	着重服务交易所链条的某一环节，功能可能不齐全
技术手段	传统	创新的技术手段
业务发展模式	由上市、交易开始，向前后延伸	由某部分业务开始，是否垂直一体化发展取决于实际情况
业务组织方式	传统组织模式	制度创新组织上市（LTSE）、技术创新组织交易（IEX）

① 吴林祥博士将交易所业务分为：交易前的上市服务，交易服务，交易后的结算服务、衍生品交易服务、数据服务、技术服务以及风险管理服务。参见吴林祥所著的《海外证券交易所发展趋势：总结和反思》（2012）。

新型证券交易所的成立有两种模式，分别是新设和转型。早期的新型证券交易所多由另类交易系统（Alternative Trading System，ATS）或者多边交易设施（Multilateral Trading Facility，MTF）转型而来[①]，如巴兹全球市场（Bats）、EDGA、EDGX、Chi－X 和 IEX，它们在成立初期以电子交易平台形式运营，凭借独特的交易技术占领证券交易业务市场，发展到一定规模之后视情况转型成为交易所。直接新设的新型证券交易所大多成立较晚，如加拿大的 NEO 交易所和美国的长期证券交易所（LTSE），它们都以创新的业务模式运营，分别成立于 2015 年和 2019 年。

第二节　新型证券交易所的发展现状

一、区域分布：集中于北美和欧洲，亚洲发展较慢

从区域分布来看，主要新型证券交易所大都分布于美国、加拿大、英国和澳大利亚（见表 8－2）。其中，美国新型证券交易所数量最多，占了一半以上。仅 2010 年前美国就有四家新型证券交易所成立，均是由 ATS 转型而来[②]。总体来看，由 ATS 或者 MTF 转型而来的新型证券交易所比例较高，如加拿大的 Nasdaq Canada 于 2018 年成为交易所，其前身 Chi－X Canada 成立于2008 年，一直以 ATS 运营；英国的 Bats Chi－X Europe 前身为 Chi－X Europe，在成为交易所之前一直作为 MTF 经营。

---

① 美国和加拿大称其为 Alternative Trading System（ATS），欧洲称其为 Multilateral Trading Facility（MTF），日本称为 Proprietary Trading System（PTS）。

② 从美国监管层 SEC 的态度来看，一直是鼓励市场合理竞争的，2005 年纽约证券交易所和纳斯达克通过兼并收购，形成了双寡头格局，这给其他新型交易所成立创造了机会。2016 年，随着 Bats Globe Market 被 CBOE 收购，美国资本市场形成了三巨头格局。这再次给新型交易所的产生创造了条件。

表 8 – 2　　全球主要新型证券交易所

新型证券交易所	成立时间	国家	地区
Bats BZX Exchange	2008 年	美国	芝加哥
Bats BYX Exchange	2009 年	美国	芝加哥
EDGA Exchange	2009 年	美国	新泽西州
EDGX Exchange	2009 年	美国	新泽西州
投资者交易所（Investors Exchange，IEX）	2012 年	美国	纽约
长期证券交易所（Long – Term Stock Exchange，LTSE）	2019 年	美国	旧金山
会员交易所（Members Exchange，MEMX）①	2020 年	美国	纽约
Canadian Securities Exchange（CSE）	2004 年	加拿大	安大略省
NEO Exchange	2015 年	加拿大	多伦多
Nasdaq Canada②	2018 年	加拿大	魁北克
Bats Chi – X Europe③	2013 年	英国	伦敦
Chi – X Australia④	2011 年	澳大利亚	新南威尔士州

资料来源：根据美国证监会（SEC）、加拿大投资业监管组织（IIROC）及各省证监会、英国金融服务局（FCA）、澳大利亚证券和投资委员会（ASIC）等官方资料整理。

在美国和加拿大，一些注册为 ATS 的新型电子交易平台发展很快，只要条件合适，它们也可以申请注册为交易所。2005 年前后是美国 ATS 快速发展时期，其中，2006 年 SEC 批复的 ATS 数量就达 12 家，是美国互联

① 会员交易所（MEMX）创立于 2019 年，创始人包括美国银行、UBS、Morgan Stanley、富达等美国华尔街大型投资集团，2020 年 2 月高盛和 JP Morgan 在进行了跟投，5 月 5 日获得 SEC 的批准。

② Nasdaq Canada 由纳斯达克收购 Chi – X Canada 更名而来。Chi – X Canada 成立于 2008 年，一直以 ATS 运营，2015 年被纳斯达克收购，2018 年开始以交易所运营。

③ Chi – X Europe 成立于 2007 年，在 2011 年之前一直以 MTF 的形式经营，2011 年被 Bats Europe 收购组成 Bats Chi – X Europe，2013 年被认定为“认可的投资交易所”（Recognised Investment Exchange，RIE）。

④ Chi – X Asia Pacific 包括 Chi – X Australia、Chi – X Japan 和 Chi – X Global Technology，其中 Chi – X Australia 注册为交易所，是澳大利亚第二大交易所。Chi – X Japan 在日本注册为股票 PTS（Proprietary Trading System），Chi – X Global Technology 为受日本和澳大利亚监管的交易所提供技术服务和产品开发。参见 https：//asic. gov. au/regulatory – resources/markets/market – structure/licensed – and – exempt – markets/licensed – domestic – financial – markets – operating – in – australia/。

网泡沫破灭之后的历史峰值（见图8－1）。目前，美国ATS的数量维持在60家左右[①]，这些ATS都有成为交易所的可能。

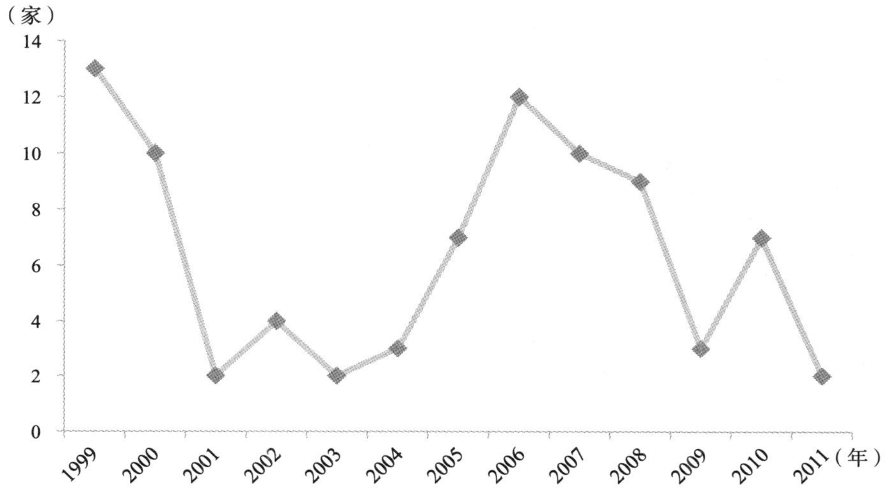

图8－1 1999—2011年新设ATS数量[②]

资料来源：根据SEC公开资料整理。

二、主要业务：早期以交易业务为主，近年业务更加多元

在现有的新型证券交易所中，早期转型而来的新型交易所均将证券交易作为主要经营业务。美国的Bats从2005年以ATS的身份成立至2016年，一直利用自身在交易系统方面的优势，大力发展股票交易、期权交易和外汇交易，企业上市业务一直处于空白状态，直到自身上市。其他新型交易所，如EDGA、EDGX、Chi－X也都从未涉及上市业务。这固然是因为这

① 根据SEC官网（https：//www. sec. gov/foia/docs/atslist. htm）公布的数据，2021年5月31日ATS数量为60家。近年来，ATS数量呈现下降态势。

② 根据SEC官网（https：//www. sec. gov/foia/docs/atslist. htm）公布的Alternative Trading System（ATS）List统计，因2012年之后的数据未有ATS设立的时间，故无法统计新设立数量。从总量来看，2009—2018年ATS数量分别为67家、70家、72家、74家、90家、93家、88家、85家、81家、85家、89家。

些新型证券交易所大都从 ATS 或者 MTF 转型发展起来，电子化交易技术和交易系统是其相对竞争优势所在，但也说明在美欧市场中，传统证券交易所在上市业务方面的优势难以撼动。因此，强化交易、弱化上市既是早期新型证券交易所利用自身优势发展的需要，也是现实竞争环境下的必然选择。

随着证券交易业务竞争的日趋激烈，新型证券交易所的业务发展更为多元，除了传统的股票、期权交易，也积极发展 ETF 上市交易、企业上市、软件服务等业务。以加拿大 NEO 交易所为例，该交易所成立于 2015 年，在 3 年后的 2018 年底，ETF 上市数量达 65 只，接近所有加拿大 ETF 规模的 20%①。再比如，Bats 在 2011 年宣布进入美国 ETF 上市交易业务，2012 年 1 月迎来了由 iShares 发行的首只 ETF②。截至 2018 年底，Bats 后来的母公司 CBOE 总共上市了 290 只 ETP，跟 2014 年比增长了 900%（见图 8－2）。每年新 ETP 中有 23% 在 CBOE 上市③。目前，IEX 每天交易6000～

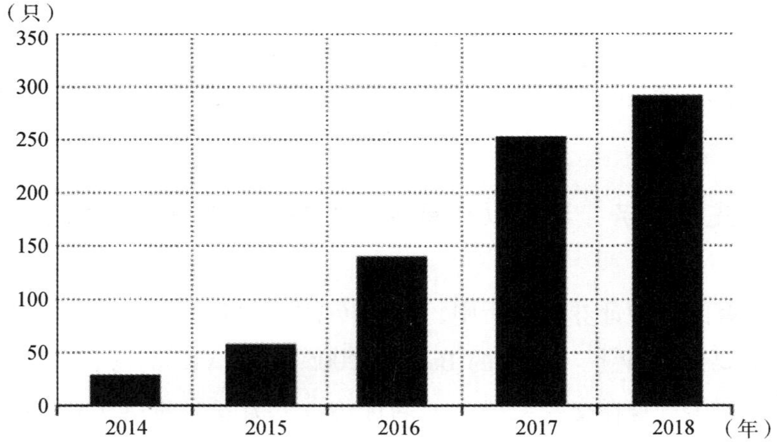

图 8－2　Bats 上市 ETP 情况

资料来源：CBOE 官网。

① 参见 https：//www. aequitasneo. com/en/exchange/neo－listed－securities。

② 参见 https：//www. etf. com/sections/features－and－news/9011－Bats－chi－x－europe－approved－to－list－etfs？nopaging＝1。

③ 参见 https：//go. Bats. com/webmail/123862/1036244847/d197597693deda68e1452c5a59d2a5ac84fdf7d24d2c81168c05d890f292f9ea。Bats Globe Market 在 2016 年被 CBOE 收购，CBOE 全部接收了 Bats 的上市和交易业务。

7000 只不同的股票和 ETF，但在证券交易竞争日趋激烈、利润空间被不断压缩的情形下，IEX 也在寻求新的业务突破口。2019 年 9 月，IEX 集团宣布其开发了三项新业务，分别是财务数据管理平台 IEX Cloud，收集、规范化和存储其交易数据的技术平台 IEX Astral，以及数据信息平台 IEX Event Stream。

三、经营情况：市场份额持续扩大，收入增长速度快于传统交易所

新型证券交易所中，Bats 全球市场发展最为迅速，其先后成立了美国 BZX 和 BYX 两个国家证券交易所，之后又合并了美国的 EDGA、EDGX 两个交易所以及欧洲 Chi – X Europe，在美国和欧洲挤占了大量传统证券交易所的市场份额。截至 2015 年 12 月 31 日，Bats 全球市场在整体美国股票交易市场中占 21. 1% 的份额，在 ETP 交易中占 22. 4% 的份额，在美国股票期权交易市场占 9. 6% 的份额。在欧洲，Bats Europe 交易了 24. 4% 的欧洲股票。2016 年被 CBOE 收购之后，Bats 在全球市场继续发挥其在交易技术上的优势，继续扩大在欧洲市场的份额。截至 2019 年 8 月底，CBOE（Bats）占伦敦、法兰克福、巴黎的股票市场份额分别为 52. 04% 、50. 03% 、47. 19% （见图 8 – 3），其在美国股票市场的份额虽然有所下降，但仍占 17. 59% （见图 8 – 4）。

除了 Bats 全球市场，美国 IEX 的发展也较为稳定，多年来一直占据 2. 5% 左右的美国股市份额。长期证券交易所（LTSE）在 2019 年 5 月 10 日获得 SEC 的批复成为美国第 14 家全国性证券交易所，目前已经开业，在短短两年时间里，已经积累了 5 万名客户。

在加拿大，新型证券交易所 Chi – X Australia 于 2011 年 11 月开始运营，开始时只有 6 只可交易的股票，现在 Chi – X Australia 提供全套 2100 种澳大利亚证券交易所上市公司股票和全套 230 只 ETF 的交易服务，拥有澳大利亚证券市场超过 20% 的市场份额，每天交易的现金股本超过 10 亿澳元[①]。

① http：//blog. openmarkets. com. au/what – is – chi – x – and – how – does – it – work.

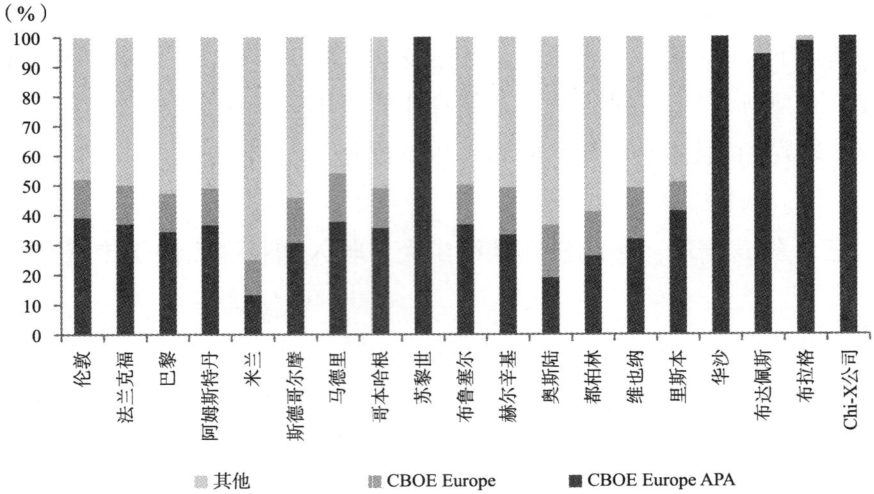

图 8－3　Bats 占欧洲股票市场份额（按交易额统计）

资料来源：根据 CBOE 官网资料统计整理。

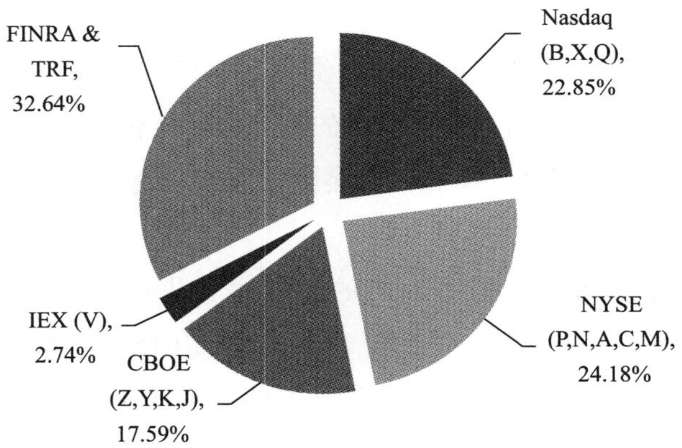

图 8－4　Bats 占美国股票市场份额（按交易额统计）

资料来源：根据 CBOE 官网资料统计整理。

从收入来看，新型证券交易所增长较快（见图 8－5）。2008 年 Bats 全球市场收入为 6.898 亿美元，2015 年底其收入达 17.787 亿美元，年均增幅为 14.49%；同一时期，纳斯达克收入有所下滑，2008—2015 年年均下滑 0.95%，组约证券交易所 2008—2012 年的收入也有大幅下滑，年均下滑6.3%。

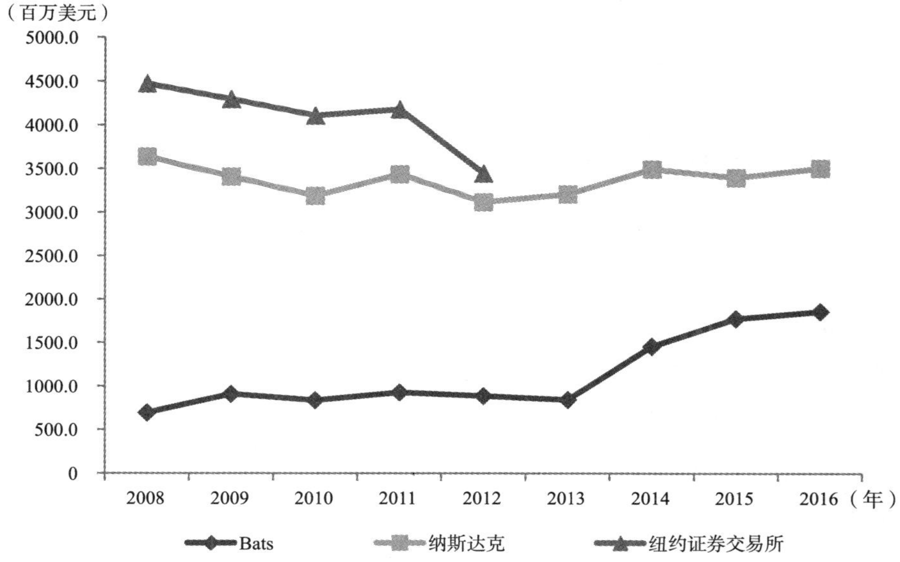

图8-5　美国主要证券交易所收入变化情况[①]

资料来源：根据纽约证券交易所、纳斯达克和Bats公开的年报资料整理。

---

① 纽约证券交易所在2013年被洲际交易所收购，2013年之后数据不具有比较意义。

第九章

境外主要新型证券交易所的技术解决方案

如前所述，早期转型的新型证券交易所重点发展了证券交易业务，而近期新设的新型证券交易所的业务发展更加多元，下面分别选取四家不同特色的交易所，代表两种不同模式的新型证券交易所的发展策略：拥有领先技术平台的 Bats 全球市场；利用物理技术打击高频交易，力求建立更公平和低成本市场的投资者交易所 IEX；创新交易技术，逆转掠夺性高频交易破坏性影响的加拿大 NEO 交易所；创建技术生态系统支持企业长期发展的美国长期证券交易所（LTSE）。

第一节 巴兹全球市场：领先的技术平台和低成本快速扩张策略

一、发展历程

巴兹全球市场（Bats Global Markets，Bats 是 Better Alternative Trading System 的缩写，以下简称 Bats 全球市场或 Bats）是第二代电子通讯网络（ECN）公司，成立于 2005 年 6 月，创始人是大卫·卡明斯（Dave Cummings）。卡明斯也是著名高频交易公司 Tradebot 的创始人兼 CEO。Bats 于 2006 年 1 月开始交易美国股票，公司被称为 Bats Trading，是美国证券交易委员会（SEC）监管的ATS。2008年，Bats注册成为全国证券交易所，重新命名为Bats Exchange。随着2008年Bats进入欧洲市场，Bats作为全球交易所运营商更名为“Bats Global Markets”。2010年，Bats推出了美国股票期权市场Bats BZX Options。2011年，Bats收购Chi – X Europe并将其命名为Bats Europe，成为欧洲最大的证券交易所运营商。2014年1月，Bats与Direct Edge合并，创建了美国第二大交易所运营商，领先于纳斯达克，仅次于纽约证券交易所。2015年，Bats收购领先的即期外汇市场Hotspot，于是Bats拥有了全球最全的金融工具类别①。2016年4月15日，Bats成功在自己的交易所上市②，股价在午盘交易价格为22.78美元，上涨了20%，Bats的市值达到22亿美元。Bats全球市场在2017年被芝加哥期权交易所（CBOE）收购之前，已经拥有四个股票交易所和两个期权交易所，还有一个外汇电子交易平台，一度成为全球第二大股票交易所（见表9 – 1）。

表9 – 1　Bats全球市场发展历程

时间	事件
2005年6月	Tradebot创始人Cummings创立Bats Trading
2006年1月	Bats推出ECN，最初专注于交易纳斯达克的上市证券
2006年5月	Bats开始交易美国证券交易所（AMEX）的上市证券
2007年2月	Bats开始交易纽约证券交易所的上市证券
2008年3月	进入欧洲市场，推出MTF，以泛欧为基础与现有证券交易所竞争
2008年10月	正式启动Bats Europe
2008年11月	注册为国家证券交易所Bats BZX，参与统一证券行情协会（Consolidated Tape Association，CTA），并从中获取市场数据费用，降低清算成本并开始运营上市业务
2010年2月	提供上市股票期权交易，扩展了新的交易产品
2010年10月	推出第二家国家证券交易所Bats BYX
2011年11月	收购Chi – X Europe，将其纳为全资子公司

① 传统交易所经营的一般金融工具类别包括股票、期货、外汇等，但同时经营三种以上的很少。

② 2016年4月，Bats在自己的交易所BZX上市；2017年2月CBOE收购Bats之后，更名为CBOE BZX Exchange，CBOE转到CBOE BZX Exchange上市。目前，CBOE是美国本土上市公司中唯一一家不在纽约证券交易所和纳斯达克上市的公司。

续表

时间	事件
2011 年 12 月	BZX 在美国开展上市业务
2013 年 5 月	获得英国监管机构批准，将泛欧 MTF 转换为 RIE
2013 年 12 月	Bats Europe 收购欧洲最大的中央交易对手方 N. V. 25% 的股权
2014 年 1 月	收购 Direct Edge，其中包括两家交易所 EDGX 和 EDGA
2015 年 3 月	收购外汇电子交易平台 Hotspot FX，更名为 Bats Hotspot
2015 年 9 月	在伦敦推出了外汇平台 Bats Hotspot
2015 年 11 月	推出 EDGX 期权
2016 年 3 月	推出 Bats－T3P SPY 波动率指数
2016 年 9 月	CBOE 与 Bats 全球市场达成合并计划
2017 年 2 月	CBOE 完成对 Bats 全球市场的收购

资料来源：根据 CBOE 官网、Bats 年报等资料整理。

二、经营策略

（一）全球领先的交易技术平台

Bats 拥有和运营着全球领先的专有技术平台，不断优化市场的可靠性、速度、可扩展性和多功能性。Bats 交易平台具有高稳定性，2014 年和 2015 年的平均有效运行时间达 99.994% 和 99.991%；Bats 交易技术全球一流，其平均时延（衡量处理订单信息所需的时间）从 2007 年 1 月的 930 微秒降低至 2015 年 12 月 31 日的 57 微秒，减少了 94%，远远优于其他交易所；Bats 交易平台还具有可扩展性好的特点。2017 年 2 月，在完成对 Bats 全球市场的收购之后，CBOE 将原有交易全部转移至 Bats 交易平台。目前，CBOE 旗下的期权交易所 C2，期货交易所 CFE，以及 BZX、BYX、EDGA、EDGX 和 CBOE Europe Equities 均在 Bats 平台上运营。CFE 向 Bats 交易平台的迁移于 2018 年 2 月 25 日完成，C2 的迁移于 2018 年 5 月 14 日完成，2019 年计划完成 CBOE Options 的交易迁移。

（二）基于技术基础的低成本运营模式

由于 Bats 交易平台的可扩展性和高运行效率，Bats 全球市场能够以非常低的边际成本在多个资产类别和多个地理空间复制其业务模式，结果是 Bats 全球市场的运营成本控制在极低的水平。截至 2015 年底，按交易量所占市场份额计算，Bats 全球市场是美国第二大交易所运营商、交易量最大的 ETF 交易所运营商、按交易额所占市场份额计算的欧洲最大的交易所运营商。与 Bats 全球市场的惊人业绩相比，Bats 全球市场的员工只有 286 人，不到其他传统交易所的十分之一。在同一时期，洲际交易所的员工为 5549 人，纳斯达克的员工为 3824 人①。Bats 全球市场的低成本运营模式，使其利润水平远高于同行，其 2014 年的息税前利润（EBITDA）为 54.7%，2015 年的为 61.2%。

（三）巧用定价模型吸引订单流量

Bats 在创设之初采取的是私募股权融资，2008 年之前的主要股东有花旗银行、瑞士信贷、摩根大通、德意志银行、雷曼兄弟和 GETCO 等，充足的资金支持使 Bats 在扩张时选择激进的、低价差的定价策略。为了快速占领市场，Bats 经常采取反向定价模型（Inverted Pricing），快速突破交易所市场占有量的临界规模。反向定价模型是指为流动性制造者（Maker）支付费用（如 0.20 个基点），向流动性需求者（Taker）收取较低的购买费用（如 0.30 个基点）②。Bats 颠覆性的定价策略在当时被证明是非常有效的。2009 年，Bats 旗下欧洲多边交易设施 Bats Europe 在欧洲拓展业务时施行了反向定价模型，并定于 2009 年 9 月 30 日截止。计划截止之后，Bats Europe 在英国 FTSE 100 大盘股指数中的市场份额并未下降，10 月为

---

① 此处选取的是 2015 年的员工数据作为比较。

② 反向定价也称为订单流付费，即“Maker/Taker Model”，1997 年该模型由 Island 电子交易网络的 Joshua Levine 设计，后来被其他交易所广泛应用于期权交易，曾经的纽约—泛欧交易所的 Arca Options平台、纳斯达克 OMX 集团的 Nasdaq Options Market（NOM）交易平台，以及由 Bats 全球市场发起的美国期权交易所等都使用该模型。

8.05%，高于9月的7.21%和8月的4.11%[①]。2010年第四季度，Bats使用反向定价模型在BYX上交易上市现金股票和ETP，也收到了显著效果，并且，在反向定价模型被取消之后，BYX同样没有失去市场份额[②]。

（四）高效的决策和执行能力

创始人卡明斯（Cummings）直言，“如果我们认为在短短几年内无法获得10%到30%的市场份额的话，我们就不应该进入这个市场”。Bats是目前发展最快的交易所，高效的决策和执行是其快速成长的关键。Bats于2005年6月注册成立，7个月之后，Bats开始交易；2007年8月，Bats获得董事会支持开展国际业务，7个月后在欧洲开始开展股票交易，并于8个月之后开始开展欧洲期权业务，且几乎同时通过了美国证监会的批准成为全国性交易所。2010年，Bats设立了第二家全国性证券交易所，2011年、2014年、2015年和2016年先后成功收购了Chi - X Europe、Direct Edge、Hotspot和ETF.com，快速进行产品和地区扩张，极大地促进了其全球市场的竞争力。

三、经营业绩

基于领先的技术和高速扩张的经营策略，Bats取得了不俗的经营业绩。从市场份额来看，截至2015年底，Bats的美国股票每日交易量达1亿股，占美国股市的21.1%；其欧洲股市每日交易额达124亿美元，占欧洲股市的24.4%；其美国期权每日交易量为1600万张，占美国期权市场的9.6%。从横向对比来看，2010—2015年，Bats的美国股市交易量从15.3%增加到21.1%，提高了5.8%；纽约证券交易所的交易量从27.7%降至24.1%，降低了3.6%；纳斯达克的交易量从22.1%降至18.8%，降

---

① 参见https：//www.thetradenews.com/does - inverted - pricing - work - in - europe/。

② 参见https：//www.sec.gov/Archives/edgar/data/1659228/000104746916011878/a2228057zs - 1a.htm。

低了3.3%。

从经营收入来看，2008—2015年，Bats总收入从6.9亿美元增加至17.79亿美元，增加了1.5倍，年均增长率为14.49%。从各产品收入构成看，美国股票市场一直是Bats的主要收入来源，2011年以前收入占比一度超过90%，2015年下降至78%；而Bats的美国期权的收入占比近年增长也较快，2015年占比达到14%（见表9-2）。从各业务收入构成看，Bats的各项业务收入占比相对稳定：交易业务一直是Bats的主要业务，收入占比多年保持在70%，监管收入保持在15%~18%，市场数据收入保持在6%~8%（见表9-3）。

表9-2　　Bats各产品的收入情况　　（单位：百万美元）

产品／年份	2008	2009	2010	2011	2012	2013	2014	2015
美国股票	689.65	900.98	808.27	840.80	723.20	662.80	1234.50	1386.80
欧洲股票	0.20	7.17	19.12	28.39	82.80	86.40	99.10	117.90
美国期权	—	—	7.46	57.44	78.70	92.30	124.60	242.20
外汇	—	—	—	—	—	—	—	31.80
总收入	689.85	908.15	834.84	926.63	884.70	841.50	1458.20	1778.70

资料来源：Bats招股说明书。

表9-3　　Bats各业务的收入情况　　（单位：百万美元）

业务／年份	2011	2012	2013	2014	2015
交易收入	695.4	645.3	612.8	1009.9	1290.2
监管收入	156.4	148.1	127.4	272.0	275.7
市场数据收入	55.6	60.3	59.4	110.3	131.0
接口服务收入	19.2	31.0	41.9	66.0	81.8
总收入	926.6	884.7	841.5	1458.2	1778.7

资料来源：Bats招股说明书。

四、小结

Bats 以高频交易起家，在美国纽约证券交易所和纳斯达克双寡头格局下成立，抓住电子交易系统这一交易所的核心竞争力，以技术赢得市场，以速度赢得发展空间，在短时间内快速成长为美国和欧洲领先的交易所运营商。Bats 从开始交易到最后被收购刚好 10 年，这 10 年也是全球交易所行业重新洗牌的 10 年，证券市场交易业务的竞争日趋激烈，交易所之间的横向并购不断发生，横向并购在 Bats 的发展中也多次被应用。可以说，领先的技术平台和低成本经营策略是 Bats 成功的关键。

第二节　投资者交易所：利用物理技术建立更公平和低成本的市场

一、发展历程

投资者交易所（Investors Exchange，IEX）成立于 2012 年，2013 年 10 月开始以 IEX ATS 进行暗池（Dark Pool）交易，2015 年 9 月向 SEC 提出申请注册为国家证券交易所，2016 年 6 月获得 SEC 的批准成为美国第 13 家全国证券交易所[①]。自 IEX 启动以来，其交易量增长较快。2014 年 1 月，日均交易量接近 1000 万股；2015 年 4 月，日均交易量达 7000 万股，市场份额突破 1%；2015 年 8 月，日均交易量突破 1 亿股，市场份额达到 1.44%；2018 年 10 月，日均交易量突破 2 亿股，市场份额达到 2.54%；

① 参见 https：//www. sec. gov/rules/other/2015/investors – exchange – form – 1. htm。

目前IEX最新的市场份额为2.95%[①]。2018年10月5日，IEX迎来了第一家上市公司盈透证券（IBKR）[②]，不过，2019年9月23日，IEX发布公告表示将退出上市业务，主攻交易业务，而盈透证券于2019年10月重新回到纳斯达克全球精选上市（见表9－4）。

表9－4　投资者交易所发展历程

时间	事件
2012年3月	IEX集团在纽约成立
2013年10月	IEX Services作为场外交易市场（ATS）推出
2014年3月	迈克尔·刘易斯的Flash Boys发布了IEX的创始故事
2014年9月	IEX集团筹集了7500万美元的资金以推动增长
2014年11月	推出IEX Signal，这是一种用于保护IEX订单的专有模型
2015年9月	IEX向美国证券交易委员会（SEC）提出申请注册为国家证券交易所
2016年6月	IEX被批准成为国家证券交易所
2018年10月	IEX迎来了其第一家上市公司Interactive Brokers（盈透证券）
2019年5月	IEX集团宣布金融数据平台IEX Cloud正式启动
2019年9月	IEX宣布退出上市业务
2020年3月	IEX交易量创出新高达4.2亿股，当月交易所在整个市场占比为2.706%

资料来源：IEX官网及美国证券交易委员会的公开资料。

二、经营策略

（一）通过物理手段降速，消除不同类型交易者速度差异引起的不公平

IEX在自己的机房中设置38英里线圈的物理减速带（Speed Bump），使每笔交易指令发送到不同交易所均延迟350微秒或700微秒。IEX不向

---

① 数据截至2019年8月底。

② 盈透证券（IBKR）创立于1977年，是全球最大的网上券商（美国同类公司有老虎证券、必贝证券、雪盈证券、华盛证券、玖富证券及富途证券等）。2009年5月，盈透证券在纳斯达克全球精选上市。2014年4月，盈透证券成为第一家提供“直接进入”IEX的在线经纪商。

任何个人和机构提供靠近交易引擎的托管及接入服务。具体来说，IEX 通过物理手段使交易者的接入点距离交易所足够远，以此来消除高频交易者在速度方面的优势。根据 IEX 对交易延迟时间的测算，最快的撮合延迟时间约为 320 微妙，因此 IEX 设计交易接入点与撮合系统的线路时，将线路长度统一设计为 38 英里，即额外引入 350 微秒单向延迟。这样就限制了高频交易者试图抢在撮合完成前，频繁改变已提交至“暗池”的订单的能力，从而制约了高频交易者利用快慢市套利等手段进行获利①。

（二）免收会员费、市场数据费和市场连接费，采用简明且公平的收费模式

IEX 也是美国所有公开交易所中唯一一家不采用做市商定价机制的交易所，IEX 对所有交易者都采取固定费用模式。为鼓励订单信息透明化，IEX 不向经纪商提供佣金返利（Rebate），订单买卖双方都收取同样的费用，目前为每股百分之三美分。再有，IEX 创新性地收取撤单手续费，规范高频交易行为。IEX 已于 2018 年 1 月起开始收取报价不稳定期间特定投资者撤单（Crumbling Quote Remove Fee）手续费，抑制投资者延迟套利。当 IEX 自主研发的单价格计算系统 Signal 显示出受保护报价（Protected NBB or NBO）为不稳定报价时，该报价会在 IEX 系统中持续两毫秒。同时，IEX 会对在报价不稳定期间撤单量每月累计超过 100 万股的 IEX 会员，或撤单量占其 IEX 成交量 5% 的交易者收取每股 3 美分的额外费用，以稳定市场价格（见表 9 -5）。

表 9 -5 纽约证券交易所、纳斯达克、投资者交易所收费对比② （单位：美元）

费用	纽约证券交易所	纳斯达克	投资者交易所
上市费	500 000	155 000	50 000
市场数据费	226 320	195 972	免费

① http：//www. voidcn. com/article/p – hvhpraop – bnm. html.

② 数据来源：IEX 官网 https：//iextrading. com/trading/fees/，更新于 2019 年 9 月，IEX 收费处于调整之中。

续表

费用	纽约证券交易所	纳斯达克	投资者交易所
市场连接费	264 000	240 000	免费
会员费	50 000（一级）	3000	免费
开盘拍卖	0. 10	0. 15	0. 0003
闭幕拍卖	0. 04 ~0. 11	0. 08 ~0. 16	0. 0003

资料来源：根据 IEX 官网资料整理。

（三）采用简化设计和通用协议，减少订单种类，降低市场交易的复杂性

IEX 特别注重简化业务设计，减少订单种类，降低市场交易的复杂性，如仅支持 8 种基本报单类型和部分 IEX 拓展类型。相比于纽约证券交易所和纳斯达克多样化的订单，IEX 仅提供市价、限价、中点盯市、自由盯市、主要盯市、做市商盯市、零售和零售流动资金提供商 8 种类型的订单①。IEX 更关注普通投资者和长期投资者的订单。IEX 按价格、时间优先原则撮合交易，可见订单（Displayed Order）比隐藏订单（Non - displayed Order）优先撮合，盯市订单按中间价限制原则执行，IEX 交易系统也会根据 NBBO 自动调整订单价格。以自由盯市订单为例，订单报价在限价买单和 NBBO 价格中间价中值以上即可成交，防止市场快速下跌时订单以不利价格成交。

三、经营业绩

从设立之初至今，股票交易是 IEX 的核心业务，多年以来一直发展顺

① 纽约证券交易所的订单种类更丰富，允许的订单形式包括：限价、市价、止损、止损限价、盯市、置顶、档位敏感、冰山、隐藏、全额即时、全额非即时、非全额即时、不得增加、不得减少、开收盘、条件、分量、交叉订单等。IEX 的 8 种订单类型对应英文分别是：Market、Limit、Midpoint Peg、Discretionary Peg™（D – Peg®），Primary Peg（P – Peg®）、Market Maker Peg、Retail*、Retail Liquidity Provider*（RLP）。

利，目前的日均市场交易量超过 2 亿股，交易份额接近 3%（见图 9－1）。IEX 在 2018 年 10 月有了第一家上市公司，但是由于一直无法吸引更多的公司上市，出于成本考虑，IEX 在 2019 年 9 月宣布退出上市业务。

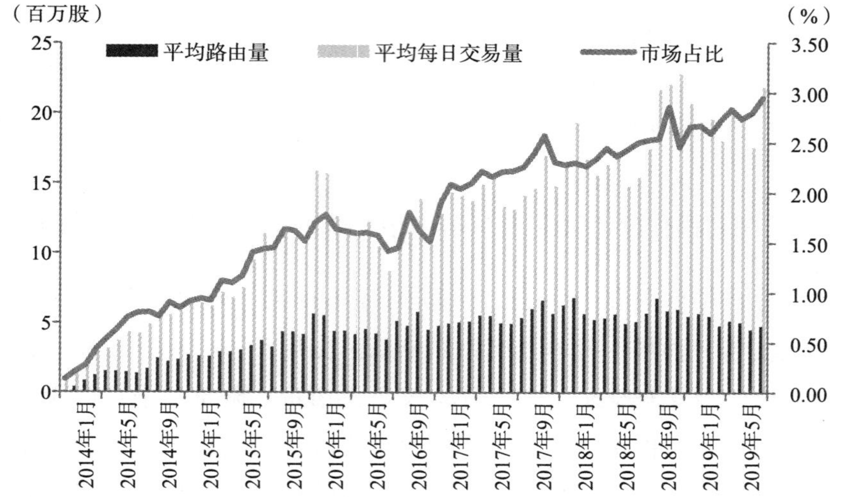

图 9－1 IEX 交易量及市场占比情况

资料来源：IEX 官网。

四、小结

IEX 在高频交易追求极致速度的背景下，反其道而行之，提出了大家一起“慢”的理念，尝试将经纪商从速度竞赛中拯救出来。IEX 设立之初的目标是建立更公平的市场，为了该理念的成功落地，IEX 设置了订单系统的物理延迟和创新的交易收费模式，消除高频投资者的交易优势，提供一个相对公平的交易环境。IEX 重视技术业务创新与理念创新的融合，改进业务设计（如 Price－Broker－Time 报单优先级规则、收费模式改进）的同时，也创新技术应用（接入技术、报单路由技术等），提升为所有市场参与者营造公平交易环境的能力。

第三节　NEO 交易所：创新交易技术逆转高频交易的破坏性影响

一、发展历程

NEO 交易所是位于多伦多的最新的证券交易所。2013 年 6 月，Aequitas Neo 的母公司 Aequitas Innovations Inc. 宣布，其打算创建一个新的加拿大证券交易所，以便与多伦多证券交易所抗衡，其目标是挑战“某些影响现有股票市场质量的掠夺性高频交易策略”，该交易所得到了许多加拿大机构和公司的支持。2014 年 11 月，Aequitas 获得安大略省证券委员会的批准，开始经营 NEO 交易所[①]。2014 年 6 月，Aequitas 与伦敦证券交易所集团子公司千禧 IT 签订了协议，为其平台提供技术服务。2015 年 3 月，NEO 交易所开始运营。2016 年 1 月迎来首单 ETF 上市，2017 年 12 月迎来首次公开募股并交易。2019 年 7 月，NEO 交易所迎来加拿大历史上规模最大的通过 SPAC 方式上市的公司 SCAC，筹集金额超过了 5 亿美元。2019 年 8 月，NEO 交易所拥有超过 90 家公司和 ETF 上市，成为加拿大第三大活跃市场。2019 年 10 月，NEO 交易所推出在线私募平台 DealSquare，是加拿大第一个集中式私募交易平台，2020 年初平台全面上线。截至 2021 年 7 月，超过 140 只证券在 NEO 交易所上市，其中上市公司 31 家、上市 ETF 73 只。

二、经营策略

NEO 交易所的目标是通过创造更好的上市体验，消除诸如高频交易之

---

① 参见 https://www.osc.gov.on.ca/en/Marketplaces_xxr-aequitas-neo_20141117_noa-aequitas-innovations-neo.htm。

类的掠夺性市场行为，实施独特的做市程序以确保流动性，并为企业、交易商和投资者提供免费实时信息。

（一）指定做市商制度保证高流动性

可靠的流动性对上市公司的成功十分重要。流动性使投资者能够获得投资机会，减少波动并降低上市公司的融资成本。NEO 交易所采取与纽约证券交易所类似的指定做市商（Designated Market Maker，简称 DMM）制度，可确保上市证券和投资产品的流动性可靠。具体来说，NEO 交易所的指定做市商有三方面职责：一是为指定证券的开盘、延迟开盘和复盘提供服务；二是在连续交易期间，根据规模和差价要求，对流动性和非流动性证券进行双边连续报价；三是通过自动交易设施执行奇数订单。NEO 交易所将指定做市商分配给 NEO、TSX 和 TSXV 以及 CSE 上市的证券①。

（二）随机延迟策略和市场结构模型保证公平交易

NEO 交易所的创新交易技术旨在为长期投资者创造公平的竞争环境。NEO 交易所采取两种措施保证交易在不同投资者之间的公平：一是通过技术手段对交易订单实施 3 ~ 9 毫秒的随机延迟时间，人为让订单减速，二是针对高频交易者采用不经济的收费。以上两种措施保护投资者和做市商免受机会性的 HFT 策略的影响。在交易方面，NEO 交易所有 NEO – L、NEO – N 和 NEO – D 三个订单簿。其中，NEO – L 为长期投资者提供公平的交易环节，不管哪个订单先进入市场，NEO Trader 的订单都优先于高频交易者的订单；NEO – N 通过独特的规模—时间订单匹配优先级，将较大的长期投资者交易优先于较小的短暂的订单，NEO 交易所的技术性减速带也在这里应用；NEO – D 是一个暗池交易市场。

---

① TSX 为 Toronto Stock Exchange、TSXV 为 TSX Venture Exchange、CSE 为 Canadian Securities Exchange。

（三）更低的费用、更好的服务和更高的透明度

NEO 交易所显著降低了企业上市的财务负担，上市费用比竞争对手低得多，并简化了上市程序以满足上市公司的需求。此外，NEO 交易所采取合作伙伴关系的方式来支持上市公司的发展。NEO 交易所提供所有在本交易所上市证券的免费实时市场数据，这意味着加拿大境内外的投资者始终可以不受限制地访问 NEO 交易所上市证券的交易信息。除此之外，NEO 交易所还提供在本交易所交易的所有 TSX/TSX－V 上市证券的免费或低成本实时数据，这使每个投资者都有机会看到更完整的市场视图，做出更明智的交易决策。投资者对上市公司或投资产品的全息认知是长期投资取得成功的关键。NEO 交易所通过与上市公司和投资产品合作，提供量身定制的媒体方案，最大限度地扩大宣传范围，提高人们对其证券的认识。

三、经营业绩

加拿大共有 6 家证券交易所和 5 家 ATS①，NEO 交易所的出现给现有的加拿大证券市场造成了不小的冲击。从 2018—2019 年股票市场交易份额来看，NEO 交易所上市公司的证券几乎都在本交易所交易，而且，NEO 交易所还交易了 9.66% 的多伦多交易所上市公司股票、8.73% 的多伦多创业板股票和 7.2% 的加拿大证券交易所股票（见表 9－6）。截至 2021 年 7 月，NEO 交易所拥有上市公司 31 家②，上市 ETF 产品 73 只。NEO 交易所交易量占所有加拿大上市证券交易量的 15%。

---

① 加拿大的 6 家证券交易所分别是 Toronto Stock Exchange（TSX）、TSX Venture Exchange（TSXV）、Alpha Exchange（ALPHA）、Canadian Securities Exchange（CSE）、NEO Exchange（NEO）、Nasdaq Canada，其中 TSX、TSXV 和 ALPHA 分别是主板、创业板和大宗交易场所，目前都属于 TMX 集团。ATS 分别是 OMEGA ATS（OMEGA）、LYNX ATS（LYNX）、Triact Canada Marketplace（MATCH NOW）、Liquidnet Canada（LIQUIDNET）、Instinet Canada Cross Limited（ICX）。

② 最新的上市公司为 Jushi Holdings，于 2019 年 6 月 11 日在 NEO 交易所上市。

表 9－6　　2018—2019 年加拿大股票市场份额（按交易量）

交易场所 \ 上市场所	TSX（%）	TSXV（%）	CSE（%）	NEO（%）
TSX	53.46	—	—	—
TSXV	—	68.22	—	—
Alpha	6.31	3.08	—	—
CSE	2.46	2.66	73.44	—
Nasdaq Canada	17.21	7.16	7.76	
NEO	9.66	8.73	7.20	98.64
Liquidnet（ATS）	0.14	0.01	—	—
MATCH Now（ATS）	6.23	8.68	6.93	1.36
Omega（ATS）	4.45	1.43	4.52	—
ICX（ATS）	0.04	0.00	0.00	—
Lynx（ATS）	0.06	0.03	0.13	

资料来源：加拿大投资行业监管组织（IIROC）官网，时间为 2018 年 3 月 31 日至 2019 年 3 月 31 日。

四、小结

NEO 交易所认为，“股票交易所的核心在于建立一个市场，在这个市场中投资者能够通过投资实现财富积累，企业能够通过发行上市筹集增长所需的资金，这是一个双赢的格局。随着交易所逐渐成为盈利的上市企业，交易所为了提高盈利水平，选择了许多提高绩效的决策，如高频交易，但这损害了公共利益”。NEO 交易所相信重新关注股票交易所的基本价值可以逆转掠夺性交易行为的破坏性影响，并使企业、交易商和投资者能够获得更强大、更公平、更透明的股票交易所。

秉承创建更公平的股票市场的使命，NEO 交易所通过指定做市商制度保证高流动性，借由随机延迟策略和市场结构模型保证公平交易，还通过多种方式保证更低的费用、更好的服务和更高的透明度。在创新的理念和独特的经营方式下，目前 NEO 交易所取得了较好的业绩，上市和交易业绩增长迅速，也证明了市场对其的认可。

第四节　长期证券交易所：技术生态系统助力企业长期发展

一、发展历程

美国长期证券交易所（Long－Term Stock Exchange，LTSE），2019 年 5 月 10 日获得美国证券交易委员会（SEC）批准成为美国第 14 家全国性证券交易所，是目前美国最年轻的交易所（见表 9－7）。长期证券交易所的愿景是通过提供一个全新的上市方式，帮助企业提升愿景，建立长久业务和创造未来价值。长期证券交易所于 2020 年 9 月 9 日作为唯一一家为有长期愿景的公司和投资者服务的国家证券交易所开业。2021 年 6 月 24 日，长期证券交易所宣布两家纽约证券交易所的上市公司 Asana 和 Twilio 将成为第一批通过双重上市加入长期证券交易所的公司。

表 9－7　　长期证券交易所申请成为国家证券交易所的过程

时间	主要事件
2011 年 9 月 13 日	Eric Ries 出版《精益创业》一书，提出了长期证券交易所的创意
2015 年	Eric Ries 开始自己组织长期证券交易所
2016 年 12 月	长期证券交易所与 IEX 达成合作协议
2017 年 12 月 7 日	长期证券交易所通过合作伙伴 IEX，向美国证券交易委员会提交交易所测试申请，内容包括上市标准、交易系统等
2018 年 8 月 15 日	IEX 向美国证券交易委员会提交了撤回与 LTSE 合作的申请
2018 年 11 月 9 日	长期证券交易所向美国证券交易委员会提交注册为国家证券交易所的申请
2018 年 12 月 6 日	就长期证券交易所的申请开始公开征求意见

续表

时间	主要事件
2019 年 1 月 22 日	CII 向美国证券交易委员会提交了一份关于反对 LTSE 申请的意见函
2019 年 2 月 26 日	长期证券交易所针对 CII 的意见函提交了 1 号修正案
2019 年 4 月 3 日	长期证券交易所针对 CII 的意见函提交了 2 号修正案
2019 年 5 月 10 日	获得批准
2020 年 9 月 9 日	开业
2021 年 6 月 24 日	对外宣布首批两家上市公司（Asana 和 Twilio）将通过双重上市加入长期证券交易所

资料来源：长期证券交易所官网及美国证券交易委员会的公开资料。

二、经营策略

（一）长期证券交易所将自身功能定位为解决企业长期发展问题的金融服务公司

长期证券交易所始终强化交易所的企业金融服务职能。目前，主要传统交易所以企业服务（Corporate Services）、交易服务（Transaction Services）、交易后服务（Post - trade Services）及信息服务（Information Services）为四大主营业务。其中，交易服务和信息服务为交易所的主要收入来源，而企业服务业务比重相对较低①，如洲际交易所和纳斯达克近 5 年的企业服务收入占集团收入比重的平均值分别为 10. 34% 和 12. 24% 。与现有主要传统交易所定位不同，在 LTSE 中，企业服务是其主要业务。长期证券交易所希望通过为科创企业提供技术平台，帮助企业建立长期业务框架来实现自身的发展（见表 9 - 8）。根据美国证券交易委员会公布的申请材料，长期证券交易所旨在成为建立长久业务的企业和长期投资者之间的

① 以美国主要交易所为例，洲际交易所的企业服务包括为企业和 ETF 发行人提供上市服务，为企业提供桌面应用和市场连接服务等。纳斯达克的企业服务包括为企业和 ETF 发行人提供上市服务，为企业提供改善公司治理的企业解决方案产品。

纽带，通过为创业企业建立一个业务管理系统，帮助企业上市并实现业务长期发展。

表 9-8　　境外主要证券交易所功能定位对比

交易所	功能定位
洲际交易所	全球领先的金融市场基础设施运营商及数据服务提供商
纳斯达克	全球领先的金融及公众和私人公司服务提供商
伦敦证券交易所	全球领先的金融市场合作伙伴
德国交易所	欧洲领先的金融市场基础设施提供商
长期证券交易所	解决企业长期发展问题的金融服务公司

资料来源：根据各交易所官网、年报资料整理。

（二）长期证券交易所上市标准设置系列前置条件，敦促企业建立长期业务

长期证券交易所要求拟上市的企业提前与交易所签订一系列协议，其目的在于通过上市规则（上市标准）的约定，促使企业建立长期业务。具体包括：

1. 投票权政策方面，区分长期和短期股东，话语权向长期投资者倾斜。长期证券交易所的创始人 Eric 认为那些关注公司长远利益的人，应该对公司治理有更多的发言权，同时为了防止公司控制权的转移，长期证券交易所采取投票权政策区分长期和短期股东，并允许长期股东拥有更多投票权。

2. 公司治理方面，高管薪酬与长期业绩挂钩，强化利益相关者权益。将高管薪酬与长达 10 年的业绩相联系，激励公司管理层为企业长期发展努力。

3. 信息披露方面，发布五大长期政策，利于长期投资者决策。长期证券交易所要求上市公司采用并发布五个方面的长期政策，包括长期利益相关者政策、长期战略政策、长期薪酬政策、长期董事会政策和长期投资者政策。

4. 上市标准方面，严格准入条件，高标准为长期发展保驾护航。长期证券交易所对拟上市企业提出较高的准入门槛，目前公布的初始上市标准高于纳斯达克全球精选市场的上市标准，是现有交易所行业中上市标准最高的交易所。

（三）长期证券交易所的主营业务以企业软件服务为主

长期证券交易所的愿景在于连接企业和长期投资者，希望在保证日常流动性的同时，鼓励投资者长期持有股票，使建立长期业务的企业创始人能拥有企业控制权，因此企业和长期投资者（养老基金、捐赠基金等）是其主要服务对象。另外，长期证券交易所以软件和服务为主要产品，打造企业全生命周期管理系统。长期证券交易所集团（LTSEG）下属公司 LTSE Service 提供一系列企业服务软件 LTSE Tools，目前有近 5 万家用户使用。与大多数期望日常交易及其数据作为主要收入来源的美国证券交易所不同，长期证券交易所希望通过为公司提供软件和服务来赚取大部分收入，因此长期证券交易所的经营业绩高度依赖创业企业的数量。其他收入方面，虽然长期证券交易所加入了美国统一证券行情协会（Consolidated Tape Association，以下简称“CTA 计划”）①，可以通过交易数据获得收入，但是可以预期的是长期证券交易所的交易量将会很小，所以交易数据收入占整个交易所收入的比重将很小②。

三、小结

长期证券交易所将自身定位为解决企业长期发展问题的金融服务公

---

① CTA 计划负责实时传播上市证券的交易和报价信息（市场数据）。该计划根据 1934 年《证券交易法》第 11A 条提交，并经美国证券交易委员会批准。根据该计划，所有在美国证券交易所上市的证券，应将其交易和报价发送给中央整合商，在那里生产综合磁带系统（CTS）和综合报价系统（CQS）数据流，向全世界分发，CTA 是 CQS 和 CTS 的运营机构。

② 长期证券交易所还免费提供其他数据产品，包括 LTSE Web 平台、历史数据和 DROP。LTSE Web 提供订单的汇总报价深度、执行订单的报价信息；历史数据提供订单簿历史报价；DROP 是一种未压缩的数据源，提供有关特定成员的股票交易活动的信息。

司，通过股东持有长期投票权、高管长期业绩考核和长期经营战略强制披露等制度设计，以及推出相应的企业服务软件等，为企业提供长期公司治理框架和工具，帮助初创企业实现长远发展的目标。从长期证券交易所开始提出建立交易所的计划至最终获得美国证券交易委员会的批准历时近10年，其申请过程中的反复沟通，也在一定程度上反映了美国监管层支持科创企业长期发展的态度。

长期证券交易所作为新生交易所，其经营模式和上市标准等方面的创新对市场冲击较大，从成立之初就一直备受争议，如对高质量科创公司孵化问题、股东持有期投票权有效性问题、市场定价机制的科学性问题等。长期证券交易所经营可能会面临一定的风险，如市场规模不足导致的可持续经营风险、高管人才不足导致的公司管理风险、多重职能叠加导致的法律风险、同业竞争的不确定性风险等。

在美国，证券是跨市场交易的，上市地点不决定交易地点。长期证券交易所通过创建一个不同规则的新系统，依靠自身的力量来扭转资本市场系统性的短视主义行为，肯定要面临不少挑战。目前，长期证券交易所的首批上市企业是通过双重股权上市，而非首次上市，这也间接说明了该交易所模式还有待市场检验。

第十章

境外新型证券交易所快速发展的背景及原因[①]

在不同时期，证券交易所扮演着不同的角色，反映了他们的组织方式与金融体系中其他部分的关系，以及政府对其的态度。交易所作为资本市场的核心枢纽，在1929—1933年大萧条之后到20世纪70年代，一直扮演着金融监管的角色，各国政府也通过赋予证券交易所特权的形式，支持了交易所的发展。但是70年代之后，各国交易所面临的挑战越来越大。

第一节　金融自由化浪潮下传统证券交易所面临细分市场的挑战

二十世纪七八十年代，全球资本市场的增长和发展有两个主要转折点。一是1975年5月纽约证券交易所废除固定佣金制度，这不仅给美国国内也给世界各地的证券交易所带来了压力；二是1986年10月伦敦的“金融大爆炸”，它不仅改变了英国证券市场，同时也加剧了其他证券交易所特别是欧洲证券交易所的变革压力。全球证券市场的转折主要来源于三股

① 本章未从需求的角度来分析境外新型证券交易所产生和快速发展的原因，主要基于以下考虑：资本市场创新的深层次原因。从需求的角度来说其实一直没有改变，无外乎效率提高或成本降低。几百年以来，资本市场每一次的创新都伴随着效率提高或成本降低，这种需求也一直存在。但是，为何在2000年之后出现了新型证券交易所，什么因素导致了效率提高或成本降低，这才是最重要的，也正是本章所探讨的内容。

力量：第一是外汇管制逐渐消失；第二是通信和计算机技术的融合；第三是全球化进程①。下面以时间为顺序，梳理金融自由化浪潮给美国交易所行业带来的挑战。

一、固定佣金制取消及全美市场体系的初步建立营造了早期统一的竞争市场环境

（一）美国证券交易委员会与纽约证券交易所利益冲突，导致场外市场有了发展空间

20 世纪 70 年代前后，为了防范风险和保护公众利益，美国证券交易委员会希望通过进一步限制纽约证券交易所来扩大职权范围，而纽约证券交易所则一直试图保护甚至进一步维护其会员利益，这其中还有可能会伤害客户的利益。结果就是，场外交易市场（OTC）的重要性日益增加，因为场外市场在纽约证券交易所的管辖范围之外运作，也可以逃避美国证券交易委员会的大部分控制。但场外交易缺乏场内交易的便利和速度，同时也存在一定的对手方风险。

（二）机构投资者议价能力增加，给固定佣金制度施压

在场外市场发展的同时，经历了第二次世界大战之后二三十年的快速发展，美国机构投资者的规模迅速增长。受固定佣金制的限制，机构投资者在交易所的议价能力受到压制，而地方性交易所及场外市场为了吸引机构投资者，开始以打折方式收取交易费。场外市场的发展给机构投资者提供了更多的选择。

（三）市场交易量增加，亟须提高订单处理效率

随着证券市场的快速发展，证券公司和证券交易所需处理的交易量越

---

① 参见 Michie R. The Global Securities Market：A History［M］. Oxford ：Oxford University Press，2008。

来越多，甚至发生了交易所缩短交易时间，以使经纪公司在后台有足够时间处理积压的委托单的事件。1968 年春，由于美国交易量的剧增，交易所不得不缩短交易时间，一直持续到 1969 年 1 月。

（四）信息技术的发展为场外交易和交易积压问题的解决提供了方案

1969 年 Instinet 公司成立，该公司推出了一个基于计算机的交易系统，创建了第一个电子通讯网络（Electronic Communication Network，ECN），迎合了场外交易频率较低的股票交易的需求。紧接着，1971 年 2 月纳斯达克成立，该系统提供了场外交易股票的即时报价，允许所有参与者在同一基础上进行电话交易。同时，如上所述，固定佣金制背景下纽约证券交易所对机构投资者收取的交易费用高于地方性交易所和场外市场。市场竞争使纽约证券交易所的机构交易量大量外流，流动性受到极大影响。更为严重的是，投资者无法同时了解不同市场的交易信息，出现了证券交易和市场信息的双重分割局面。

（五）取消固定佣金制度，建立统一市场体系

面对市场分割的局面，1975 年 5 月 1 日，美国率先打破固定佣金制，采取竞争性的协议佣金制，由客户和证券公司协商决定。同时，美国国会于 1975 年对《1934 年证券交易法》进行了修订，提出了建立全美市场体系的目标。该修订法案指出："通过通信和数据处理设施，可以将不同市场连接起来，从而增强效率，促进竞争，提高经纪商、自营商和投资者获得信息的能力，进而使投资者的买卖委托获得最佳执行。" 1978 年 1 月，美国证券交易委员会发表了题为"发展'全美市场体系'"的报告，提出全美市场体系应由三大部分组成，即事前的综合报价系统（CQS）、事后的综合交易信息系统（CTS）以及市场间交易系统（ITS）。分割的交易市场将由这三大系统连为一体，实现市场统一下的竞争[①]。

---

① 参见《美国证券交易法 1975 年修正案 11A（a）》。该法案在很大程度上影响了美国证券交易委员会（SEC）对证券市场的监管理念。

按照美国证券交易委员会的构想，市场间交易系统将把纽约证券交易所、七家地方性交易所以及全美证券经纪商协会（NASD）管辖下的各类市场联结起来。综合报价系统可使各个交易中心的报价，包括做市商的买卖报价以及能改善报价的投资者限价委托，能够公开显示，通过汇总后产生每个证券的全国最佳买卖报价（NBBO）。市场间交易系统是全美市场体系的核心部分，经纪商能够从终端了解各个市场的行情，而且还可直接向各市场发出委托指令，从而在各市场之间引进一种高度竞争的机制，增加市场的透明度。而综合交易信息系统则将已经完成的交易信息向外发布，为投资者的下一步交易提供参考信息。

二、规范订单处理和做市商报价，促进新型证券交易所早期形式 ATS 的发展

（一）做市商制度的低效率和高成本日益为人们所关注，学者论文起底“价差丑闻”

自 1971 年纳斯达克市场成立以来，做市商始终主导着纳斯达克的市场运作和股价形成过程，但他们常常通过人为扩大买卖价差以牟取高额垄断利润，并且将位于其买卖报价之间的投资者限价委托束之高阁。随着投资者力量的不断壮大及其对低成本交易方式的巨大需求，人们对做市商的不满日益增加，这种不满情绪终于在 1994 年被点燃。1994 年 2 月，William G. Christie 和 Paul Harvey Schultz 两位教授在《金融杂志》（Journal of Finance）发表题为“为什么纳斯达克证券市场造市者回避分母为 8 的奇数报价”的论文，认为纳斯达克的做市商之间存在相互勾结、合谋操纵和抬高股票买卖价差的嫌疑[①]。1994 年 5 月，《洛杉矶日报》《华尔街日报》等媒体相继报道了两位教授的研究，“价差门”（Spread Gate）事件不仅震动

---

① 参见 Christie W G，Schultz P H. Why do NASDAQ market makers avoid odd - eight quotes? [J]. The Journal of Finance，1994，49（5）：1813 - 1840。

了整个华尔街[1]，而且引起了美国司法部和美国证券交易委员会的进一步调查，最后深深地触动了美国的法律机制。

（二）美国出台法规规范订单处理规则和做市商报价

经过“价差丑闻”之后，美国证券交易委员会出台了两个法规，一个是1997年的《委托处理规则》（*Order Handling Rules*），另一个是1998年的《ATS规则》（*Regulation ATS*）。其中，《委托处理规则》规定，做市商收到比其买入报价高或比其卖出报价低的限价委托时，必须采取以下三个方法中的一个：

1. 根据投资者的指定价格，以自身账户与投资者委托进行撮合；

2. 将此限价委托纳入自身报价，并显示在纳斯达克报价系统中；

3. 将该限价委托传送至电子撮合市场ECN执行。然而，报价显示原则禁止做市商在纳斯达克市场显示一个报价，却在其他交易系统显示另一个报价。

（三）规则的实施促进了电子交易系统的快速发展

20世纪90年代后期，在场外市场开始出现一种基于互联网技术的全自动化电子撮合市场，即Electric Communication Network，简称ECN，俗称电子券商。这个系统让股票买卖双方直接交易，按照价格优先、时间优先原则，对接收到的客户限价交易订单自动撮合成交，摆脱了做市商的人为干预。凭借快速高效的电子竞价交易系统，ECN自1997年以来获得了迅速发展，采用其交易的公司从仅有Instinet 1家迅速发展到9家（见表10－1）。投资者寻求低交易成本和做市商获取垄断利润之间的矛盾为ECN崛起提供了市场需求，而交易规则的改变则成为ECN迅速发展的催化剂。ECN市场的出现，使场外交易市场与交易所市场之间的界限变得模糊起来。

---

① 《华尔街日报》称之为“价差门”（Spead Gate）。

表 10-1　　美国早期电子通讯网络（ECN）

时间	ECN	主要所有人	特点
1969 年	Instinet	Reuters（路透）	跨国经营经纪服务
1996 年	Island	Datek	流动性仅次于 Instinet
1996 年	Tradebook	Bloomberg（彭博）	Bloomberg 数据网络的一部分，主要针对 Instinet 的顾客
1997 年	Archipelago	E* Trade、Gold Sachs（高盛）、Am Century、Instinet	自动将委托传送到最可靠的交易合伙人
1997 年	REDIBook	Spear Leeds、DLJdirect、Fidelity、Schwab（嘉信）	从其合伙人处获得委托
1998 年	Strike	25 broker/dealers、Sun Miscrosys-tems	从其所有人处获得委托
1998 年	Attain	All - teck Investment Group	为小投资者提供进入便利（All - tack 的交易软件）
1998 年	Brut	Sungard Data System、Knight/Tri-mark	机构仅能通过经纪交易商进入
1998 年	NexTrade	Professional Investment Manage-ment	24 小时交易

资料来源：根据《美国股票市场结构演进及其监管政策反思》（2006）及相关资料整理。

ECN 市场在 1997 年之前的市场规模并不是很大，只占到纳斯达克交易量的 20% 左右，然而，在 1997 年之后，ECN 的市场份额开始迅速攀升。1999 年 ECN 市场的交易量占到纳斯达克总交易量的 30%，交易金额占到了总交易金额的 40%。到 2001 年，ECN 市场在纳斯达克总交易的占有率已经升到了 47%，成为纳斯达克的头号竞争对手①。

（四）十进制的实施进一步凸显 ECN 的竞争优势，促进 ECN 与交易所竞争

1997 年 6 月 5 日，《共同美分股票定价法》（*Common Cents Stock Pricing Act*）签署，要求美国证券交易委员会采用以美元和美分为单位的股票

① 林建. 大交易场——美国证券市场风云实录［M］. 北京：机械工业出版社，2008.

报价规则。国会和美国证券交易委员会支持较小的股票报价，理由是个人投资者的交易成本将会减少。股票市场的这种十进制化始于2000年8月。2001年1月，纽约证券交易所和美国证券交易所（AMEX）将所有股票转换为十进制定价；2001年4月，纳斯达克也完成了转换，标志着沿用了两个世纪的分数定价结束。报价单位的大幅缩小（从0.0625美元降至0.01美元，下降84%）使投资者受益，而交易所的收益将大幅压缩。为了降低成本，手工交易必然向电子化交易转变，这正是电子通讯网络（ECN）的优势所在。

三、双寡头格局的形成为新型证券交易所设立并参与竞争赢得机会

面对ECN的竞争，纽约证券交易所和纳斯达克通过自主开发和收购参与电子交易市场竞争，最终重新主导了美国资本市场。ECN参与市场竞争，首先抢占了纳斯达克的大量市场份额。为了应对市场结构的变化，纳斯达克在2002年10月推出新一代交易系统——超级蒙太奇（Supermontage），类似于一个超级ECN，对现存的ECN造成毁灭性的打击，一举夺回了被ECN蚕食的市场份额。与此同时，纳斯达克和纽约证券交易所积极并购电子交易平台。2005年4月20日，纽约证券交易所反向并购Arca，经营了212年的纽约证券交易所计划上市①。就在两天后的4月22日，纳斯达克宣布收购Inet，以增强纳斯达克交易平台的技术。两大垄断集团的收购给整个市场一记重拳，市场普遍认为这两笔收购将降低市场的竞争，担心未来的交易费用会上升。在这之前，Island、Instinet、Arca和Brut是美国证券市场四家最大的电子通讯网络公司，它们被收购意味着美国证券市场再次被纽约证券交易所和纳斯达克所主导。资本市场双寡头的形成与美国自由竞争的市场环境形成鲜明对比，越来越多的市场机构和投资者对此

---

① 群岛交易所有限公司Arca于1998年成立，在2004年成为股份有限公司，并在太平洋证券交易所上市，之后，群岛收购了太平洋证券交易所，2005年纽约证券交易所反向并购群岛交易所并上市，自此，纽约证券交易所成为一家上市公司。

提出批评，这为之后新型证券交易所设立赢得了市场支持。

第二节　证券法规调整支持新型证券交易所成立并参与竞争

一、美国通过《全美市场体系修正案》，鼓励通过市场竞争来确保订单的最佳执行价格

进入21世纪之后，为了鼓励竞争，促进市场发展，境外证券市场纷纷调整证券法规。2005年4月6日，美国证监会通过了《全美市场体系修正案》，并要求在2006—2007年分阶段实施。2005年的《全美市场体系修正案》包含了四项关键规定，包括订单保护规则（Order Protection Rule）、访问规则（Access Rule）、亚美分规则（Sub - penny Rule）和市场数据规则（Market Data Rule）。订单保护规则，要求投资者能够立即获得自动执行订单的价格，从而获得市场上的最佳报价；访问规则要，求对全美市场体系证券的报价实行公正和非歧视性访问，并规定了访问费用的限制；亚美分规则，指定了全美市场体系股票的最小价格变动单位，禁止市场参与者接受、排列或下达价格增量少于1美分的指令、报价或指示，以防止交易者以微小的金额领先于显示的订单①；市场数据规则，规定了合并、分配和显示市场信息的要求，并制定了新的指令，以在贡献市场参与者（受监管的交易所、替代交易系统或场外交易商）之间分配市场数据收入。订单保护规则

---

① 蔺捷．欧美证券市场系统规则比较及其启示［J］．证券法苑，2012，6（1）：471－485，或https：//www. sec. gov/divisions/marketreg/subpenny612faq. htm。亚美分规则，旨在防止交易者给出增长幅度极小的限价指令，否则通过限价指令提供流动性的激励效果就会因丧失时间优先的重大风险而大打折扣。原文如下：The Rule prohibits market participants from displaying, ranking, or accepting quotations, orders, or indications of interest in any NMS stock priced in an increment smaller than ＄0. 01 if the quotation, order, or indication of interest is priced equal to or greater than ＄1. 00 per share. If the quotation, order, or indication of interest is priced less than ＄1. 00 per share, the minimum pricing increment is ＄0. 0001。

和访问规则共同作用以促进对定价信息的平等访问，亚美分规则控制着证券的定价方式，市场数据规则则根据交易的价值将收益分配给代理商。

《全美市场体系修正案》旨在通过鼓励市场竞争来确保投资者获得最佳的订单执行价格，其结果是 Bats 全球市场等新型交易平台、新型证券交易所大量兴起，蚕食了传统证券交易所的市场份额。以纽约证券交易所和纳斯达克为例，2000 年以前，超过 90% 的股票交易发生在纽约证券交易所和纳斯达克；2010 年，两大交易所集团的交易市场份额下降至不足 50%；截至 2018 年底，纽约证券交易所集团［包括 NYSE（N）、NYSE Arca（P）、NYSE National（C）和 NYSE American（A）］的市场交易量占比仅为 25.09%，纳斯达克集团［包括 NASDAQ（Q）、NASDAQ BX（B）和 NASDAQ PSX（X）］的市场交易量占比为 19.86%，两大传统交易所交易量合计占比不足 45%。美国股票市场交易量占比变化情况如图 10－1 所示。

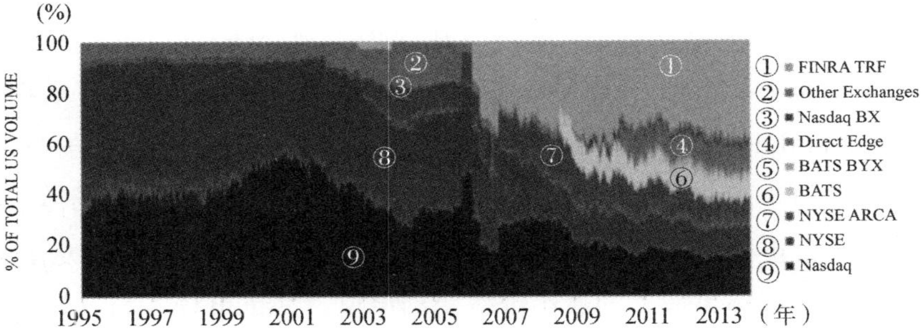

图 10－1　美国股票市场交易量占比情况

资料来源：全球投资管理公司贝莱德（Blackrock）2014 年发布的白皮书《美国股票市场结构：投资者视角》（US Equity market Structure：an Investor Perspective）。

二、加拿大出台国家文书，建立交易所和其他市场的竞争框架

2001 年 12 月，加拿大证券管理局（CSA）和加拿大投资行业监管组织（IIROC）通过了国家指令 21－101 市场动作规则［National Instrument 21－101 Marketplace Operation（NI 21－101）］和国家指令［National Instrument 23－101 Trading Rules（NI 23－101）］。2000 年前后，加拿大证

券市场ATS开始出现，而现有的监管法规仅适用于传统证券交易所。针对这种情况，加拿大监管机构于2001年12月出台并实施了新的国家文书，对所有交易场所（包括传统交易所和ATS）的监管和报告要求进行了规定。该法规主要目的是建立一个统一的监管框架，允许传统证券交易所和其他交易场所如ATS之间相互竞争，同时确保交易的公平和高效①。不过，加拿大证券市场真正的市场转变在2007年之后。2007年之后，新型证券交易所如Chi－X发展迅速，给多伦多证券交易所（TSX）造成了巨大冲击（见图10－2）。

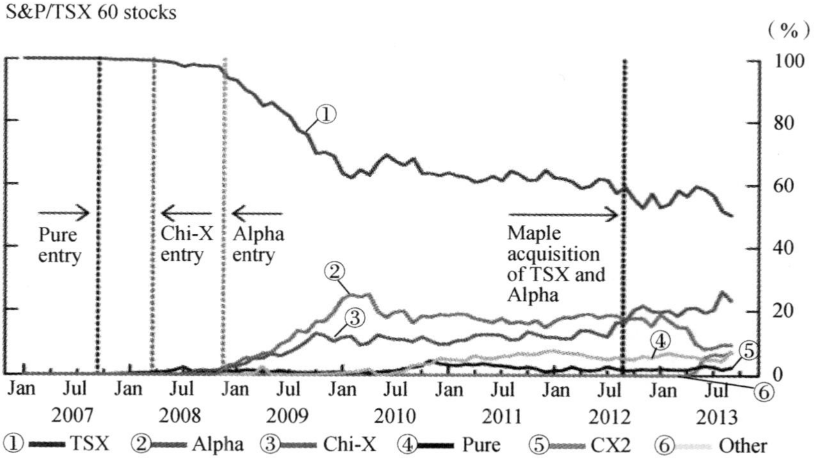

图10－2 加拿大股票市场交易量占比变化情况

资料来源：Garriott C，Pomeranets A，Slive J，et al. Fragmentation in Canadian Equity Markets［J］. Bank of Canada Review，2013，2013（Autumn）：20－29。

三、欧盟通过《金融工具市场指令》，保护消费者权益的同时增加竞争

为了应对全球化竞争，欧洲证券市场的法规也进行了相应的调整。

① 参见《另类交易系统：加拿大市场演变》（Alternative Trading Systems：Marketplace Evolution in Canada），https://www.sec.gov/marketstructure/research/ats_data_paper_october_2013.pdf。

2004 年 4 月，欧盟议会通过了《金融工具市场指令》，定于 2007 年 11 月 1 日在欧盟 25 国证券市场上正式实施。《金融工具市场指令》的目的在于保护消费者权益的同时增加竞争。根据《金融工具市场指令》规则，投资公司受其注册办事处所在国家法律的监管，但一般允许向任何欧盟国家的客户提供服务。证券法规的调整极大地促进了欧洲市场的竞争，一大批新型证券交易所和新型交易平台迅速占领市场（见图 10 - 3）。Bats 全球市场、Chi - X Europe 和 Turquoise 等快速发展，冲击了传统交易所。

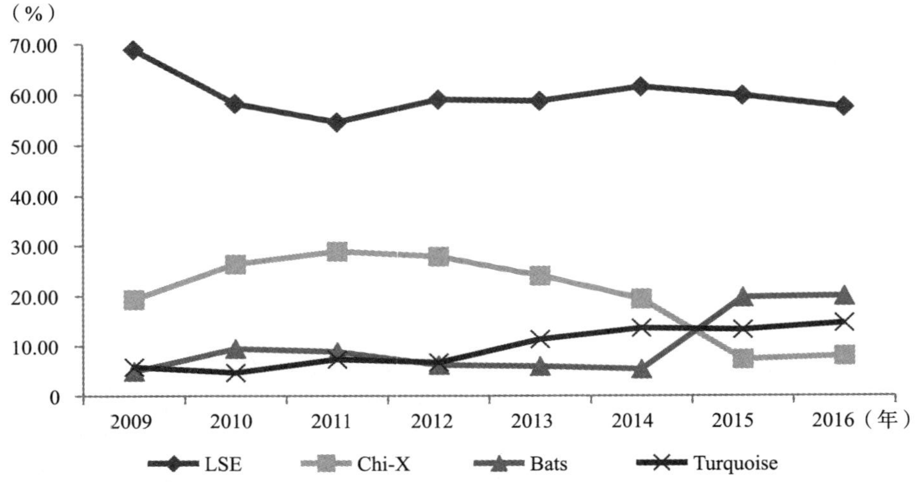

图 10 - 3　富时 100 股票市场交易量占比变化情况

资料来源：Buckle M , Chen J , Guo Q , et al. The impact of multilateral trading facilities on price discovery [J]. Financial Markets, Institutions & Instruments, 2018, 27 (4): 145 - 165。

第三节　交易技术更新迭代提速为新型证券交易提供技术支持

随着美国《全美市场体系修正案》以及欧盟《金融工具市场指令》等市场法规的正式实施，原有的市场竞争格局正在发生改变，传统交易所不仅要面对其他传统交易所的激烈竞争，还要迎接异军突起的新型证券交易所和另类交易平台的挑战。信息技术在市场竞争中的战略地位更加突出，委托处理速度快、市场价格优、交易成本低的市场将在市场竞争中处于优势。为此，各市场竞争参与者努力利用信息技术提升系统处理性能，缩短交易延迟时间，降低收费，以保持竞争优势。此外，还积极通过收购兼并，整合技术系统，提高市场运作效率，扩大市场交易份额，增强市场竞争地位。

一、交易系统的交易延迟大幅缩短，新型证券交易所有了技术基础

各交易所采取多种技术措施，缩短交易延迟，以求在市场竞争中取胜。在新的市场竞争环境下，缩短交易延迟时间对于保证投资者的最优执行意义重大。各交易所主要采取了如下方式：第一，增加网络带宽，减少网络传输时间。例如，德国交易所把网络带宽从512KB/S提升到1MB/S，实现网络延迟减少50%。第二，提供最近接入点（Proximity）服务或主机托管（Co－location）服务。德国交易所、泛欧交易所、澳大利亚证券交易所以及芝加哥商品交易所（CME）等主要交易所均提供这些服务。第三，采用处理性能更高的交易引擎硬件平台。例如多伦多交易所就引入Intel Itanium 2芯片的HP Integrity NonStop服务器来提升其交易系统处理性能。第四，积极引入一些延迟管理专用工具，及时改进和优化交易延迟。例如，德国交易所和伦敦证券交易所引入了Corvil公司的最新技术，帮助管理网络延迟，实现提升系统性能水平。

提高交易系统处理性能的动因主要包括：

第一，在《全美市场体系修正案》《金融工具市场指令》等新法规的环境下，交易所需要努力成为最优价格的市场交易中心，以吸引更多的市场订单。

第二，算法交易的快速增加，要求技术系统的性能也必须有一个大幅度的增加。系统性能提升以缩短订单处理时间和提高系统整体处理能力为

重点。例如，Euronext 交易系统的处理速度和处理能力提高了 20 倍和 10 倍，平均响应时间小于 5 毫秒；德国交易所通过提升 4 倍的带宽，让订单往返传输延迟减少 50%；而纽约证券交易所借助 Hybrid 平台的建设，使交易执行的时间从过去 9 秒减少到不足 0.3 秒，伦敦证券交易所的市场信息发布延迟从 30 毫秒锐减到 2 毫秒，速度提高了 15 倍。

二、技术开发与整合手段更加多样，新型证券交易所资源整合效率大大提升

在新市场法案实施前后，一些交易所为了在未来能快速适应市场的竞争需求，开始出现由外包转向内部开发的战略转变。例如，伦敦证券交易所在 2007 年 5 月宣布终止了艾森哲长达 15 年的技术外包合约，转向建立起自己 150 人的内部开发团队，逐步实现技术的内部开发。同样，纽约—泛欧交易所也在 2007 年 12 月与 Atos Origin 达成协议，将回购 Atos Origin 在合资企业 AEMS 中的股份，届时它将作为纽约—泛欧交易所的内部技术开发队伍。纽约—泛欧交易所的副总裁 Jean 认为，随着《全美市场体系修正案》《金融工具市场指令》等法规的推出，交易所之间的竞争更加激烈，在一个快速变化的竞争环境中，技术是关键因素，采用内部开发将带来更大的灵活性和竞争优势。

在加强内部技术开发能力的同时，交易所也积极开展技术资源的整合。纳斯达克在 2005 年前后分别收购了 Brut ECN、Inet ECN、Shareholder. com、PrimeZone Media Network 等电子通讯网络和信息披露方面的技术公司。纽约证券交易所也不甘示弱，在 2005 年、2006 年短短两年的时间内，就收购了 Archipelago、MatchPoint Trading、Marco Polo Network、SIAC、TansactTools 5 家交易技术公司。交易所收购交易技术公司的目的一是借助外来技术系统的优势快速扩展业务；二是提高交易所未来利用技术系统支持业务发展的主动性和控制力，因为在新的法规体系下，交易所之间的竞争更加体现在技术系统上。

在新技术的引领下，一些新型证券交易所迅速成长，高可用、低时延的交易系统成为交易所的核心竞争力。比如，成立于 2005 年的 Bats 全球市场，其交易系统十分先进，2007 年 1 月，其交易系统延时为 930 微秒，2011 年下降至 145 微秒，2013 年延时小于 82 微秒，2015 年 12 月 31 日约为 57 微秒。高性能的交易系统为其赢得了巨大市场。2017 年 Bats 全球市场被芝加哥期权交易所（CBOE）收购时，其已经拥有四个股票交易所和两个期权交易所，还有一个外汇电子交易平台，一度成为全球第二大股票交易所，占美国现金股票市场份额的 21%，占欧洲现金股票市场份额的 23%。

第十一章

新型证券交易所的主要影响

新型证券交易所促进了交易成本的降低和市场流动性的提高，改变了交易所行业的市场结构。按交易额市场占比计算，纽约证券交易所在2005年之前占比超过50%，但2007年下降至28.64%，纳斯达克为27.13%，两者合计只占55.74%[①]；成立于2008年的Bats全球市场，开始只占1.39%的市场份额，2010年占比上升为11.33%，2012年占比增长至20.85%，而此时，纽约证券交易所占比已经下降至25.54%，纳斯达克占比为22.68%。5年时间，美国证券市场各市场参与主体的市场占有率发生了明显的变化。新型证券交易所的产生和快速发展，对境外资本市场的各个相关主体、监管当局和整个交易所行业，产生了重大而深远的影响。

第一节　新型证券交易所对资本市场的影响[②]

一、资本市场市场化的进一步加深，配置资源能力不断增强

境外新型证券交易所参与市场竞争的过程中，资本市场对全球资源的

---

① 纳斯达克在2006年才拿到全国证券交易所牌照，因此本书将进行比较的时间定在2007年之后。

② 鉴于资本市场是复杂的生态系统，许多不同的因素都会对其产生影响，因此资本市场的因果关系研究难以取得一致性的结论。这些影响因素包括交易技术的变化（针对投资者和短期交易者）、监管变化、经济波动、新的金融产品（例如ETP）的兴起、新的交易者和策略类型以及新的交易场所和服务等。通常，这些因素是动态变化而且是相互联系的，使资本市场的因果关系变得更加困难。因此，这部分内容主要做观点陈述。

配置能力也得到不断夯实。境外发达市场国家的证券市场起步早，相对成熟。而新兴经济体大多在20世纪末才逐步建立起现代化的资本市场。在这个过程中，后发的新兴经济体资本市场的发展速度一般会快于发达市场，因此会有一个发达市场在全球资本市场的地位逐渐下降，新兴经济体资本市场地位不断上升的过程。然而，在北美，尤其是美国，这种规律并不明显。北美和欧洲交易所行业都经历了一个自然垄断向市场化转型的过程。在这个过程中，通过不断引入市场竞争，交易所行业在全球资本市场的地位得到不断夯实。截至2017年底，在全球85万亿美元的市值中，美国股票市场占38%，即32万亿美元；在全球100万亿美元的未发行证券中，美国固定收益市场占39%，即39万亿美元，显示出美国资本市场强大的全球资源配置能力（见图11－1、图11－2）。

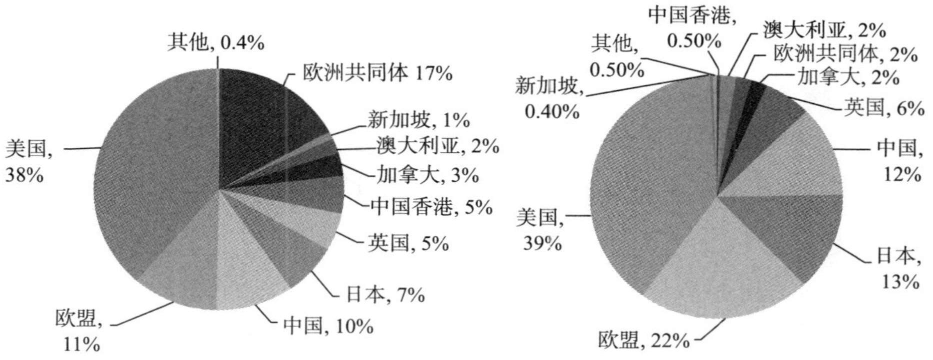

Source：World Federation of Exchanges, Bank for lntemational Settiements (as of FY 17)
Note：EM=emerging markets; HK=Hong Kong; DM=developed markets.

图11－1　2017年各国（地区）资本市场占全球资本市场的比重（%）

资料来源：Global Capital Markets & Financial Institutions Primer。

从交易所对全球资源的配置能力来看，美国资本市场的资源集聚能力也在增强。2005年底，纽约证券交易所和纳斯达克上市的外国企业占比分别为19.9%和10.5%，2018年底，在上市企业总数下降的情况下①，外国

① 2005年底纽约证券交易所和纳斯达克上市企业总数为5434家，2018年底为5343家，减少了91家。

上市企业占比分别为22.3%和14.3%，分别上涨了3.4%和3.8%。

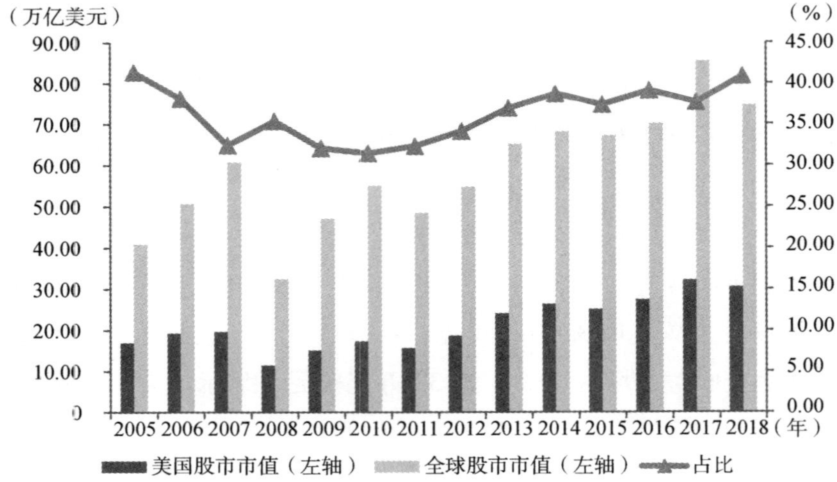

图11－2　美国资本市场在全球资本市场的比重变化

资料来源：根据WFE公布数据整理。

二、降低了交易成本，增加了市场流动性

新型证券交易所参与交易所行业增加了证券市场的竞争，给市场各方提供了多重利好，包括交易费用的降低和减免、更快的处理速度和更便捷的投资服务等。大量的研究表明，交易所行业竞争促进了技术进步，显著缩小了买卖价差，增加了市场流动性①。对于投资者来说，交易所竞争最直接的影响就是交易佣金的降低；对于拟上市企业来说，上市选择更多，费用更低，服务质量得到提升；中介机构也从中获益。

很多学者的研究发现交易所行业适度竞争提高了证券市场质量。Chlistalla和Lutat（2011）研究了《金融工具市场指令》实施后，新的股票市场进入者Chi－X对现有市场Euronext Paris流动性的影响。他们使用了

① 参见O'Hara, Maureen, and Mao Ye. Is market fragmentation harming market quality?［J］. Journal of Financial Economics 100.3（2011）：459－474。

2007—2008 年 CAC - 40 指数中 37 只法国蓝筹股样本，他们发现，新竞争对手 Chi - X 的加入刺激了样本中交易最为活跃股票的流动性[①]。CFA 研究所（2012）研究了暗池交易与市场质量之间的关系，发现暗池交易的增加与市场质量的改善有关；他们还观察到一个阈值效应，市场质量最初随着暗池交易的增加而提高，但超过一定阈值之后市场质量开始下降[②]。Gresse（2012）发现，当市场达到均衡分割水平时，市场分割的边际收益变得相对较低，市场分割的增加可能会损害较小公司股票的市场深度[③]。Degryse、de Jong 和 van Kervel（2013）的研究也发现，一定程度的市场分割对于市场深度增加和买卖价差减少有益，但超过一定水平时可能不再有益[④]。

当然，对于新型证券交易所对市场质量的改善，也有一些不同的声音。Hatheway、Kwan 和 Zheng（2013）分析了暗池交易对市场质量的影响，发现有 50.5% 的暗池交易未执行价格改善，而另外 19.0% 的价格改善不到 1/2 美分[⑤]。Jiang、McInish 和 Upson（2012）分析比较了交易所和场外交易场所订单流的信息质量，发现场外交易场所的使用随着市场速度和交易强度的提高而增加，但随着日内波动性的增加而减少。此外，场外交易的信息量远少于场内交易，Jiang、McInish 和 Upson（2012）还发现信息质量在交易所时更好，也就是，由于交易所透明度更高，交易所中知情交易者的比例更高，从而提高了交易所的信息质量[⑥]。

---

① 参见 Chlistalla M，Lutat M. Competition in securities markets：the impact on liquidity [J]. Financial Markets and Portfolio Management，2011，25（2）：149 - 172。

② 参见 Rhodri Preece C. Dark Pools，Internalization，and Equity Market Quality [J]. Codes Standards & Position Papers，2012。

③ 参见 Gresse C. Effects of Lit and Dark Trading Venue Competition on Liquidity：The MiFID Experience [J]. SSRN Electronic Journal，2012。

④ 参见 Degryse H，Jong F D，Kervel V V. The Impact of Dark Trading and Visible Fragmentation on Market Quality [J]. Review of Finance，2013，19（4）：856。

⑤ 参见 Hatheway F，Kwan A，Zheng H. An Empirical Analysis of Market Segmentation on U. S. Equity Markets [J]. Journal of Financial and Quantitative Analysis，2017，52（06）：2399 - 2427。

⑥ 参见 Jiang C X，Mcinish T H，Upson J. Market Fragmentation and Information Quality：The Role of TRF Trades [J]. Ssrn Electronic Journal，2011，6（3）：172 - 179。

三、市场分割影响运行效率，市场操纵造成不公平

（一）新型证券交易所参与交易所行业竞争的主要后果之一是市场分割

市场分割包括两方面，一个是场内和场外之间的分割，另一个是另类交易系统之间或者多边交易设施之间的分割。在标普 500 指数股票中，67% 的交易在场内交易平台上发生（纽约证券交易所占 20%、纳斯达克占 17%、其他 7 个场所占 30%），而场外交易占 33% 的份额。在富时 100 指数股票中，场内市场（LSE、Bats Chi－X BXE 和 Bats Chi－X CXE）占了交易总量的54%，其次是场外交易平台（占 34%，包括 Bats 和 BOAT）和暗池（占 12%，例如 Turquoise 和 UBS MTF 等），如图 11－3 所示。

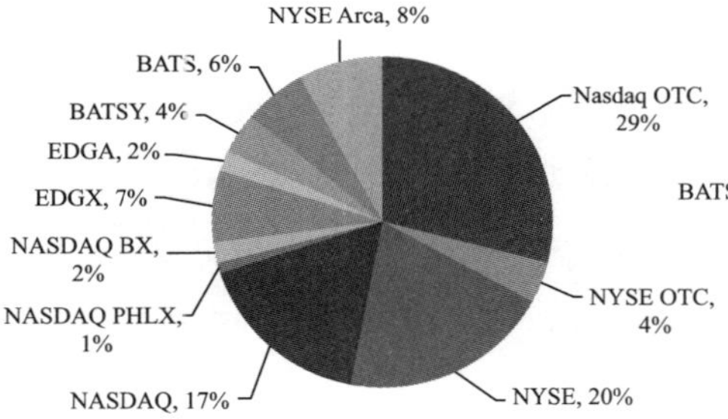

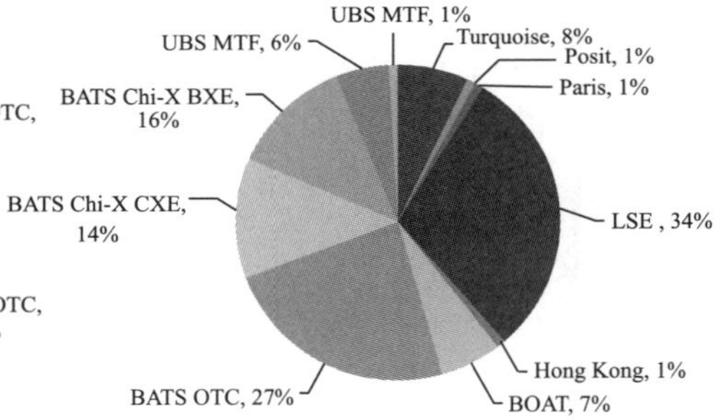

图 11－3　标普 500 和富时 100 股票在不同市场的交易份额（2015 年 10 月）

资料来源：SEC Division of Trading and Markets。

市场分割本无可厚非，但是市场分割导致的交易量增加可能降低运行效率，因为它使原来的大订单拆成了小订单成交，增加了交易成本。2005—2014 年，纳斯达克和纽约证券交易所股票的市场分割水平均显著增加。其中，纽约证券交易所股票的情况更为明显，到 2014 年，纳斯达克和纽约证券交易所股票的市场分割水平相似（见表 11－1）。与此同时，日均交易量出现大幅上升，而单笔交易规模大幅下降。2005—2014 年，纽约证券交易所股票的交易量增长远超过纳斯达克股票。纳斯达克股票的

平均日交易量保持相对平稳，增长了 7%，而纽约证券交易所的日均交易量增长了 87%（见表 11－2）。单笔交易量方面，纳斯达克从 2005 年的平均单笔 434 股下降至 2014 年的 204 股，降幅为 53%，纽约证券交易所从 2005 年的平均单笔 777 股下降至 2014 年的 195 股，降幅为 75%（见表 11－3）。

表 11－1　纽约证券交易所和纳斯达克的赫芬达尔—赫希曼指数①

时间 / 交易所	2005 年 2 月	2014 年 2 月	变化
纳斯达克	0.72	0.76	+0.04
纽约证券交易所	0.18	0.82	+0.64

资料来源：Memorandum of Rule 611 of Regulation NMS from SEC Division of Trading and Markets。

表 11－2　纽约证券交易所和纳斯达克的日均交易量

时间 / 交易所	2005 年 2 月（亿股）	2014 年 2 月（亿股）	变化（%）
纳斯达克	19.7	21.1	+7
纽约证券交易所	19.6	36.7	+87

资料来源：Memorandum of Rule 611 of Regulation NMS from SEC Division of Trading and Markets。

表 11－3　纽约证券交易所和纳斯达克的单笔交易量

时间 / 交易所	2005 年 2 月（股）	2014 年 2 月（股）	变化（%）
纳斯达克	434	204	－53
纽约证券交易所	777	195	－75

资料来源：Memorandum of Rule 611 of Regulation NMS from SEC Division of Trading and Markets。

---

① 赫芬达尔—赫希曼指数（Herfindahl－Hirschman Index，HHI），简称赫芬达尔指数，是一种测量集中度的综合指数。它是指一个市场中各竞争主体所占市场总量百分比的平方和，用来计算市场份额的变化，即市场中各主体的离散程度，数值越大，表明离散程度越大。

（二）新型证券交易所 Bats、Chi－X 等广泛参与高频交易，容易引发市场操纵，造成不公平

OECD 对证券市场商业模式转变的研究发现，监管改革以及信息和通信技术的发展，加剧了不同类型股票交易场所之间的竞争，结果导致市场分割。暗池等新型交易平台的快速发展将使价格发现的质量、市场的公平性以及投资者之间的公平竞争出现问题[①]。《闪击者：华尔街的反抗》（Flash Boys）作者 Michael Lewis 认为，广泛的技术变革和不道德的交易行为已经把美国股市从“世界上最公开、最民主的金融市场”变成了一个被操纵的市场。该书引发了关于高频交易的巨大讨论，其中，该书将 IEX 联合创始人 Brad Katsuyama 描述为对抗高频交易的英雄。

四、技术创新与风险共生，金融脆弱性增加

新型证券交易所大多以技术驱动，技术能给证券市场带来便捷、高效，与此同时，也伴随着技术内生的风险。2010 年 5 月 6 日，美国股市在东部时间下午 2：32 开始出现“闪电崩盘”，道琼斯工业平均指数盘中一度下跌 998.5 点（约 9%）。2010 年 10 月 1 日，美国证券交易委员会及其商品期货交易委员会发布了 5 月 6 日“闪电崩盘”的联合报告，发现突然下跌的主要触发因素与一种自动化的“算法”交易有关。2015 年 4 月，美国政府对英国期货交易商 Navinder Singh Sarao 提起刑事指控，称其在事故中发挥了作用。美国司法部表示，Sarao 使用自动交易程序来操纵市场。2019 年，金融稳定委员会（FSB）发布的研究表明，市场分割会对金融市场稳定造成不利影响[②]。

Bats 作为以交易技术见长且发展最快的新型证券交易所，也经历了技

① 参见 https：//read.oecd－ilibrary.org/finance－and－investment/oecd－business－and－finance－outlook－2016_9789264257573－en#page8。

② 参见 https：//www.fsb.org/2019/06/fsb－publishes－report－on－market－fragmentation/。

术引发的风险。Bats 按计划于 2012 年 3 月 23 日在自身交易所 IPO 上市交易。交易开始之后，Bats 交易所的高频交易软件出现了严重的系统错误，导致 Bats 股票在很短的时间里就从开盘价 15.25 美元跌至 4 美分，最终迫使 Bats 交易所不得不取消当日所有交易。在此次事故之前，Bats 交易的都是其他交易所上市的股票，一直非常顺利，这是第一次交易自己交易所的上市股票。此次失败严重打击了 Bats 的上市进程，也导致 Bats 宣布停止一切与 IPO 相关的工作，并决定暂时放弃上市，直到 2016 年 Bats 才重新上市。

市场机构在技术创新的过程中同样伴随风险。骑士资本（Knight Capital）因为一次失败的程序升级而面临破产的事件，同样让证券市场心有余悸。成立于 1995 年的骑士资本是华尔街声名显赫的重量级证券公司，被称为美国证券市场的支柱公司之一，其市场的交易份额占到纽约证券交易所交易总量的 17.3%，占纳斯达克的 16.9%，2011—2012 年的日交易总量达到全美金融证券市场的 10%，2012 年其做市业务的交易总量在纽约证券交易所和纳斯达克的排名都是第一。2012 年 8 月 1 日，骑士资本出错的高频交易系统在 40 多分钟的时间里向纽约证券交易所发出了 400 多万笔交易订单，导致公司疯狂失血 4.6 亿美元。之后，骑士资本的股票在短短的两天时间里，从 8 月 1 日开盘的 10.33 美元下跌到 8 月 2 日收盘的 2.58 美元，两天时间旦暴跌了 63%，致使当时如日中天的骑士资本在一天内就陷入了破产的泥潭①。

第二节 新型证券交易所对交易所行业的影响

一、倒逼传统交易所业务转型和多元化发展

面对新型证券交易所强有力的攻势，传统交易所业务转型刻不容缓，

① 林建. 透视高频交易［M］，北京：机械工业出版社，2015。骑士资本于 2012 年 12 月同意被高频交易公司 Getco 收购，收购于 2013 年 7 月完成，形成了 KCG Holdings。

多元化发展成了传统交易所的转型方向。新型证券交易所打破了纽约证券交易所等传统证券交易所的垄断，企业上市和证券交易等不再是独占业务，Bats、Chi－X、IEX 等以技术优势快速挤占交易市场份额，而 NEO 交易所、长期证券交易所（LTSE）等则凭借独特经营理念给传统交易所的上市业务带来挑战。公司上市和证券交易业务的压力迫使传统交易所寻求多元化转型，传统交易所利用自身优势，通过合作和并购等多种方式，大力发展交易前业务、交易后业务以及技术和数据、信息业务。如纳斯达克和伦敦证券交易所拓展上市前业务，逐步建立私募市场（见图 11－4）；纽约证券交易所和伦敦证券交易所不断收购数据公司，提高信息服务水平（见图 11－5）；德国交易所积极参与交易后服务市场，整合交易所全业务链条（见表 11－4）。

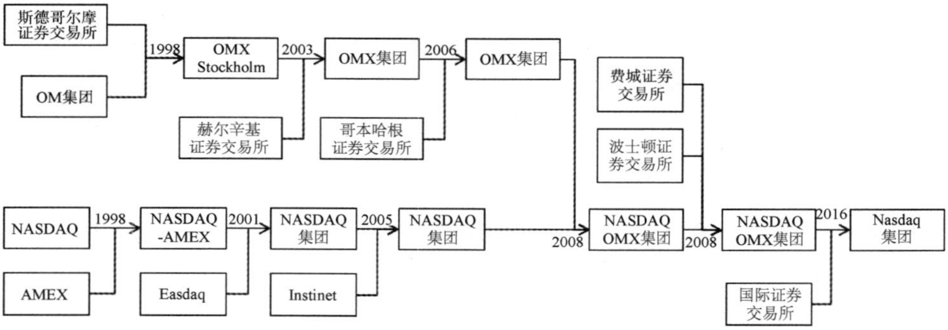

图 11－4　纳斯达克集团发展历程

通过多元化经营，传统交易所的数据和信息服务费用增长较快，交易费用占比在下降。伦敦证券交易所在 2009 年收购了全球资本市场行业领先的技术解决方案提供商千禧 IT；2011 年收购富时国际有限公司（FT-SE）；2014 年以 24 亿美元收购罗素公司（Russell），与子公司富时整合成富时罗素，成为全球三大指数服务提供商之一。洲际交易所在 2014 年 10 月收购了 Super Derivatives，2015 年 12 月收购了 Interactive Data，这两家公司均为全球领先的金融市场数据分析和相关解决方案提供商。收购后，伦敦证券交易所的信息服务收入占比从 2014 年的 27.01%，增长至 2018 年

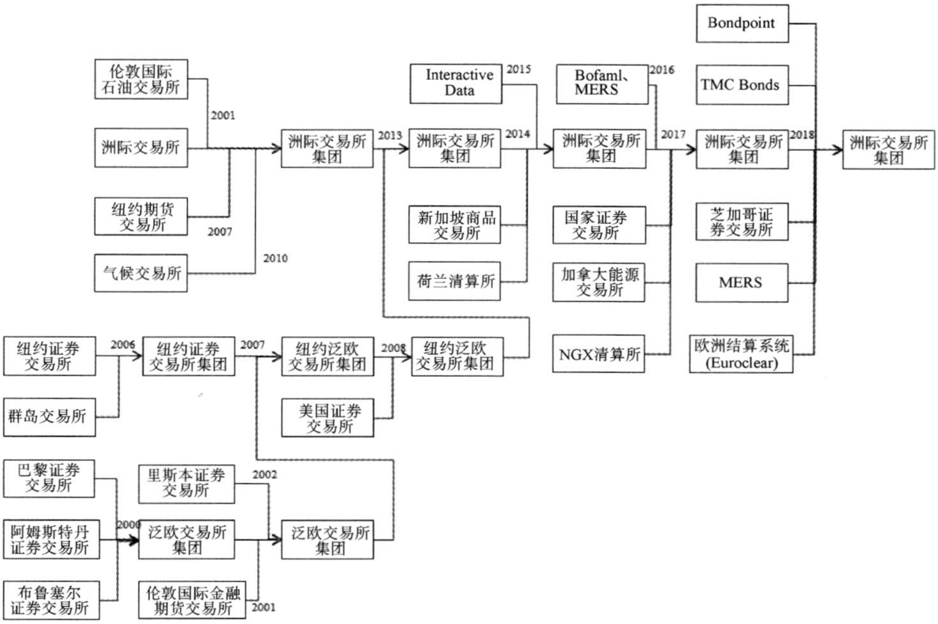

图 11－5　洲际交易所集团（纽约证券交易所）发展历程

表 11－4　　主要传统交易所的应对之策

时间	开发、收购交易平台	多元化发展
2005 年	纳斯达克收购 Inet；纽约证券交易所收购全电子化的交易系统 Archipelago	纳斯达克开始向上市公司提供投资者关系、公共关系和多媒体服务（目前这项业务占总净收入的 10% 以上）
2007 年	—	纳斯达克与北欧技术领先的交易所运营商 OMX 合并，以实现多元化和扩大其全球业务，并更名为纳斯达克—OMX 集团
2008 年	—	洲际交易所收购场外衍生品运营商 Creditex 和清算运营商 The Clearing Corp
2009 年	伦敦证券交易所收购交易技术提供商千禧 IT 和欧洲多边交易设施 Turquoise	—
2010 年	德国交易所收购多边交易设施 Trade-gate	纳斯达克并购 SMARTS 技术公司和 BWise 公司

续表

时间	开发、收购交易平台	多元化发展
2011 年	—	伦敦证券交易所收购指数公司富时公司（FTSE）
2012 年	多伦多交易所收购加拿大最大的交易平台 Alpha	伦敦证券交易所收购清算所 LCH 多数股权
2013 年	纳斯达克收购固定收益电子平台 eSpeed	纳斯达克—OMX 集团收购汤森路透的投资者关系、公共关系和多媒体解决方案业务，扩展其企业解决方案业务
2014 年	—	伦敦证券交易所收购指数公司罗素（Russell）
2015 年	纳斯达克收购 Chi – X Canada	纳斯达克收购了指数提供商和分析集团；洲际交易所收购金融数据商 IDC 和交易技术商 Trayport；德国交易所以 7.25 亿欧元收购德国外汇交易平台 360T，进军货币交易市场

资料来源：根据各交易所历年年报及公开资料整理。

的 39.39%（见图 11 – 6）。洲际交易所的数据和信息服务收入占比，从 2014 年的 15.88% 增长至 2018 年的 33.7%；交易和清算服务收入占比，从 2014 年的 72.24% 下降至 2018 年的 55.5%（见图 11 – 7）。

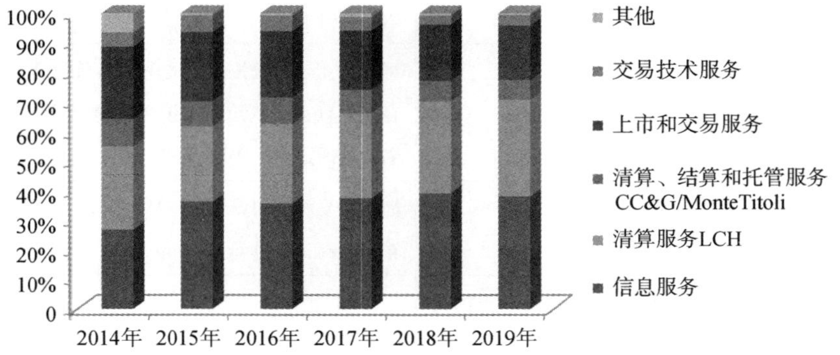

图 11 – 6　伦敦证券交易所 2014—2018 年各项业务收入情况

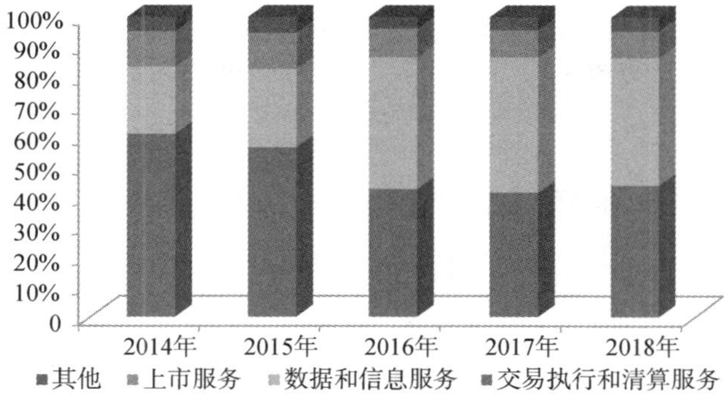

图 11－7　洲际交易所 2014—2018 年各业务收入

相对于传统证券交易所，新型证券交易所目前的业务还比较单一（见图 11－8）。Bats 是发展最为成功的新型证券交易所，2015 年其总收入达到 17.78 亿美元，其中，交易业务收入占比超过 70%。同一时期，纳斯达克和洲际交易所交易收入分别为 34.03 亿美元和 33.38 亿美元，交易业务收入占比分别为 61% 和 56%。

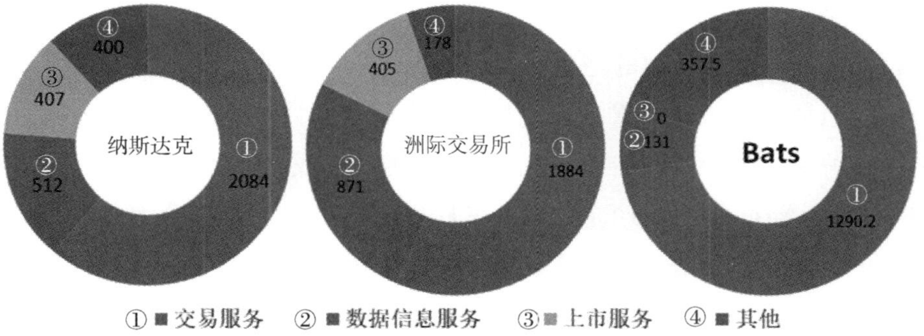

图 11－8　2015 年美国主要证券交易所收入构成情况（百万美元）

二、交易所开始提供未上市企业服务，服务逐步覆盖企业全生命周期

面对新型证券交易所的竞争，传统交易所一方面在现有业务范围内不断增强服务黏性，提高服务水平；另一方面围绕企业需求不断探索新的服

务内容。例如，2006 年的纳斯达克只有两个部门，即市场服务部门和发行人服务部门，分别负责证券交易和证券上市。随着市场的深化，纳斯达克逐步建立了企业服务（Corporate Services）、交易服务（Transaction Services）、交易后服务（Post - trade Services）及信息服务（Information Services）四大主营业务。

按照服务企业需求的原则，交易所开始为未上市企业提供多样的服务，如私募服务。2012 年，伦敦证券交易所于推出“ELITE（精英）计划”，为全球范围内的优质中小企业提供在线培育服务，并成立了专门公司负责培育服务运营。2013 年，纳斯达克宣布与美国第二大私募股权交易平台 SharesPost 合资，成立纳斯达克私人市场（NASDAQ Private Market），从事非上市公司股权交易业务，将其服务范围扩展至私募市场。2018 年纳斯达克的 NPM 完成了 79 笔交易，总金额达 120 亿美元；伦敦证券交易所的“ELITE 精英计划”吸引了来自 18 个不同国家的约 224 家中小企业的加入。

对于已经通过上市或其他服务建立了联系的企业，交易所逐步将服务扩展到企业全生命周期。以美国主要交易所为例，纳斯达克的企业服务目标是在公共和私营公司的整个生命周期内提供关键的资本市场和治理解决方案，包括为企业和 ETF 发行人提供上市服务，为企业提供改善公司治理的企业解决方案产品。纳斯达克在 2019 年 6 月成立了“纳斯达克公司治理中心”（Nasdaq Center for Corporate Governance），它将整合纳斯达克的专业知识、见解和技术，以加速对新兴企业公司治理和可持续业务实践的理解。治理中心的目标是支持公共、私人和非营利组织的董事会、高级管理人员和治理专业人员的工作。洲际交易所也将企业服务拓展到为企业和 ETF 发行人提供上市服务，为企业提供“桌面应用”和市场连接服务等。

后来，长期证券交易所（LTSE）提出要强化交易所的企业金融服务职能，长期证券交易所拟通过技术和上市制度参与企业全生命周期管理。长期证券交易所集团（LTSEG）下属公司 LTSE service 提供一系列企业服务软件 LTSE Tools，目前有近 5 万家用户使用。LTSE Tools 提供公司股权架构设置（Captable. io）、409A 估值（Fast409A）、现金流管理

(StartupRunway. io)、雇员薪酬计划（HiringPlan. io）、信息披露（Startup-Disclosure. io）、可转债影响计算器（NoteGenie. io）、上市辅导（ipo. io）、股票期权价值计算器（TLDROptions. io）等服务。LTSE service 专注于为客户创建用户友好型软件产品，并继续开发新的应用产品，为不同发展阶段的公司提供增值服务，打造支持企业发展的生态系统。

三、交易技术开发、交易系统产品化投资增加，交易所技术化倾向明显

新型证券交易所的快速发展，使交易所的交易系统面临适应业务变化、提升技术性能、降低交易成本的巨大竞争压力。

（一）加快推出新交易系统，适应快速变革的技术需求

2005 年之后，全球主要交易所纷纷正式向市场推出新交易系统，进一步提升电子化交易处理能力。表 11－5 给出了 2005 年之后部分交易所新交易系统的开发进展情况。这些新系统在开发实施上呈现出如下特点：

1. 大部分新系统可同时支持现货与衍生品交易，如马来西亚证券交易所、东京交易所、OMX 等。

2. 新系统的开发与实施通常采用分阶段进行，先支持衍生品交易功能，然后移植现货交易，例如新加坡交易所、马来西亚证券交易所。

表 11－5　　部分交易所新一代交易系统的开发进展

交易所	新一代系统	开发进展
纽约证券交易所	Hybrid 系统	2006 年 4 月与群岛电子交易系统整合，支持电子化交易和大堂交易两种模式
美国证券交易所	AEMI	支持电子化交易和大堂交易两种模式，2006 年 11 月上线
澳大利亚证券交易所	ITS 系统	2006 年 10 月 2 日全部上线，实现现货与衍生品交易的整合
德国交易所	Xetra Release 8. 0	2007 年 2 月开始测试，新系统功能和性能提升
OMX	Genium	2007 年 2 月宣布开始开发

续表

交易所	新一代系统	开发进展
伦敦交易所	Tradelect	2007 年 6 月 18 日已正式上线，同时在 10 月进行了性能提升
多伦多交易所	Quantum	2007 年 12 月 12 日开始启用。开始只交易 TSX 股票，然后再分步骤、分阶段地将其他股票移植至该平台交易
东京交易所	新一代系统	衍生品交易系统由计划 2007 年 10 月推出，推迟到 2008 年 1 月推出
马来西亚证券交易所	Bursa Trade	对衍生品交易的支持已在 2006 年 11 月上线
新加坡交易所	QUEST	现货产品的支持功能计划在 2008 年 7 月 7 日启用，QUEST 的衍生品交易功能已于 2004 年 8 月 16 日推出
韩国交易所	NGTS	2006 年 8 月开始项目验证测试，2008 年 6 月完成信息披露市场监察的整合，现货与衍生品、整合计划在 2009 年 6 月底完成
沙特交易所	CLICK XT	由 OMX 负责系统提供与实施，并于 2007 年 10 月 20 日上线

资料来源：根据深圳证券交易所《国际证券市场技术发展动态》及各交易所公开资料整理。

（二）交易所技术化、交易技术产品化趋势越来越明显

随着竞争的加剧和技术的发展，交易所正在将自身转变为一家技术公司，交易所的定位正在由原先的市场组织者转变为一个上市、交易、清算和技术服务等一揽子解决方案的提供者①。比如，自 2012 年以来，纳斯达克开始加大战略转型，努力将自身打造成一家新型技术公司，2018 年纳斯达克收购了 Sybenetix 和 Cinnober，以提升市场技术水平。德国交易所在 2018 年 5 月对外发布了“2020 年路线图”，调整战略规划，加快向技术型公司转型。为了实现其发展目标，德国交易所在技术投资上积极作为：明讯银行（Clearstream）建立了一个为期四年的合作研究计划，用于探索人工智能（AI）和自然语言处理（NLP）在流程自动化中的潜力②。

① 战略研究组．什么是一流证券交易所？——证券交易所的国际竞争力研究［R］，深圳证券交易所研究所，2019.

② 战略研究组．境外主要证券交易所 2018 年业务发展动态［R］，深圳证券交易所研究所，2019.

四、场外市场形成集中交易功能，场内市场提供协议交易服务

新型证券交易所大多起源于场外市场，其兴起使场内和场外的边界逐渐模糊。如前所述，转型而来的新型证券交易所起初都是 ATS，ATS 以互联网为基础，并依据一定规则自动聚集并撮合投资者委托买卖证券，事实上，其已经具备了订单集聚功能。目前，全美 ATS 数量在 90 家左右，其中有一半提供全美市场体系股票交易服务。其中最具代表性的当属 ECNs 系统，该系统是指“任何把交易所的做市商或柜台市场的做市商的订单传送到第三方，并允许这些订单与做市商的订单全部或部分匹配的电子系统”。本质上，ECNs 是在交易所或证券商协会之外，能自动集中、撮合或交叉执行证券交易的电子系统。其中，Instinet 是美国市场最大的 ECN 系统，其交易量约占 ECNs 总交易的一半。它的出现打破了传统交易所只交易本交易所上市股票的限制，交易种类扩展到美国乃至全球市场。目前，美国注册的 ATS，几乎可以交易所有类型的证券。

面对以 ATS 为代表的场外市场的竞争，传统上仅提供集中交易服务的交易所，也开始通过大宗交易平台，为市场提供分散化的协议交易服务。纽约证券交易所相继推出了几种新的大宗交易方式，以遏制市场份额逐年下滑的趋势。2008 年 1 月，纽约证券交易所推出了配对交易系统 Matchpoint，2009 年 2 月针对欧洲市场推出了完全暗池化的 Smartpool 交易系统。2009 年 1 月，纽约证券交易所与 BIDS 合资成立纽约大宗交易平台 NYBX（New York Block Exchange），大宗交易不再通过传统的交易池进行。纳斯达克方面，2008—2018 年，协议交易占比从 34.58% 上升至 61.54%，其中，协议交易的主体就是大宗交易。表 11 - 6 展示了 2008—2018 年纳斯达克协议交易占比变化情况，可以看到协议交易占比越来越大，目前已超过 60%。

表 11 -6　　2008—2018 年纳斯达克协议交易占比情况

时间	交易方式	交易额（百万美元）	协议占比（%）
2008 年	EOB	23842547. 2	34. 58
	ND	12604001. 2	
2009 年	EOB	13608077. 1	53. 00%
	ND	15343271. 5	
2010 年	EOB	12659197. 9	56. 39
	ND	16371009. 9	
2011 年	EOB	12723510. 6	55. 99
	ND	16189966. 5	
2012 年	EOB	9784206. 2	60. 03
	ND	14694533. 0	
2013 年	EOB	9584742. 2	64. 03
	ND	17058912. 0	
2014 年	EOB	12237019. 7	60. 58
	ND	18807454. 1	
2015 年	EOB	12515349. 4	62. 06
	ND	20468795. 4	
2016 年	EOB	11070938. 7	65. 34
	ND	20873209. 3	
2017 年	EOB	11336294. 3	66. 07
	ND	22070779. 9	
2018 年	EOB	16789814. 7	61. 54%
	ND	26866249. 9	

资料来源：根据 WFE 数据整理。

第三节　监管层的态度

一、放松交易所行业的管制，向市场竞争者开放

美国证券交易委员会一直是市场竞争的拥护者。从 2005 年至今，依次批准了 Bats BZX、Bats BYX、EDGA、EDGX、美国投资者交易所（IEX）、MIAX EMERALD、长期证券交易所（LTST）等全国性新型证券交易所的成立，目的就是增加市场竞争，增加市场流动性。Bats 发展迅速，一直与美国证券交易委员会保持密切联系①。即使市场份额占比不到3%的 IEX，美国证券交易委员会仍然对其持乐观态度。美国证监会员工 Hu（2018）发布研究报告表明，尽管 IEX 对价格发现的贡献很小，但价格发现总体上有所改善，市场质量有所提高。

美国投资者交易所（IEX）是美国最受争议的新型证券交易所，但美国证券交易委员会仍对其持有包容和开放的态度。美国投资者交易所颠覆了传统交易所的运营理念，在申请成为交易所时面临巨大争议。2015 年 8 月 21 日，IEX 向美国证券交易委员会提交注册申请，2016 年 6 月 17 日，美国证券交易委员会批复了美国投资者交易所的注册申请。在整个申请批复过程中，为了回复市场意见，美国投资者交易所的申请表经历了 5 次修订②，其中，2016 年，美国证券交易委员会收到了关于美国投资者交易所

---

① Bats 创始人 Cummings 曾经作为业内专家参与《全美市场体系修正案》（Reg NMS）制定过程的讨论；Bats 的创始人之一 Joe Ratterman 目前是 SEC 股票市场结构咨询委员会的成员。参见 https：//www. sec. gov/spotlight/emsac/equity – market – structure – advisory – committee – bios. shtml。

② 2015 年 8 月 21 日，美国投资者交易所向美国证券交易委员会提交注册申请；2015 年 9 月 9 日，美国投资者交易所对申请表提交了第一次修订；2015 年 9 月 22 日，开始在联邦公报上发布征询意见；2016 年 2 月 29 日，美国投资者交易所对申请表提交了第二次修订，2016 年 3 月 4 日提交第三次修订，2016 年 3 月 7 日提交第四次修订，2016 年 5 月 27 日提交第五次修订。

的476条评论，远远多于其他交易所（见表11－7）。支持者认为美国投资者交易所以保护零售和买方投资者利益的方式，解决了某些市场效率低下和利益冲突问题，而且美国投资者交易所不实行“造市者”定价，提供统一的交易费用，是一种新的解决方案。反对者主要围绕美国投资者交易所的物理线圈“减速带”（Speed Bump）方案的可靠性及合理性、美国投资者交易所订单类型的透明度等展开批评。针对减速带问题，美国证券交易委员会认为POP/线圈延迟适用于所有美国投资者交易所用户，美国投资者交易所拟议的POP/线圈延迟旨在以公平的、不存在歧视且不会给竞争造成不必要或不适当负担的方式，保护投资者和公共的利益。另外，反对者对IEX不显示零散订单提出批评，但美国证券交易委员会认为美国投资者交易所不显示零散订单的做法才会使交易所不歧视任何类型的投资者，因为任何投资者都可能使用零散订单①。

表11－7 对美国主要交易所申请和批复的时间

交易所	提交申请	批复申请	耗时	评论数
Nasdaq	2001年3月15日	2006年1月13日	58个月	82
Bats Exchange	2007年11月8日	2008年8月18日	9个月	1
EDGX Exchange/EDGA Exchange	2009年5月7日	2010年3月12日	10个月	2
Bats Y－Exchange	2009年10月20日	2010年8月13日	10个月	0
IEX	2015年8月21日	2016年6月17日	10个月	476
MIAX Emerald	2018年8月16日	2018年12月20日	4个月	0
LTSE	2018年11月9日	2019年5月10日	7个月	1

资料来源：根据美国证券交易委员会公开资料和美国联邦公报整理。

长期证券交易所（LTSE）在设立的过程中也遭遇了市场的反对，美

① 参见https：//www.federalregister.gov/documents/2016/06/23/2016－14875/in－the－matter－of－the－application－of－investors－exchange－llc－for－registration－as－a－national－Securities#footnote－137－p41150。

国证券交易委员会同样给予支持。美国机构投资者（CII）建议美国证券交易委员会否定长期证券交易所的申请，但美国证券交易委员会并未采纳。针对美国上市企业减少的现状，长期证券交易所将自身定位为解决企业长期发展问题的证券交易所，拟通过双重股权、长期绩效考核、长期信息披露和全方位技术软件支持等制度创新，支持企业长期发展。在长期证券交易所提出申请之后，美国机构投资者向美国证券交易委员会提交了一份关于反对长期证券交易所申请的意见函。美国机构投资者对长期证券交易所在公司治理方面的双重投票权结构和分时间分阶段投票权（TPV）提出质疑，认为长期证券交易所计划的投票权结构有利于长期机构投资者的方式运作，存在不确定性。另外，美国机构投资者还认为目前尚不清楚最近几年 IPO 水平的下降与公司控制权问题有很大关系。但美国证券交易委员会并未采纳美国机构投资者的建议，美国证券交易委员会认为长期证券交易所组织架构合理，上市标准和各方面条件均符合监管要求，投票权等相关问题不会影响交易所自律监管功能的实现。由此可见，美国证券交易委员会包容创新、支持市场竞争、支持新型证券交易所创设的态度。

二、降低交易成本和数据费用，努力营造公平市场环境

新型证券交易所参与证券市场竞争，大大降低了证券市场的交易费用，也有助于促进数据收费的降低。如美国投资者交易所（IEX）和加拿大的 NEO 交易所，多年来一直提供低价甚至免费的市场数据产品，符合监管当局对证券市场发展的要求。

以数据费用为例，在过去的 20 年中，全球证券市场发生了巨大变化，当今市场以电子交易和先进技术为主导。在大多数情况下，购买和出售要约是由计算机程序或“算法”产生的，这些购买或出售要约的订单通常与其他计算机即时匹配，从而完成交易。市场的电子化带来了效率的显著提升，也导致数据信息的重要性日益增加。作为监管层，美国证券交易委员会允许交易所为这类市场数据设置费用，但是也允许市场参与者质疑这些

费用。美国证券交易委员会于2018年10月裁定纽约证券交易所和纳斯达克以前的市场数据费用增长不合理，这一务实裁决表明政策制定者越来越认识到专有市场数据产品的费用结构已被打破。2018年10月，美国证券交易委员会还专门召开了一次关于市场数据和市场准入的圆桌会议。针对市场数据产品、市场准入服务收费等议题展开了讨论①。

近年来，美国证券交易委员会每年对投资顾问提起100多起案件，主要涉及投资顾问与客户的利益冲突、投资顾问的收费等问题②。2018年，美国证券交易委员会继续将监管重点放在咨询费上。美国证券交易委员会合规检查办公室（Office of Compliance Inspections and Examinations，OCIE）于2018年4月12日发布了《风险预警》（*Risk Alert*），对过去1500多次针对顾问案件的检查中遇到的最常见的咨询费和费用合规性问题进行说明③。2018年12月19日，美国证券交易委员会通过了交易费试点（The SEC Transaction Fee Pilot.）。该试点旨在生成一到两年的数据，帮助美国证券交易委员会分析交易所的交易费和退税定价模型对订单路由行为、执行质量和市场质量的影响④。

三、加强立法和风险防范，加大违规处罚力度

高速发展的新型证券交易所和交易平台早就引起了美国监管部门的警觉和担忧。美国证券交易委员会曾经在2010年11月3日颁布了《关于经纪人和经销商市场准入的风险管理调控条例》（*Rick management control for brokers*

---

① 参见 https：//www. sec. gov/news/public – statement/statement – chairman – clayton – 2018 – 10 – 16；https：//www. sec. gov/agendas/agenda – roundtable – market – data – market – access；https：//www. sec. gov/news/public – statement/statement – redfearn – 102518。

② 参见 https：//corpgov. law. harvard. edu/2016/12/19/the – year – in – review – sec – enforcement – actions – against – investment – advisers/。

③ 参见 https：//www. bakerlaw. com/alerts/the – sec – continues – its – regulatory – focus – on – advisory – fees – and – expenses。

④ 参见 https：//www. investor. gov/additional – resources/news – alerts/press – releases/sec – adopts – transaction – fee – pilot – nms – stocks。

and dealers with market access，简称《市场准入条例》，或是《条例15c3－5》)，并于2011年1月14日正式生效，后来被并入了美国的《证券交易法》。《市场准入条例》要求经纪人和交易商对其市场准入进行风险控制，旨在解决自动化、快速电子交易策略实施而可能产生的风险，并增强投资者对市场诚信的信心。《市场准入条例》针对市场的电子交易行为制定了十分详细的风险管控和合规监督细则，管辖和规范对象就是那些在美国证券市场上与交易所和场外市场的交易中心存在直连，并有交易业务的会员公司。

美国股市发生“闪电崩盘”（Flash Crash）事件之后，美国证券交易委员会在2010年随即发布了一项关于建立综合审计跟踪的提案。2017年，美国证券交易委员会根据规则《15b9－1修正案》增加对高频交易公司的监督。

加拿大方面，面对市场日益激烈的竞争，加拿大证券监管机构（CAS）在2012年10月10日发布了一个新的暗池流动性监管框架，该框架旨在促进机构投资者继续以最小的市场影响执行大订单，同时确保较小的订单在与暗池订单交易时获得有意义的价格改善。

在管理层方面，美国证券交易委员会也进行了机构改革，以适应快速变化的市场环境①。2009年，美国证券交易委员会成立了经济与风险分析部（Division of Economic and Risk Analysis，DERA)，新部门整合了经济分析办公室（Office of Economic Analysis)、风险评估办公室（Office of Risk Assessment）和其他职能部门，以便为委员会提供综合的经济、金融和法律学科的复杂分析。该部门的职责涵盖三大领域：风险和经济分析、战略研究以及金融创新②。在这之前，美国证券交易委员会经济分析办公室（Office of Economic Analysis，OEA）经常收集市场数据，对各项改革成本

---

① 参见 https：//www. sec. gov/news/testimony/2011/ts1116rk. htm。

② 经济与风险分析部（DERA）成立于2009年9月，旨在将金融经济学和严格的数据分析纳入美国证券交易委员会的核心使命。该部门参与了美国证券交易委员会的所有活动，包括政策制定、规则制定、执行和审查。作为美国证券交易委员会的智囊团，DERA依靠各门学科的学术理论，定量和非定量方法以及市场机构信息和实践知识，以帮助美国证券交易委员会重新审视复杂的事务。DERA还协助美国证券交易委员会确定、分析和应对风险及趋势，包括新的金融产品相关的风险和趋势。

效益进行定量分析，其结果常被采纳为重要的决策依据①。

对于风险事件，美国证券交易委员会加大了处罚力度。2012 年 3 月 12 日，是脸书（Facebook）公司股票在纳斯达克 IPO 上市交易的第一天。纳斯达克交易系统中专门负责 IPO 股票发行的功能模块出现了致命的逻辑性错误，导致市场无法开始交易脸书公司的股票。事后，美国证券交易委员会检查和对比了纳斯达克对事故处理的公司章程和事故当时采取的具体纠错行为，发现管理层在出现系统错误之后应对措施混乱，违反了公司章程和美国证券交易委员会的相关规定，最终纳斯达克被罚款 10 万美元。针对骑士资本事件，2013 年 10 月 16 日，美国证券交易委员会公布了对骑士资本的处罚公告。公告详细列举了骑士资本在其高频交易系统软件的建设、维护和运行业务中所违反的种种条例，并宣布对其罚款 1200 万美元。美国证券交易委员会副主管安德鲁（Andrew Ceresney）在谈到骑士资本交易事件时说，《市场交易条例》的目的就是保护市场，而违规的骑士资本把公司和市场同时置于了风险之下。

① 参见 https：//www. sec. gov/news/press/2009/2009 – 199. htm。

第十二章

对新型证券交易所的借鉴

目前，境内沪深交易所是单交易中心模式的会员制交易所，与境外多交易中心模式相比有明显区别。虽然模式各有不同，但促进资本形成以服务实体经济、发现价格以管理风险的功能定位是一样的。我国沪深交易所市场已经成为全球第二大股票市场，也正在朝着世界一流交易所铿锵迈进。通过对境外新型证券交易所的发展现状及主要影响等的研究，我们可以就此展开一些新的探讨。

第一节　探索技术和客户驱动的业务模式创新

如前所述，境外新型证券交易所之所以能产生并快速发展，除了技术的因素之外，境外资本市场法规环境对多交易中心模式的认可是最根本原因。反观我国，目前我国是集中撮合交易的模式，多交易中心模式在我国并不适用。

一、多交易中心是境外市场一定历史条件下的演化结果，在我国并不适用

欧美证券交易市场多交易中心格局是自然演化的结果。欧美尤其是美国多交易中心的形成，都是一个漫长的演化过程。美国的市场发展早于政

府监管，从1792年纽约证券交易所成立，直到1933年、1934年相关法规出台，才正式组建了全国证券监管机构——美国证券交易委员会。20世纪70年代，借助计算机技术的发展，纳斯达克等另类交易系统开始显示优势，不同交易中心对投资者订单流的竞争日渐加剧，多交易中心竞争格局初步形成。1997年《订单处理规则》和1998年《ATS条例》使电子通讯网络（ECN）快速崛起，最后逐步演化成稳定的多交易中心格局。

美国证券市场充分体现了美国资本主义精神，即崇尚自由竞争和政府有限干预，与我国历史背景和交易需求有一定差异。在美国的证券市场，发行层面采用注册制，依据充分信息披露原则来核准证券公开发行；交易层面则采用自由原则，公开发行公司可自由选择是否申请上市，即使上市，股东也可自由选择在上市交易所之外进行交易①。多交易中心导致市场竞争激烈，对市场流动性和价格发现起到积极作用。我国证券市场起步较晚，与美国证券市场有较大差异。技术背景方面，我国交易所成立于计算机技术已经相对成熟的时期，集中撮合的单交易中心技术条件都能满足。市场背景方面，我国资本市场散户居多，机构投资者不足。需求方面，我国证券市场流动性充裕，不存在流动性不足的问题。再有，多交易中心使交易信息分散，导致波动加剧、瞬间崩盘的概率增加。

二、坚持市场化的发展方向，探索交易所层面的竞争合作发展路径

多交易中心竞争是订单流的竞争，在我国并不适合，但是交易所层面的竞争还是可以探索的。如前所述，美国、加拿大等市场交易所之间的竞争对于市场的发展和实体经济的影响都是积极的。欧美交易所行业通过开放和竞争的操作，资本市场市场化进一步深化，配置资源能力不断增强。目前，我国证券交易所的管理仍以行政管理为主，未来应增加市场调节的比重，尝试引入适度竞争，探索我国交易所的合作竞争新模式。通过板

---

① 吴林祥．从美国证券市场结构看NMS条例的前因后果［R］，深圳证券交易所研究所，2010.

块、上市资源、产品等的竞争促进我国交易所明确市场定位，提高服务质量，扩大服务覆盖面，更好地服务实体经济。

三、交易所业务发展模式有多种，技术和客户是深圳证券交易所发展之路

从境外新型证券交易所的发展来看，囿于早期高频交易盛行的背景，早期交易所的竞争主要在证券交易方面展开，因此 Bats 这种交易技术先进的交易所能够胜出。但随着证券交易边际收益的递减，逐渐出现了其他的形式，甚至反其道而行之——美国投资者交易所（IEX）和 NEO 交易所打击高频交易的业务模式。打击高频交易也使企业投资价值出现回归，这与最年轻的交易所长期证券交易所（LTST）的业务发展逻辑又高度一致。总结来看，新型证券交易所的发展并非一成不变，而是根据各细分市场的需要，不断地调整业务模式。从境外新型证券交易所的业务特点，可以总结几点业务发展的经验：Bats 由技术为突破口，壮大后再发展其他业务，可以称为“由技术到业务”模式；长期证券交易所先谋而后动，先积累了 5 万客户再做交易所，可以称为“由客户到业务”模式。当然，除了这两种模式，还可以总结出很多其他的业务发展模式。关键在于，技术和客户是深圳证券交易所的优势，深圳证券交易所可以尝试借鉴新型证券交易所“由技术到业务”和“由客户到业务”的发展经验，不断创新业务模式。

第二节　从战略高度重视和跟踪境外新型证券交易所发展动态

目前我国还不具备境外新型证券交易所发展的土壤，但也要高度重视新型证券交易所对境外资本市场和交易所行业产生的影响。将来与我国交易所竞争的，可能不是纽约证券交易所、纳斯达克等，而可能是来自跨界的竞争。

一、资本市场的行业变革时有发生，需高度关注行业最新动态

从境外资本市场的发展过程来看，资本市场是颠覆性创新的高发地。纳斯达克从1971年成立至成为全球第二大交易所，只用了20多年的时间，电子化交易是其成功的关键；Bats全球市场从2005年以ATS的形式创立至成为全美交易规模第二大交易所集团，只用了不到10年的时间，领先的交易技术在其中发挥了关键作用。可以看到，资本市场行业格局的转变并不新鲜，密切关注交易所行业的最新动向非常重要。新型交易所作为目前交易所行业最新的发展形式，其创新和发展还在如火如荼地进行，一些新的创新方式才刚开始适用需对其高度重视和持续跟踪。如助力企业长期发展的长期证券交易所、运用区块链技术打造的瑞士数字交易所等的市场形态的创新才刚开始。

二、我国交易所交易技术并不独有，要有应对跨界竞争的预案

交易所作为证券交易平台，其所需要的技术往往不是交易所独有的。谷歌、微软、脸书等信息技术公司完全具备交易所运营所需要的技术，在全球范围内，也早就有不少信息技术公司参与到交易所的相关业务中。2018年，洲际交易所与微软等合作推出数字资产平台Bakkt，为投资者提供数字资产交易平台，提供交易、清算和托管等服务；纳斯达克也将微软Azure区块链纳入纳斯达克金融框架，这是区块链技术应用于交割、支付和结算等事项的有益探索，其目标是帮助客户测试智能合约等新应用程序。在国内，只要条件许可，阿里、腾讯等信息技术公司也有挑战交易所的可能。在交易所的交易技术并不独有的情况下，跨界竞争唯一的阻隔就是行政许可。一旦条件许可，与我国交易所竞争的可能不是纽约证券交易所、纳斯达克等境外交易所，而可能是跨界的技术公司。“思所以危则安矣，思所以亡则存矣”，我国交易所需密切关注行业最新发展动态，做好

应对跨界竞争的预案。

三、加强与境外新型证券交易所的交流合作，借鉴发展经验

我国交易所非常重视与境外传统证券交易所合作，但是与境外新型证券交易所的合作，目前处于空白状态。境外新型证券交易所如 Bats 全球市场、Chi – X 等的快速发展已经说明了他们在交易技术和业务发展方面的独特优势，以制度创新和技术创新打击高频交易、营造公平市场的美国投资者交易所和 NEO 交易所提供了交易所发展的另一种视角，以制度创新敦促企业长期发展的长期证券交易所也为未来交易所模式创新提供了一种新的可能。未来，在继续保持与境外传统证券交易所沟通交流的同时，我们也要加强与境外新型证券交易所及交易平台的交流合作，借鉴他们的有益发展经验。

第三节　借鉴新型证券交易所国际化发展经验以提高海外竞争力

一、充分发挥制度、技术、效率比较优势，快速发展

新型证券交易所在参与资本市场的竞争中，不断将自身的比较优势发挥到极致。如 Bats 全球市场在发展的过程中，两年多的时间里以交易技术优势在美国资本市场站稳了脚跟，之后继续发挥技术比较优势，迅速将美国市场发展经验复制到欧洲。除了技术优势，Bats 全球市场在运营管理方面的效率比较优势也十分突出。我国交易所在综合实力上与境外纽约证券交易所、纳斯达克等还存在一些差距，但在坚持党的统一领导、支持国家战略、服务实体经济以及市场流动性等方面有自身独特优势，应充分发挥

我们的比较优势，不断发展壮大。

二、综合运用兼并收购等方式，提高海外资源整合能力

境外新型证券交易所在海外扩张的过程中，充分运用兼并收购等产业整合手段，提高海外竞争力。如 Bats 全球市场在发展过程中依次并购了 Chi－X Europe、Direct Edge 两个交易所运营商和外汇电子交易平台 Hotspot FX。我国交易所在扩展境外市场的过程中，也可以综合采用多种手段。横向上，可以考虑收购境外衍生品交易所、固收平台、新型证券交易所、另类交易系统、多边交易设施等。纵向上，可以考虑整合境外存管结算公司、技术服务公司、数据和信息提供商等。在综合性并购上，可以考虑对新兴市场国家特别是“一带一路”国家证券交易所进行战略并购。在“走出去”参与国际资本资源的合作时，可以考虑整合我国交易所的资源，形成合力共同推进和提高我国资本市场的国际话语权。

第四节　关注金融科技新动向，把握交易所未来发展主动权

一、全球交易所的竞争本质上是资本、风险配置效率的竞争，而金融科技是提高配置效率的核心手段

全球主要交易所都在积极加快金融科技应用研究：2016 年，澳大利亚证券交易所开始进行分布式账本技术在清算结算系统革新方面的应用，包括优化数据同步和工作流程自动化。2018 年 8 月，洲际交易所和有限合伙人资助成立了 Bakkt，为投资者提供数字资产交易平台。2019 年 9 月，瑞士证券交易所 SIX Group 旗下的区块链公司——瑞士数字交易所（SDX）

组织了一个由金融机构组成的全球财团，支持其“首次数字发行（IDO）”，首次数字发行于2020年年中开始募集资金。

二、制度、技术和竞争是影响交易所发展的关键因素

交易所要在未来的全球竞争中占有一席之地，必须主动出击，密切关注金融科技的最新发展，关注数字交易所等金融科技在交易所行业的应用。我国资本市场经历了电子化、网络化、数字化三次科技浪潮。当前，以人工智能、区块链技术、云计算、大数据等现代信息技术为载体的数字化浪潮，正引领人类社会迈向数字化建设的新阶段，也为金融业和资本市场发展带来崭新机遇，包括推动开展新的金融市场业务，创新区块链应用，提高信息传播效率，促进金融机构改进工作流程等。金融科技发展日新月异，随着技术的不断进步，未来是否会进行资本市场股票发行、交易、结算，以及风险、定价等一系列模式的颠覆式创新也未为可知。只有把握交易所未来发展的主动权，才能从容应对未来挑战。

未来篇

转型与变革

第十三章

全球证券交易所行业发展新趋势

资本全球化、交易所公司化和技术进步，使证券交易所生态环境发生巨大变化。资本突破国界、地域的限制实现自由流动，交易所上市后盈利动机增强，新技术特别是信息技术、大数据、人工智能、区块链等金融科技的发展，打破了交易所的功能边界。在这些因素的影响下，全球证券交易所行业不断迎来新变革。

第一节　竞争形势新格局：来自新型交易平台的挑战

信息技术和互联网的兴起，改变了人们的思维方式、生活方式，也在改变人们的交易方式。过去买卖股票，要去证券营业部或通过电话委托，现在只需打开手机就可以下单。在中国，仍是采用交易所集中交易模式，但在欧美地区，多交易中心模式的发展，已经深刻改变了交易所的行业生态。传统证券交易所的最大威胁，往往不是看得见的竞争对手，而是跨界的竞争。

一、在多交易中心模式下，以 Bats 为代表的新型交易平台兴起

21 世纪以来，依托法律的变革，美欧等国家和地区逐渐建立起了多交易中心模式。在这个背景下，大量新型交易平台崛起。这些交易平台很多

不具备上市功能，只是一个发布投资者证券买卖委托、连接各个用户和其他市场的互联网系统，这些交易平台的交易品种广泛，交易流程便捷，成本低廉。在美国，除了14家交易所外，还有上百家另类交易系统、200多家经纪自营商内部撮合平台、4400多家提供股票交易服务的券商，这些机构共同组成了全世界最复杂的交易体系（见表13－1）。

表13－1　美国股票市场结构

市场类别	市场类型	代表市场	特点
上市公司股票交易市场	交易所，14家	纽约证券交易所、纳斯达克等	在美国证券交易委员会注册为交易所
	另类交易系统（ATS），90多家	电子通讯网络和黑池平台	在美国证券交易委员会注册为自营经纪商及ATS
	经纪自营商的内部撮合平台，200多家	做市商平台等	在美国证券交易委员会注册为自营经纪商
非上市公司股票交易市场	场外市场	粉单市场和公告板市场	交易由做市商组织完成，做市商通过报价系统连接，分别形成公告板市场和粉单市场
	非标权益市场和私募市场	Portal、Second Market等	针对客户需要提供个性化交易服务

以成立于2006年的Bats全球市场为例，作为一家技术领先的创新型证券交易所，2009年起其交易额开始名列全美第二或第三。Bats全球市场曾进行了一系列并购活动，2011年收购Chi－X Europe，打造最大的泛欧交易平台；2014年合并Direct Edge，成为美国第二大现金股票交易所；2015年收购Hotspot，发展全球外汇平台。2017年，在被芝加哥期权交易所（CBOE）收购之前，Bats已经拥有四个股票交易所和两个期权交易所，还有一个外汇电子交易平台。那个时候，Bats全球市场是全球第二大股票交易所，占美国现金股票市场份额的21%，占欧洲现金股票市场份额的23%。

此外，还有一些新型交易所采取了差异化竞争策略，比如美国投资者交易所（IEX）利用市场对高频交易的抵触情绪，对股票订单实施物理延迟，以消除高频交易的技术优势，实现市场公平交易。2016 年，经美国证券交易委员会（SEC）批准，美国投资者交易所（IEX）成为全国性股票交易所。目前，美国投资者交易所的交易量占全美市场的 2.79%。

二、新型交易平台大量蚕食传统交易所的交易量

新型交易平台的进入打破了交易所行业原有的市场格局，正在深刻改变全球交易所的行业生态。在欧美，以 ZuluTrade、eToro、StockTwits 为代表的创新平台在交易领域推出了社交交易、众筹融资等新型交易模式，Bats、CHI－X 等平台更是取得了令人惊叹的交易奇迹！随着电子交易平台的迅猛增加，在美国，纽约证券交易所、纳斯达克市场的成交量占比不断下滑，2018 年底纽约证券交易所只有 24%，纳斯达克则不到 20%（见表 13－2）。在欧洲，Bats、Chi－X Europe 的交易量占欧洲市场约 20% 的份额，甚至超过伦敦证券交易所。在加拿大，2008 年以前，多伦多交易所的交易份额几乎是 100%，但目前已经下降至 60%，其他新型交易平台分享了剩下的市场份额。在澳大利亚，澳大利亚证券交易所成交份额也从 100% 下降到目前 80% 左右。在日本，因结算因素，场外交易一直未能得到发展，但随着日本证券结算公司的加入，新型交易平台正在迎来高增长。

表 13－2　　美国主要证券交易所成交量占比

交易所简称	交易所全称	市场份额（%）
1. NYSE（P，N，A，C）	纽约证券交易所集团	24.19
NYSE（N）	纽约证券交易所	13.11
NYSE Arca（P）	纽约证券交易所高增长板块	9.45
NYSE National（C）	National Stock Exchange/国家证券交易所	1.36
NYSE American（A）	American Stock Exchange/美国证券交易所	0.26
2. NASDAQ（B，X，Q）	纳斯达克交易所集团	19.85
NASDAQ（Q）	纳斯达克	17.08
NASDAQ BX（B）	Boston Stock Exchange/波士顿证券交易所	2.01

续表

交易所简称	交易所全称	市场份额（%）
NASDAQ PSX（X）	Philadelphia Stock Exchange/费城证券交易所	0.76
3. Cboe（Z，Y，K，J）	芝加哥期权交易所集团	17.66
BZX Equities（Z）	BATS Exchange	6.64
EDGX Equities（K）	EDGX Exchange	4.83
BYX Equities（Y）	BATS Y - Exchange	4.40
EDGA Equities（J）	EDGA Exchange	1.80
4. IEX（V）	Investors' Exchange	2.79
5. CHX（M）	Chicago Stock Exchange	0.42
小计		64.91
6. TRFs（DQ，DN，DB）	交易报价系统	35.09
NASDAQ TRF Carteret		28.33
NYSE TRF		6.76
小计		35.09

资料来源：Cboe Global Markets，更新时间为2018年12月6日。

第二节　颠覆传统新工具：技术创新正成为核心竞争力

金融业态的发展就是技术发展的缩影。金融业从最初的手工作业，到电子化和大型机集中处理，再到现在的分布式、网络化、移动互联化，一切都随着技术的发展而改变。2008年金融危机以来，以大数据、人工智能为代表的新一轮技术革命正在发展，国际交易所之间的竞争，逐渐从产品创新转换到技术创新，技术进步成为交易所市场开发的重点。

一、新技术颠覆传统模式，交易所从市场组织者转变为技术与方案的提供者

面对竞争环境的演化和技术的变革，交易所势必进行转型。一方面，

洲际交易所、纳斯达克、伦敦证券交易所、德国交易所等，正在努力从单一资产交易中心向全球多资产交易中心发展，并将各自的核心业务扩展到清算、数据、科技服务等领域，延伸交易所价值链条；另一方面，这些交易所正在将自身转变为一家技术公司，交易所的定位正在由原先的市场组织者转变为一个交易、上市、运作和技术服务等一揽子解决方案的提供者。比如自 2012 年以来，纳斯克达开始加大战略转型，努力将自身打造成一家新型技术公司。德国交易所 2018 年出台了“2020 年路线图”，计划裁员 350 人，归并传统机构和部门，将节省的资源用于技术创新，加大技术创新的力度。在 2018 年公布的年报中，多伦多交易所也提出，未来将致力成为以客户为中心的技术驱动型解决方案提供商（见图 13－1）。

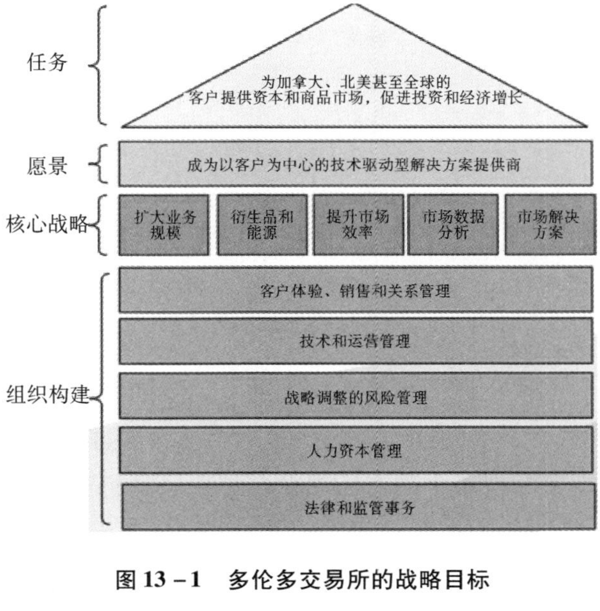

图 13－1　多伦多交易所的战略目标

二、新技术扩展交易所价值链，拓展交易所产品和业务创新的空间

随着自动化交易技术的引入，特别是量化交易和智能投顾的兴起，推动了交易所被动投资业务的创新与发展。根据德国交易所统计，过去 20

年，全球被动指数产品以年24%的速度增长，规模达4万亿美元。全球交易所也掀起了产品创新的高潮。在美国，截至2018年9月，交易所ETF期权就有700多只。产品创新能力往往与技术创新能力息息相关。以衍生品为例，衍生品市场的标的物不断扩张，不但需要统一的多资产快速交易平台来完成对冲组合交易，需要可定制的密集计算中心来支持衍生品复杂的参数计算，还需要高性能的量化平台执行复杂的衍生品交易模型。德国交易所衍生品业务名列全球第二、欧洲第一，背后的支撑力量正是德国交易所强大的技术创新能力。

除此之外，一些新兴市场的证券交易所也在积极利用技术革新推动市场建设。比如，近两年，印度国家证券交易所以技术为驱动力量，搭建了金边债券发行和交易平台以及私募债簿记建档平台，建立了企业债第三方回购和面向零售客户的政府债券平台，极大地促进了固收产品的发展。

三、新技术渗透至交易各环节，推动交易所运营层面的变革

当前，大数据、云计算、人工智能、区块链等新技术大量涌现，许多交易所也在尝试将金融科技、监管科技嵌入相关业务当中。在交易层面，通过采用精简数据结构、流线型撮合引擎、二进制网络协议等技术，提升订单处理能力。比如，在这些技术的支撑下，深圳证券交易所第五代交易系统已具备每秒30万笔的处理能力，平均委托处理时延约为1.1毫秒。在结算层面，区块链改变了之前交易信息在客户、经纪商、清算所和存管机构中心账簿间依次传递的模式，大幅缩短了结算时间，降低了结算风险。目前，纳斯达克、日本交易所、韩国交易所都在尝试运用区块链技术改善结算流程。在分析层面，许多交易所都在积极探索大数据处理技术，从海量数据中挖掘有价值的信息。2017年，德国交易所集团收购了数据分析公司Trifacta，通过机器学习方式，按用户个性化需求从海量数据中抓取、统计、挖掘相关分析指标，自动生成用于市场研究或者向监管机构提供的统计报表。

四、新技术正在成为交易所保障网络安全、侦测违法违规行为的新工具

监管是交易所的重要职责。一方面，使用智能的聚类算法和模式识别算法，人工智能技术能够从海量访问数据中识别出攻击者的行为模式，使防御者做到“料敌先机”。另一方面，利用先进的数据挖掘、机器学习、预测模型等方法和工具，可以实现交易所监管的智能化与自动化。例如，瑞典监察系统服务商 Scila 公司将机器学习算法引入异常报警识别系统中，系统可以从人工报警处理模式的历史经验中进行学习，对未来交易进行报警决策，降低报警的误报率，减轻了业务人员的工作量。日本交易所集团也将 AI 技术引入市场监察系统中，以解决报单大幅增长带来的人工无法逐笔分析的问题。纳斯达克 Smarts 市场监察系统引入了关系发现技术，通过从互联网、社交媒体等渠道获取相关信息，快速发现、揭示所涉及的人员、关系及行为活动方式。

第三节　组织业务新模式：集团化、综合化发展

证券交易所的运行，特别是其交易处理功能，具有强烈的规模经济性和网络外部性，这种特点使证券交易所天生表现为产品、市场的不断集中。19 世纪末，美国国内交易所曾多达 250 余家，20 世纪初减少为 100 余家，1935 年减少为 35 家，1965 年只剩下 15 家。现在，美国资本市场已经形成了以洲际交易所、纳斯达克为主体，区域性证券交易所为辅的格局。

一、通过集团化方式提高市场竞争力

当前，通过强强联合、兼并收购、互相参股等方式，全球初步形成四大交易所集团，即洲际交易所集团、纳斯达克交易所集团、伦敦交易所集团、德国交易所集团。其他国家和地区，如日本、加拿大、瑞士、韩国、新加

坡、中国香港等，也都在积极通过兼并收购等方式，进行业务整合，打造交易所集团。2013 年 7 月，日本东京证券交易所与大阪证券交易所合并现金股票交易平台，成立日本交易所集团，一度位列全球第三大证券交易所。

二、通过综合化方式拓展业务范围

证券交易所和期货、商品等交易所之间的边界日益模糊。以德国交易所集团为例，该集团就是一家典型的综合运营机构，旗下设有欧洲最先进的证券交易平台 Xetra、欧洲最大的衍生品交易所——欧洲期货交易所（Eurex）、欧洲能源交易所（EEX）、欧洲期货交易所清算公司（Eurex Clearing AG）以及欧洲最重要的交易后端服务机构——明讯国际结算托管银行（Clearstream International）（见图 13－2）。

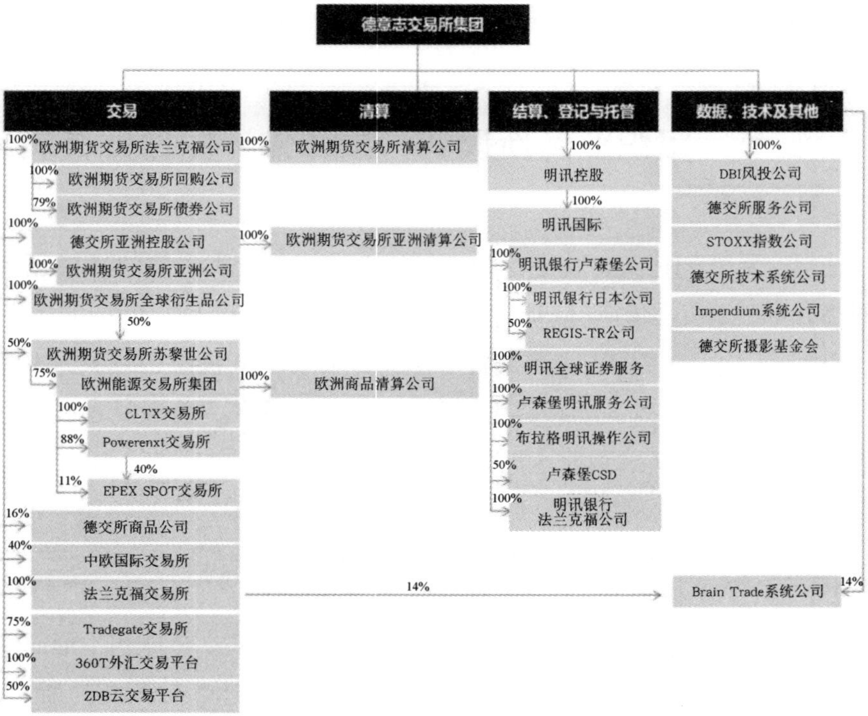

图 13－2 德国交易所集团业务结构

第四节 跨境合作新方式：交叉挂牌和互联互通

在成熟市场，由于跨境整合成本高、传统交易业务萎缩、本地监管机构歧视等因素，交易所对跨境并购较为谨慎。在新兴市场，并购重组不仅存在资金、硬件上的困难，也有政策阻碍，跨境并购并不多见。并购并不是交易所拓展市场的唯一方式，交易所通过远程网络技术，也能够实现全球化发展。

一、通过交叉挂牌、产品合作等形式延长交易时间

境外产品在境内交易所挂牌，同时遵循境内交易所正常交易时间，或是境内交易所与境外合作，开发以境外产品为标的的衍生产品（见表13－3）。比如，2016年2月，德国交易所旗下的欧洲期货交易所（Eurex）与韩国交易所达成产品互挂协议，在欧洲期货交易所（Eurex）交易时段挂牌Mini－KOSPI200指数期货，在韩国交易时段挂牌Euro STOXX50期货。此类合作方便了本地投资者投资境外产品，延长了实际交易时间，创造了一定的套利空间，但由于分属不同区域，也可能存在信息不对称等问题。

表13－3　　全球主要交易所之间产品合作

交易所	合作时间	合作对象	合作形式
新加坡交易所	2010年2月1日	奥斯陆证券交易所	相互挂牌
泛欧交易所	2012年5月24日	华沙证券交易所	市场数据合作
伦敦证券交易所	2012年7月17日	新加坡交易所	跨境产品
台湾期权交易所	2013年2月6日	德国交易所旗下欧洲期货交易所（Eurex）	跨境产品
伦敦证券交易所	2015年1月13日	伊斯坦布尔证券交易所	跨境产品
泛欧交易所	2015年2月16日	约翰内斯堡证券交易所	产品合作

续表

交易所	合作时间	合作对象	合作形式
多伦多交易所	2015 年 5 月 5 日	圣地亚哥证券交易所	双边挂牌
台湾证券交易所	2015 年 9 月 10 日	日本交易所	跨境产品
泛欧交易所	2015 年 9 月 21 日	上海证券交易所	跨境产品
德国交易所	2015 年 11 月 2 日	孟买证券交易所	产品合作
日本交易所	2015 年 11 月 16 日	台湾期权交易所	产品合作
韩国交易所	2015 年 12 月 11 日	台湾证券交易所	产品合作
德国交易所	2016 年 5 月 31 日	台湾期权交易所	产品合作
韩国交易所	2016 年 4 月 20 日	德国交易所旗下欧洲期货交易所（Eurex）	产品互挂
日本交易所	2017 年 3 月 14 日	沙特交易所	产品合作
日本交易所	2018 年 7 月 9 日	伦敦证券交易所	产品合作
香港交易所	2018 年 6 月 11 日	东京商品交易所	产品合作

二、通过订单路由等方式实现交易所市场间的互联互通

当前，通过订单路由等方式实现市场链接、互联互通，正在成为交易所特别是新兴市场间合作的潮流（见表 13－4）。与需要庞大资金支持的跨境并购相比，此类模式能以较低成本实现多市场合作。最早通过网络方式实现互联互通的是新加坡交易所和澳大利亚证券交易所。在新加坡交易所的主导下，新加坡交易所、泰国证券交易所、河内证券交易所、胡志明证券交易所、印度尼西亚证券交易所和菲律宾交易所之间建立 ASEAN Link。2018 年 2 月，在新加坡金融管理局和马来西亚证券委员会的推动下，新加坡交易所和马来西亚证券交易所启动建立两所之间的交易链接（Trading Link），降低投资者交易成本，改善股票市场流动性。总体看，订单路由存在一定的协调成本，但仍比较高效和稳健。

表 13－4　　全球主要交易所之间市场合作

交易所	合作时间	合作对象	合作形式
多伦多交易所	2007 年 6 月 21 日	纽约证券交易所	市场链接
东京证券交易所	2011 年 3 月 1 日	泛欧交易所	市场链接
哥伦比亚证券交易所	2011 年 7 月 9 日	巴西证券交易所	市场链接
东京证券交易所	2011 年 12 月 7 日	纽约证券交易所	市场链接
新加坡交易所	2012 年 9 月 18 日	泰国证券交易所	市场链接
新加坡交易所	2012 年 12 月 12 日	德国交易所旗下欧洲期货交易所（Eurex）	市场链接
泛欧交易所	2012 年 3 月 14 日	新加坡交易所	市场链接
纽约证券交易所	2013 年 3 月 7 日	日本交易所	市场链接
澳大利亚证券交易所	2013 年 9 月 4 日	纽约证券交易所	市场链接
多伦多交易所	2013 年 10 月 21 日	莫斯科交易所	网络连接
德国交易所	2014 年 5 月 20 日	台湾期权交易所	市场链接
澳大利亚证券交易所	2014 年 5 月 20 日	新加坡交易所	市场链接
澳大利亚证券交易所	2014 年 11 月 4 日	芝加哥商品交易所	市场链接
德国交易所	2015 年 3 月 10 日	孟买证券交易所	市场链接
日本交易所	2015 年 1 月 28 日	新加坡交易所	市场链接
香港交易所	2015 年 10 月 21 日	伦敦金属交易所	市场链接
香港交易所	2015 年 10 月 21 日	伦敦金属交易结算所	市场链接
香港交易所	2014 年 11 月 17 日	上海证券交易所	市场链接
香港交易所	2016 年 12 月 5 日	深圳证券交易所	市场链接
新加坡交易所	2018 年 2 月 6 日	马来西亚证券交易所	市场链接

第五节　运营整合新变化：从横向并购到纵向一体化

近年，各国对交易所跨国并购的态度日益审慎。伦敦证券交易所和多伦多交易所、新加坡交易所和澳大利亚证券交易所、伦敦证券交易所和德国交易所等之间的并购均被迫中止[①]。在此背景下，全球交易所横向并购活动有所降温。另外，随着行业市场化、国际化程度的提高，横向并购带来的收益往往不如预期，交易所盈利空间受到挤压。相比之下，交易所上下游产业链还未完全开发。于是，全球主流交易所都在积极收购另类交易系统、清算机构和技术公司，通过纵向一体化突破发展瓶颈，提升竞争力。与此同时，交易后端服务、信息与技术服务成为交易所的重要收入来源。

一、从交易系统来看，各交易所开始进军场外交易

由于电子通信和互联网技术的发展，另类交易系统迅速崛起，给交易所发展带来巨大竞争压力。受此影响，全球主要交易所积极投入另类交易系统竞争中。如泛欧交易所与汇丰、摩根大通等机构合作，设立基于股票和债券的暗池交易系统 SmartPool 和 BondMatch。德国交易所和泛欧交易所分别通过收购德国外汇交易平台 360T 和 FastMatch 公司进军外汇交易市场。洲际交易所收购场外交易技术提供商 Trayport 将业务延伸到场外市场，纳斯达克收购加拿大另类交易系统 Chi – X，以进入加拿大股票市场等[②]。

二、从结算系统来看，各交易所开始实现交易结算一体化发展

近年，交易后端业务收入在交易所收入的比重不断增加，更重要的是，交易后端服务直接制约着交易所产品创新的步伐，为此，全球各大交

① 2011 年 2 月，在遭遇诸多反对意见的情况下，多伦多交易所董事会正式宣布放弃与伦敦证券交易所的合并。2011 年 4 月，澳大利亚政府以损害国家利益为由，中止新加坡证券交易所对澳大利亚证券交易所的收购提案。2017 年初，由于欧盟的反对，伦敦证券交易所和德国交易所的合并计划第三次宣告失败。

② 另类交易系统信息披露要求低、规则灵活，并可以自动集中、显示、撮合或交叉执行证券交易，方便机构投资者绕开经纪商直接进行大宗股票交易，大大降低了交易成本，使交易所出现脱媒现象。

易所都在努力构建交易清算、结算一体化发展框架。如泛欧交易所收购纽约清算公司、新加坡商品期货交易所清算公司等多家清算公司，并建立了自有的欧洲清算所。德国交易所在新加坡设立欧洲期货交易所亚洲清算机构。香港交易所、印度国家证券交易所等均实现了交易结算一体化。瑞士交易所也宣布，将建立一个集交易、结算和托管于一体的数字资产基础设施。近两年，伦敦证券交易所在一体化方面动作连连，一方面，不断增加伦清所股份，进一步收购全球多资产清算公司 LCH 集团股份；另一方面，通过收购技术公司，提高市场清算领域的能力和水平（见表 13－5）。

表 13－5　　近年交易所清算服务合作事件

交易所	时间	合作事件
洲际交易所	2017 年 4 月 3 日	与泛欧交易所签订衍生品清算协议，通过荷兰清算公司为泛欧提供服务
	2018 年 10 月 4 日	收购全球交易所和清算所运营商、数据和上市服务提供商 MERS
伦敦证券交易所	2017 年 9 月 13 日	进一步提高伦敦清算所集团公司的股份
	2018 年 6 月 27 日	收购 AcadiaSoft 16% 的股份，简化衍生品市场的保证金计算和处理
	2018 年 11 月 19 日	进一步收购全球多资产清算公司 LCH 集团股份至 80% 以上
瑞士交易所	2018 年 9 月 3 日	完成对瑞士欧元清算英银行 SECB 的收购，以扩展客户基础和产品组合
泛欧交易所	2017 年	与美国洲际交易所旗下的荷兰清算公司 ICE Clear Netherlands 签署协议，为泛欧交易所金融衍生品和大宗商品市场提供结算服务

三、从数据服务来看，各交易所着力提高信息技术服务能力

随着近几年信息技术服务收入的大幅增长，各大交易所都在着手完善基础设施，增强数据信息服务。2017—2018 年，主要成熟市场的交易所着力通过收收购方式，提高数据、信息的处理和服务能力。比如，纳斯达克先后收购了云内容提供商 eVestment、瑞典金融科技公司 Cinnober、数据提供商 QUANDL、欧洲区块链公司 Stratumn 等。德国交易所收购了电子交易网络的金融技术公司 Trumid、监管合规软件供应商 RegTek. Solutions、数据

解决方案提供商 Trifacta 等（见表 13 -6）。

表 13 -6 近年交易所数据服务合作事件

交易所	时间	合作事件
洲际交易所	2017 年 2 月 15 日	收购 TMX ATRIUM 全球外部网和无线服务业务
	2018 年 1 月 2 日	完成对 Virtu Bondpoint 的收购，提供更好的固定收益解决方案
	2018 年 5 月 29 日	收购 TMC Bonds，提供新的互补流动性接入点
纳斯达克	2017 年 9 月 5 日	收购云内容提供商 eVestment
	2017 年 7 月 25 日	收购行为分析和认知计算机公司 Sybenetix
	2017 年 6 月 18 日	投资欧洲区块链公司 Stratumn
	2018 年 9 月 14 日	收购瑞典金融科技公司 Cinnober
	2018 年 12 月 11 日	收购替代和核心财务数据的领先提供商 QUANDL
德国交易所	2017 年 7 月 10 日	投资债券电子交易网络的金融技术公司 Trumid
	2017 年 9 月 6 日	投资监管合规软件供应商 RegTek. Solutions
	2017 年 9 月 18 日	投资数据解决方案提供商 Trifacta
	2018 年 8 月 29 日	收购 HQLAX 少数股权，提升证券出借的市场效率
伦敦证券交易所	2018 年 6 月 27 日	收购 AcadiaSoft 16% 的股份，简化非清算衍生品市场的保证金计算和处理
泛欧交易所	2017 年 7 月 10 日	收购公司和公共组织门户解决方案提供商 iBad 的多数股权
	2018 年 1 月 17 日	收购内部名单管理解决方案商 Insiderlog 80% 的股份
	2018 年 8 月 14 日	收购全球外汇现货市场运营商 FastMatch 部分股权

第六节 产品交易新趋势：场外场内化和场内超市化

法律环境调整和竞争压力变化是当前各国（地区）交易所产品体系变化的主要原因。一方面，2008 年金融危机之后，美国颁布了《多德 - 弗兰克法案》，欧盟颁布了《金融工具市场指令 II》，积极推动场外合约标准化，要求大部分衍生品需在交易所市场或受监管的市场交易，并及时披露信息；另一方面，随着交易技术的不断改进，被动型产品越来越丰富，成为众多交易所竞争的新领域。

一、从全市场来看，场外产品交易大量向交易所转移

在监管环境推动下，大量场外交易通过并购重组、联合新设等方式向场内转移，利用电子交易平台、中央清算机构实现自动化、标准化和透明化。交易所具有更完备的风险管理机制和清算体系，场外产品场内化能迅速扩大产品影响力。比较有代表性的是掉期类（互换）衍生品场内化为期货类产品。2012 年 10 月，洲际交易所把 800 余种电子交易平台的能源互换合约转成场内期货合约，芝加哥商品交易集团也于 2013 年 2 月上市了利率掉期期货合约。

二、从交易所来看，众多交易所纷纷致力于发展“金融超市”

交易所成立初期主要以提供股票、债券等现货产品为主。近年，全球各大交易所纷纷以“金融超市”为目标，竞相完善产品体系。设计精巧、功能丰富的交易产品，为投资者提供多元化选择和灵活的风险管理工具，促进市场价格发现和流动性。以衍生品为例，德国交易所 Xetra 平台超过 11000 只上市股票，超过 25000 只固定收益类产品，约 1200 只交易所产品（包括 ETF、ETN 和 ETC），以及 2800 只共同基金及 100 万张收益凭证和认购权证；其欧洲期货交易所（Eurex）平台已上市超过 2000 只衍生品，包括各类期权期货、ETF 衍生品等。

第七节　市场拓展新方向：包容能力越来越强

随着交易所全球化发展，上市资源的争夺日益激烈，许多受监管的传统交易所面临生存压力，存在拓展市场的强烈诉求。特别是科技创新型公司成长较快，为交易所带来成交量、市值和盈利的大幅增长，于是成为各大交易所互相争夺的对象。

一、适应新兴企业和市场需求，不断调整规则体系

新兴企业往往不容易满足传统的上市标准，为此，境外成熟交易所不断适应企业和经济发展的需要，调整相关规则。例如阿里巴巴的特殊双重股权结构，当年因为无法满足香港交易所上市规则的要求，转而选择了美国纽约证券交易所上市。为此，2017 年来，香港交易所实施了 25 年来最大的上市制度改革。2018 年，香港交易所共迎来 205 家企业在港上市，IPO 集资额约 2780 亿港元，排名全球第一（见图 13－3）。在新规生效后，共计 28 家新经济和生物科技公司赴港上市，IPO 集资额达 1360 亿港元，占全年总集资额的近一半。再如，纽约证券交易所近期针对没有融资需求但有交易需求的企业建立了“直接上市”制度，直接上市没有承销商，没有常规路演，不派发新股，也没有禁售期，只要简单地登记现有股份，便可在资本市场上自由交易。2018 年 4 月 2 日，全球最大音乐流媒体平台 Spotify 上市，成为纽约证券交易所历史上第一家采用“直接上市”的公司。

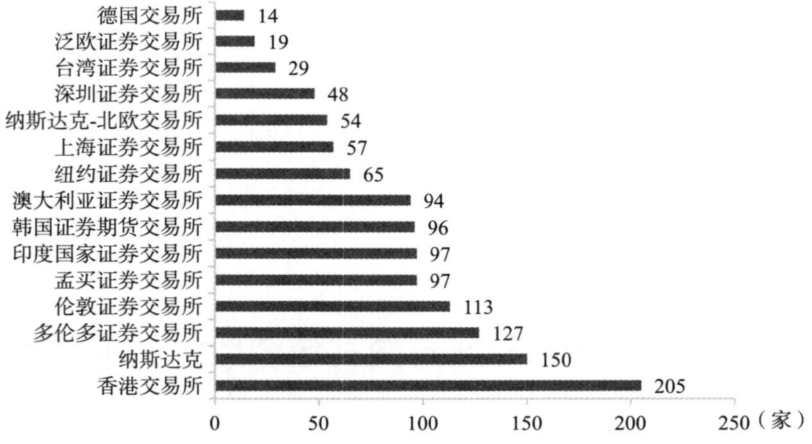

图 13－3　2018 年全球证券交易所 IPO 数量排名

二、适应经济发展，设计层次丰富的板块体系

世界主要交易所均设制了多层次的市场板块以延伸市场业务范围，向

不同发展阶段、不同规模的企业提供上市融资服务（见表13－7）。以纳斯达克为例，2006年时主要有三个层次：全球精选市场、全球市场和资本市场。2014年，为适应市场需要，又成功推出了纳斯达克私人股票交易市场（Nasdaq Private Market），为未上市公司提供融资服务。在市场内部分层后，多数交易所在各层次市场之间还建立了转板机制，使优质企业资源在交易所市场内形成良好的流动性，提升企业品牌效应和长期发展价值。比如纽约证券交易所高增长板（NYSE Arca）的上市公司，如果条件成熟，可转至纽约证券交易所主板，转板不需要任何费用。

表13－7　　全球主要交易所内部市场分层情况

<table>
<tr><th>全球主要交易所</th><th>内部市场结构</th><th>全球主要交易所</th><th>内部市场结构</th></tr>
<tr><td rowspan="3">纽约证券交易所</td><td>NYSE</td><td rowspan="3">纳斯达克</td><td>纳斯达克全球精选市场</td></tr>
<tr><td>NYSE MKT</td><td>纳斯达克全球市场</td></tr>
<tr><td>NYSE ARCA</td><td>纳斯达克资本市场</td></tr>
<tr><td rowspan="5">伦敦证券交易所</td><td>主板市场（Main Market）</td><td rowspan="3">德国交易所</td><td>主板（Prime Standard）</td></tr>
<tr><td>技术板市场（Tech Mark）</td><td>一般市场板块（General Standard）</td></tr>
<tr><td>创业板市场（AIM）</td><td>初级板块（Entry Standard）</td></tr>
<tr><td>专业证券市场（PSM）</td><td rowspan="4">日本交易所</td><td>主板（上市公司一部、二部）</td></tr>
<tr><td>专业基金市场（SFM）</td><td>创业板（Jasdaq）</td></tr>
<tr><td rowspan="2">新加坡交易所</td><td>主板（Mainboard）</td><td>新兴板（Mothers）</td></tr>
<tr><td>创业板（Catalist）</td><td>专业投资者板（TOKYOPRO）</td></tr>
<tr><td rowspan="2">香港交易所</td><td>主板</td><td rowspan="2">上海证券交易所</td><td>主板</td></tr>
<tr><td>创业板</td><td>科创板</td></tr>
<tr><td rowspan="3">韩国交易所</td><td>主板（KOSPI）</td><td rowspan="3">深圳证券交易所①</td><td>主板</td></tr>
<tr><td>中小板（KONEX）</td><td rowspan="2">创业板</td></tr>
<tr><td>创业板（KOSDAQ）</td></tr>
</table>

资料来源：根据各交易所网站整理所得。

① 2021年2月5日，经中国证监会批准，深圳证券交易所正式启动主板和中小板合并工作，2021年4月6日，深圳证券交易所主板与中小板合并正式实施。

第十四章

全球证券交易所的数字化进展

大数据作为新型生产要素，是重要的基础性战略资源，蕴藏着巨大价值。金融信息数据是大数据的重要组成部分。美国信息行业研究机构 Burton - Taylor 估计，2018 年全球金融数据分析行业收入超过 300 亿美元[①]。数据已成为部分境外证券交易所主营业务之一。相比之下，我国交易所数据业务起步较晚，还有很大的发展空间。

第一节　数据服务渐成境外证券交易所主营业务

境外交易所传统收入来源主要是交易业务，但随着多交易中心模式的发展和大量新型证券交易所的涌现，交易领域的竞争日趋白热化，交易手续费急剧减少。另外，交易手续费因与交易量相关，会随市场行情而波动，收入并不稳定。相比之下，数据服务收入却可以旱涝保收，不管行情如何变化，市场参与者都有数据服务需求。因此，近年来数据业务成为境外交易所的重要收入保障。

对交易所来说，数据业务的重要性日益凸显。

第一，境外各交易所数据服务收入不断增加。洲际交易所数据服务收入占比从 2014 年的 22.35% 增长至 2018 年的 42.48%，伦敦证券交易所数

① https：//burton - taylor. com/burton - taylor - releases - annual - financial - market - data - analysis - industry - vendor - rankings/。

据服务收入占比从2014年的27.01%增长至2018年的39.39%，同期，纳斯达克数据服务收入也有小幅上涨，瑞士交易所、德国交易所则相对稳定，分别保持在20%和11%左右。

第二，数据服务收入是交易所收入的重要组成部分。在大部分境外交易所的收入结构中，数据服务收入是仅次于交易、清算收入的重要板块。在洲际交易所和伦敦证券交易所，数据服务收入已成为第一大收入来源（见表14－1）。

第三，比较而言，香港交易所的数据业务，不论是从规模还是占比，要远小于其他几家可比交易所。正因为如此，在不久前的“港伦联姻”事件中，伦敦证券交易所认为香港交易所是一家对市场交易量高度依赖的传统交易所，与香港交易所合并，不符合伦敦证券交易所金融市场基础设施提供商的战略定位。

表14－1　　主要交易所的数据服务收入情况①

交易所	指标	2014年	2015年	2016年	2017年	2018年
洲际交易所	数据服务收入（百万美元）	691	871	1978	2084	2115
	总收入（百万美元）	3092.0	3338.0	4512.0	4638.0	4979.0
	占比（%）	22.35	26.09	43.84	44.93	42.48
伦敦证券交易所	数据服务收入（百万美元）	581.2	763.0	734.6	994.8	1071.9
	总收入（百万美元）	2016.2	2092.0	2045.9	2642.4	2721.1
	占比（%）	28.83	36.47	35.91	37.65	39.39

① 这里的总收入均是交易所集团的总收入，占比即为数据服务业务收入占集团总收入的比值。目前，瑞士交易所集团包含四个方面的业务，分别是证券业务（Securities Business）、数据业务（Financial Data Business）、银行服务业务（Banking Services Business）和信用卡业务（Card Business）。以2018年为例，2018年瑞士交易所集团总收入为19.387亿瑞士法郎，其中，证券业务5.08亿瑞士法郎，数据业务3.939亿瑞士法郎，银行服务业务1.561亿瑞士法郎，信用卡业务8.825亿瑞士法郎。数据业务占瑞士交易所集团收入的20.13%，扣除信用卡业务和银行服务业务之后的数据服务业务收入占比为3.939/9.019，即为43.67%。

续表

交易所	指标	2014 年	2015 年	2016 年	2017 年	2018 年
瑞士交易所	数据服务收入（百万美元）	403.2	388.5	396.3	410.5	399.7
	总收入（百万美元）	1814.1	1808.8	1809.8	1995.1	1985.9
	占比（%）	22.22	21.48	21.90	20.58	20.13
纳斯达克	数据服务收入（百万美元）	473.0	512.0	540.0	588.0	714.0
	总收入（百万美元）	3500.0	3403.0	3704.0	3948.0	4277.0
	占比（%）	13.51	15.05	14.58	14.89	16.69
德国交易所	数据服务收入（百万美元）	315.4	290.6	305.7	320.0	371.4893
	总收入（百万美元）	2700.2	2447.7	2579.1	2795.2	3280.269
	占比（%）	11.68	11.87	11.85	11.45	11.32
香港交易所	数据服务收入（百万美元）	99	104	105	110	115
	总收入（百万美元）	1270	1725	1432	1691	2024
	占比（%）	7.80	6.03	7.33	6.51	5.68

资料来源：根据各交易所年报及公司官网资料整理。

第二节　境外证券交易所数据业务的类型

交易所的早期数据业务以行情数据服务为主，随着被动投资需求的增加，指数业务逐渐发展，与行情数据一起构成各交易所的主要数据服务。近年来，资本市场金融数据服务需求日趋多元化，叠加大数据、云计算、人工智能等信息技术快速发展，境外交易所数据产品类型日益丰富。以洲际交易所为例，2014 年前，主要通过 CTA 将交易数据汇编打包提供给全球客户①，2015 年在完成对 Trayport 和 Interactive Data 的收购后，其将数据业务重新划分为定价和分析、交易所数据、桌面和连接服务三块。各交易所都充分利用各自优势，迎合市场需求提供相应数据服务，尽管每家交易所数据服务内容不一，但总体来看主要包括以下几项（见表 14－2）。

表 14－2　2018 年主要交易所数据业务服务项目构成及收入结构

交易所	数据业务	主要服务内容	数据业务收入（百万美元）	比重（%）
洲际交易所	定价和分析	固定收益、衍生品，信贷和场外证券定价	1043.00	20.95
		衡量最佳执行、分析流动性和固定收益及衍生品定价的工具		
		指数服务和 ETF 解决方案		
	桌面和连接服务	连接和数据全球分发	670.00	13.46
		桌面解决方案		
	交易数据	历史及实时数据、CTA	402.00	8.07
		总收入 4979（百万美元）	2115.00	42.48
纳斯达克	市场数据	数据订阅	390.00	9.12
		CTA		
	指数	纳斯达克相关指数	206.00	4.82
	投资数据和分析	纳斯达克投资数据和分析（eVestment、Quandl）	118.00	2.76
		总收入 4277（百万美元）	714.00	16.69

① 《全美市场体系修正案》（Reg NMS）涉及三项计划：一是 CTA/CQ 计划，二是 OTC/UTP 计划，三是 ITS 计划。CTA/CQ 计划是指统一证券行情协会（Consolidated Tape Association，CTA）和统一报价（Consolidated Quotation，CQ）计划，对交易所上市证券的实时交易和报价数据进行搜集、处理和发布，其中，CTA 负责管理交易，CQ 负责管理报价。从 20 世纪 70 年代末以来，所有经美国证券交易委员会注册的交易所和诸如纳斯达克这样的市场中心，都会把在交易纽约证券交易所或者美国证券交易所上市的证券的交易和报价情况发送到中央统一协调，在那里产生数据流，并发送到全世界。CTA/CQ 计划包括两个网络，网络 A 处理纽约证券交易所的数据，网络 B 处理美国证券交易所的数据。

续表

交易所	数据业务	主要服务内容	数据业务收入（百万美元）	比重（%）
德国交易所	指数和分析	交易所许可	31.30	1.13
		ETF 许可	43.80	1.58
		其他结构化产品许可	69.40	2.51
	市场数据和法规服务	现货和衍生品市场数据	113.60	4.10
		监管服务	17.80	0.64
		其他（包括 CEF®数据服务）	38.90	1.40
		总收入 2770（百万欧元）	314.80	11.36
伦敦证券交易所	指数服务	富时罗素（FTSE Russell）指数	631.00	29.56
	实时数据	行情数据	94.00	4.40
	市场数据与统计	每日、每月及历史交易数据，意大利交易所和伦敦证券交易所一级和二级市场数据	116.00	5.43
	监管服务	上市公司公告平台		
		总收入 2135（百万英镑）	841.00	39.39
瑞士交易所	参考数据和定价	参考数据、全球市场公司行为数据、报价和实施估值数据	236.90	12.22
	市场数据和展示	提供全球实时行情及展示终端产品	83.70	4.32
	税务和监管	提供本地和跨境监管、税务合规所需的完整参考数据	28.40	1.46
	指数	指数计算及授权服务	15.50	0.80
	其他	其他信息服务	25.70	1.33
		总收入 1939（百万瑞士法郎）	390.20	20.13
香港交易所	数据服务	实时数据、历史数据、市场数据平台（OMD）	115	100
		总收入 2024（百万美元）	115	5.68

资料来源：根据各交易所年报及公司官网资料整理。

一、定价和分析服务

主要是为客户提供全球证券估值与参考数据、衍生品定价。以洲际交易所为例，已为全球 145 个国家的公司债、结构化产品提供定价服务，每天为近 270 万份固收产品提供估值服务，为 210 多个市场近 1300 万种金融工具提供定价和分析服务。定价和分析服务这一块的业务收入占洲际交易所数据业务收入份额的一半左右，占洲际交易所总收入的 21%。

二、交易所行情数据服务

该服务主要是为客户提供历史及实时报价、订单及交易信息。以纳斯达克为例，这方面的产品有四大类：Nasdaq Total View 提供完整的报价、订单等交易信息；Nasdaq Basic 提供低成本的 Level 1 数据行情；Nasdaq Ultrafeed 提供标准高速的行情数据；Analytics Hub 提供投资策略分析数据。

三、数据连接服务

该服务主要为商品和能源交易商等客户接入交易所、清算公司和数据库提供服务，帮助客户使用数据服务和数据合作商的交易数据及新闻推送。在洲际交易所，它以自身开发的数据应用程序为客户实时传送证券市场信息，并提供决策支持分析工具。2017 年，洲际交易所开发了 ICE Connect 平台，使客户能一站式获取全球市场的交易信息、新闻及其他数据等。

四、指数服务

该服务主要为各类投资工具提供业绩比较基准、跟踪投资标的和交易标的。在德国交易所，自 2013 年以来，德国交易所持续强化其数据与技术服务，指数产品创新层出不穷，指数数量持续增长，可持续概念指数进一步发展，旗下 ETF 资产管理规模也整体维持增长的趋势。截至 2018 年底，德国交易所集团编制的指数数量约 11547 只，其中，可持续概念指数为 131 只。

五、监管合规服务

金融危机之后，各国资本市场监管趋严，对专业化、标准化的数据服务提出了更高要求。2010 年美国的《多德 - 弗兰克法案》、2012 年欧盟的《欧洲市场基础设施条例》① 和 2018 年的《金融工具市场指令 II》，不仅要求市场参与者以标准格式报告数据，而且还不断提高监管的标准②。风险管理和监管要求的提高，使响应这种需求变化的数据公司备受市场青睐③。以瑞士交易所为例，旗下公司数据服务可满足 60 多个国家和地区的全球监管，合规和税收要求，2018 年创收 2840 万瑞士法郎。

第三节 境外证券交易所发展数据业务的成功经验

随着数字时代的到来，数字化转型成为各行各业升级发展的重要主题。境外交易所也纷纷加大对数字技术的投入，利用各种手段，通过内部开发或外部合作的方式，打造数字化生态。

一、从战略层面积极支持数字化转型，奠定数据业务发展基础

为了应对数字时代的到来，境外各交易所纷纷把数据产业布局上升到战略层面。2018 年 5 月，德国交易所发布《2020 年路线图》，一个重要任务就是为现有及未来业务引入数字化新技术。德国交易所认为未来交易所是一个数据驱动的交易所，数字化处理、大数据智能分析、移动服务设施

---

① 《欧洲市场基础设施监管条例》（EMIR）于 2012 年 8 月 16 日生效，其规定主要体现在集中清算、交易报告、风险管理制度等三个方面。

② 《金融工具市场指令 II》（MiFID II）要求标准化的衍生品交易从场外进入场内交易，目标是使包括场外衍生品市场在内的金融市场更加高效，灵活和透明。

③ 参考麦肯锡研究报告（Capital Markets Infrastructure：An Industry Reinventing Itself）。

等将会给金融服务行业实现“DNA 移植”变革。2019 年 10 月，泛欧交易所发布了《2022 共同成长计划》，致力于创新方案与服务的发展，加快数字化建设，打造欧洲领先的金融基础设施。

二、通过兼并收购提高数据服务能力，发挥各业务之间的协同效应

近年来，境外主要交易所都积极通过并购来加大数据业务投资，信息技术公司成为交易所最抢手的并购标的。纳斯达克 2018 年发生的四笔并购都围绕数据分析和信息技术展开。2019 年洲际交易所的三笔并购针对的也都是数据服务。从平台支持到数据生产、分析、销售，各交易所都纷纷加强与数据公司的合作，发挥协同效应，打造数字生态体系（见表 14－3）。

表 14－3　　近年主要交易所针对数据业务的投资活动

交易所	投资或收购事件
洲际交易所	2014 年以 3.58 亿美元收购金融市场数据公司 Super Derivatives
	2015 年以 52 亿美元收购金融市场数据公司 Interactive Data
	2016 年以 4.31 亿美元收购 S&P Global 的证券评估和信贷市场分析业务
	2017 年收购美国银行美林证券的全球研究部门指数业务 BofAML
	2019 年 5 月启动基于云计算的数据管理平台 ICE DataVault
	2019 年 6 月以 3.35 亿美元完成对美国最大的电子记录网络 Simplifile 的收购
	2019 年 10 月收购美林期权波动率估计（MOVE）指数
纳斯达克	2015 年并购数据提供商 Dorsey，Wright & Associates
	2017 年投资欧洲区块链公司 Stratumn，以加强数据的安全性和完整性
	2018 年收购 eVestment 和 Quandl 以巩固和发展信息服务业务，收购 Sybenetix 和 Cinnober 进而加大信息技术的投入
德国交易所	2015 年收购瑞士交易所持有的指数公司 STOXX 和 Indexium
	2017 年投资 Trifacta 公司（数据整理 Data Wrangling 的全球领导者），以便加强大数据分析技术水平
	2017 年与 SmartStream RDU 合作推出监管报告中心，加强数据服务能力

续表

交易所	投资或收购事件
伦敦证券交易所	2014 年收购指数服务提供商弗兰克 - 罗素公司
	2016 年收购金融信息提供商 Mergent，以增强其数据和分析业务能力
	2019 年拟以 270 亿美元收购路孚特（Refinitiv）

资料来源：根据各交易所年报及公司官网资料整理。

三、在打造拳头数据产品同时，力图均衡发展其他数据业务

一方面，境外交易所都在努力打造自身拳头数据产品。洲际交易所的定价和分析业务收入占总收入的 21%；伦敦证券交易所得益于富时罗素业绩的快速增长，指数服务业务收入占总收入的近 30%；纳斯达克的行情数据产品相对占优，约占总收入的 9%。另一方面，在保持自身优势的同时，各家交易所也在均衡发展其他数据产品。2019 年洲际交易所收购美林期权波动率估计指数，以提高其指数服务水平；2019 年伦敦证券交易所坚持耗资 270 亿美元收购路孚特（Refinitiv）[①]，目的就是提高市场数据的服务能力；2018 年纳斯达克收购全球领先的数据分析供应商 eVestment，目的是加强定价分析方面的业务。

四、以市场需求为导向，迅速推出更有竞争力的数据服务

境外市场交易所大都是以营利为目的的上市公司，一般都会秉持客

① 路孚特（Refinitiv）是全球两大金融市场数据和基础设施提供商之一（另一家为彭博 Bloomberg Data），为 190 多个国家的 4 万多家机构提供服务。其前身为汤森路透金融与风险事业部，2018 年，汤森路透以 200 亿美元，把其金融与风险事业部 55% 股权出售给黑石集团。2019 年 8 月 1 日伦敦证券交易所集团以换股方式斥资 270 亿美元（包括债务）收购路孚特。交易完成后，路孚特的现有投资者将持有合并后新公司约 37% 的股份，并拥有不到 30% 的投票权，其中，汤森路透将持有 15% 的股权。截至 2018 年 12 月末，路孚特负债 122 亿美元，收购之后伦敦证券交易所集团将承担这些债务。

户需求至上的理念。例如，2018 年 1 月，洲际交易所根据市场需要，联合 Blockstream 推出比特币数据专线，将全球 15 个加密货币交易所的数据打包提供给金融公司。2019 年 3 月，德国交易所与 IT 服务提供商 Swisscom、金融科技公司 Sygnum 建立了战略合作伙伴关系，以发展可信赖且符合法规要求的数字资产金融市场基础设施，共建可信任的数字资产生态圈。

五、不断调整组织架构，促进数据服务效率提升

随着数据服务规模的不断扩大，许多交易所也在不断调整组织架构。瑞士交易所成立了专门的信息服务公司，将八大主要数据服务项目嵌入六个业务部门当中①。德国交易所也积极变革，2018 年德国交易所决定削减 350 个工作岗位，将节约的 2 亿欧元用于新技术研究，包括大数据、云计算、区块链、机器人和人工智能。在洲际交易所，为适应市场变化，其最初是内部收集整理数据（2003 年），到后来设立数据平台（2013 年），2016 年设立专门的数据服务公司。

第四节　全球资本市场数据业务发展趋势

随着证券交易方式、投资方式、技术水平以及监管要求等的调整和变化，资本市场数据服务呈现一些新发展趋势。

---

① 八大数据服务项目分别是参考数据（Reference Data）、全球公司动态（Global Corporate Actions）、定价和实时估值（Pricing and real - time valuations）、市场数据（Market Data）、新闻、研究与分析（News, Research & Analytics）、优质基金数据（Premium Fund Data）、基准指数和市场指数（Benchmark and Market Indices）、上市公司动态（Corporate Actions）。六个业务部门分别是资产服务（Asset Servicing）、定价和基金评估（Pricing and Fund Evaluation）、分析和筛选（Analysis and Screening）、风险和合规（Risk and Compliance）、财富管理（Wealth Management）、媒体（Media）。

一、交易所向数据工厂转型，数据日益成为核心竞争力

当前，金融数据呈指数级增长，数据成为市场发展基础。如何对这些数据进行有效的管理、分析和应用，成为交易所关注的重要问题。境外交易所基本都制定了各自的数字化战略，加快向数据工厂转型。为了适应市场的需求变化，越来越多的交易所尝试将大数据、云计算、区块链、人工智能等新技术嵌入相关业务。比如，德国交易所 2017 年收购了数据分析公司 Trifacta，通过机器学习方式，根据用户需求从海量数据中挖掘相关指标，自动生成统计报表；2019 年，德国交易所和微软公司在金融服务行业开展云应用实践。

二、在被动投资快速发展趋势下，指数业务需求增长

维持多元化的投资组合对于成功的投资至关重要，而通过指数进行被动投资是实现多元化的绝佳方法。与主动投资相比，被动的费用和投资成本更低。根据 Morningstar 的数据，2009—2018 年，ETF 的有机增长率平均为 16.5%。2018 年初，美国共同基金和 ETF 的总资产创下了超过 18 万亿美元的新纪录，而在 2008 年这一数值仅为 5.5 万亿美元[①]。2019 年 8 月底，美国投资于被动股票基金的资金首次超过了主动基金[②]。投资方式从主动策略向被动策略转变，要求交易所提升指数服务能力。

三、数据服务呈现产品多元化、服务精细化的特征

随着资本市场的细分，数据服务的产品也越发精细化，服务覆盖股

---

① 参见：https：//www.morningstar.com/blog/2018/03/12/fund-flows-charts.html。

② 参见：https：//www.morningstar.com/articles/946546/what-is-passive-investing。

票、债券、指数、衍生品、商品等多个资产类别，包括交易、定价、投资和咨询、财富管理、风险管理、合规等多个领域。以路孚特公司（Refinitiv）为例，其有丰富的产品体系，覆盖数据管理、公司治理、风险与合规、新闻、研究与分析、交易与投资等各个方面，是公司数据、经济数据、交易数据、定价和参考数据、低延迟实时数据和桌面分析的领先提供商。在风险管理方面，路孚特的产品还可满足众多金融机构和企业客户的合规要求。

第十五章

我国证券交易所发展战略展望

自1990年沪深交易所相继开市营业以来，中国资本市场已经走过了30多年的发展历程。30多年来，中国的资本市场从无到有，上市公司总市值近80万亿元，列全球第二。目前中国还是全球第一大商品期货市场，第三大债券市场，基本形成了符合中国特色的多层次资本市场体系和制度规则体系。未来，面对全球金融要素市场的激烈变革，结合境外一流交易所和新兴的新型证券交易所的发展经验，深圳证券交易所应加快探索出一条中国特色的世界一流交易所的建设之路。

第一节　境外一流交易所的建设之路

在过去的半个世纪中，全球证券交易所的数目经历了爆炸性增长[①]，特别是从20世纪90年代以来，随着新技术革命的蓬勃兴起、资本全球化的持续推进，各国政府认识到证券市场在经济发展中的巨大作用，纷纷建立各自的证券交易所。与此同时，一些老牌证券交易所开始向综合化、集团化、全球化发展。在这个过程中，洲际交易所、纳斯达克、德国交易所、伦敦证券交易所逐渐成长为交易所行业的标准和标杆，分析这几家一流交易所的成长之路，有以下几个方面的启示。

---

① 不包括功能不齐全（比如没有上市公司）的新型证券交易平台，以及各类暗池交易平台、场外交易平台和股权交易场所等。

一、都经历了市场建设、综合发展、全球扩张三个阶段

第一个阶段，主要以市场建设为主。通过吸引企业挂牌交易，扩大市场知名度。通过市场分层，实施严格的信息披露制度，提高挂牌企业质量。同时，不断完善交易制度，升级交易系统，提升市场运行效率。以纳斯达克为例，在二十世纪八九十年代，经过一系列市场建设，包括技术升级、设置多元化上市标准、市场分层、提供实时交易报告等，纳斯达克逐渐成为全国性的交易市场。

第二个阶段，成为综合性、全产业链的交易所。通过进军衍生品市场（收购或被收购），打造跨期现市场的综合性交易所，不断延伸产业链，构建涵盖前端和后端服务的全能型交易所。以德国交易所为例，自 1992 年以来，德国交易所先后收购了德国衍生品交易所、瑞士 Soffex 衍生品交易所，组建欧洲期货交易所（Eurex），收购了德国证券结算存管公司（DKV），合并了境外结算存管公司（AKV）、世达国际等，组建了明讯国际，逐渐从传统股票交易所转变为全产业链的交易所集团。

第三个阶段，进行全球扩张，打造全球性交易所集团。在深耕国内市场的同时，积极拓展海外业务，通过全球性收购、新设等方式拓展其交易品种范围；优化市场层次，吸引全球公司上市；不断巩固其技术、数据在全球市场的领先地位，在此基础上输出交易所技术和标准。以伦敦证券交易所为例，一方面，其通过 GDR、AIM 以及产品创新等开放市场吸引海外发行人和投资者；另一方面，其收购了 EDX、MTS、Gatelab、LCH、Russell 等平台，以及技术、指数公司，并在此基础上通过千禧公司向多国交易所提供技术服务，打造全球性交易所集团。

二、主要通过改制上市、产业整合等手段提高国际竞争力

（一）通过改制上市的方式，适应技术发展和全球化竞争

20 世纪 90 年代以来，证券交易所的股份化改革席卷了全球证券市场，

纽约证券交易所、纳斯达克、德国交易所、伦敦证券交易所等交易所都极力推动交易所组织结构的深层次变革，并分别于2006年、2002年、2001年、2001年前后完成了公司化改制并上市。在改制上市的基础上，这几家交易所建立了盈利导向、商业导向的组织结构和公司文化，进行强有力的品牌管理，驶入了发展的快车道。

（二）通过产业整合的手段，全面提升交易所国际竞争力

交易所产业整合包括横向产业整合、纵向功能整合和综合性并购等形式。横向产品整合方面，将证券交易所和衍生品交易所、固收平台、新型交易平台进行合并，以降低运营成本。以德国交易所为例，在完成衍生品和现货市场的功能整合后，运作成本下降了50%。纵向功能整合方面，主要指与存管结算公司、技术服务公司、信息数据商之间进行整合。纳斯达克为提高交易技术水平，围绕交易平台开发商和数据信息供应商两大领域开展了大量收购。综合性并购方面，主要是扩大市场规模和投资者基础。以洲际交易所为例，其发展过程就是一条典型的综合并购之路。自2000年成立以来，洲际交易所先后收购了国际原油交易所、纽约期货交易所、气候交易所、纽约证券交易所、新加坡商品期货交易所、澳大利亚国家证券交易所、芝加哥证券交易所、爱尔兰证券交易所等，从一家能源交易所发展成为世界最大的交易所集团。

（三）通过技术升级的措施，形成交易所的核心竞争力

技术是交易所的生命线。不同的交易技术、信息技术会产生不同的运营成本和效率，交易系统、监察系统、信息数据等技术的改进已成为证券交易所的一个核心竞争领域。也正是为了应对周期性的技术升级，交易所才不得不通过改制上市、开放所有权的方式进行融资。纳斯达克一直定位为科技信息公司，一方面，其通过内部研发，探索推动云应用、大数据等新技术发展；另一方面又通过外延并购，补充自身在数据分析、咨询服务方面的短板。此外，纳斯达克还通过建立战略关系，与外部技术公司联合

研究区块链等新技术，运用于交易、结算环节，提升运营效率。德国交易所自 1991 年推出 Xetra 交易系统以来，不断进行改进和创新，2012 年新一代交易系统 Xetra T7 项目启动，并于 2017 年开始切换。目前，Xetra 交易系统是德国交易所现货市场最主要的交易平台，证券成交总额为 1.3 万亿欧元，占比高达 91%。

（四）通过产品创新的方法，实现“金融超市”的发展目标

四家境外一流交易所都拥有完善的产品系列，其产品线覆盖了几乎所有的证券类产品，包括基础产品、合成产品、结构化产品以及市场延伸产品等，真正达到了“金融超市”的目标。四家境外一流交易所拓展产品宽度和深度的方式，除了市场整合外，就是产品创新。以德国交易所为例，2013 年以来，德国交易所集团持续强化其数据与技术服务，指数编制与数据服务能力大大提高，指数产品创新层出不穷，旗下 ETF 产品的资产管理规模也不断增长，并成为德国交易所的明星产品。2020 年，德国交易所已挂牌的 ETF 产品交易额达 2477 亿欧元。

（五）通过制度改进的形式，不断适应市场需求的发展和变化

为了顺应整体经济和产业的升级发展趋势，适应不同规模、行业、经营状况、盈利水平和发展阶段的企业的融资需求，满足资金量不同、投资目标和策略不同、风险承受能力不同的投资者的投资需求，适应监管环境变化，四家境外一流交易所都在不断地进行着制度创新。以伦敦证券交易所为例：为了满足英国创新技术企业的独特要求，伦敦证券交易所先后设立了 techMARK 科技板块、医药科技企业板块等。为了规避相关监管规定，伦敦证券交易所建立了面向专业投资者的 PSM 市场。为了满足小型的、新兴的和成长型企业的融资需求，伦敦证券交易所推出了 AIM 市场。为了满足不同投资目标和风险承受能力的投资者投资需求，伦敦证券交易所设立了仅向专业机构开放的专家基金市场 SFM。

（六）通过标准输出的本领，建立全球交易所行业的品牌形象

相比兼并收购，技术输出是一种更为温和的国际化策略，但在效果上却毫不逊色。四家境外一流交易所都将自身交易所的技术输出、标准输出作为全球化的关键。在伦敦证券交易所内，尽管技术服务收入仅占伦敦证券交易所集团收入的5%，低于其他业务板块的收入，但伦敦证券交易所依然将其视为国际业务拓展的重要突破口，并通过技术输出奠定国际合作的基础。纳斯达克也主要以技术输出、标准输出的手段，与新兴市场建立合作关系。纳斯达克向全球50多个国家或地区提供全球领先的技术服务，包括向其他交易所提供综合运营系统，向券商提供SMARTS监管平台，向企业提供BWise运营风控服务等。通过技术输出服务，纳斯达克已建立了庞大的全球客户网络，形成交易所行业的技术垄断标准，形成强大的技术业务优势。

第二节　我国建设世界一流交易所的路径选择

2020年中国以美元计算的GDP为14.73万亿美元，已超过美国GDP规模的70%，是全球第二大经济体。中国经济的高速发展为资本市场的长期健康发展奠定了坚实基础。与此相对应，我国家庭财富积累快速，已成为全球第二大财富管理市场。依托中国宏观经济总量的不断扩张，我国交易所市场的发展空间和增长潜力巨大。同几大境外一流交易所相比，未来10年将是我国证券交易所实现赶超式发展的重要战略机遇期。

在顶层设计上，要将我国交易所的发展目标定位为参与全球金融资产及大宗商品的定价及相关规则、标准的制定。随着全球交易所的不断竞争和整合，全球金融资源、大宗商品的定价权也日益向欧美交易所巨头手中集中。面对日益激烈的全球交易所竞争，我国交易所的发展必须有全局思维和顶层设计，力争在未来交易所全球竞争格局中占据一席之地。具体来

说，对标境外一流交易所“一个优质的成长环境，两个顶尖的能力素质，四个卓越的实力水平”，我国一流交易所的建设可从以下几个方面进行突破。

一、优化交易所发展的软环境

一是全面深化资本市场改革，为交易所发展提供良好环境和广阔舞台。以注册制改革为契机，优化新股发行制度，并以此为起点，逐步放松对并购重组、再融资等的管制。通过一系列市场化改革，逐步降低上市资源的制度溢价，使股票价格真正反映上市公司价值，让市场约束作用充分发挥。在此基础上，改进人才评价和激励机制，营造一个能够鼓励创新、容忍失败的体制机制环境。

二是在充分考虑我国国情的基础上，通过法律、规章、协议等方式，明确交易所的法律地位、权限和功能，明确交易所与行政监管之间的边界，让市场机制在资源配置中起决定性作用，更好地发挥政府作用。

三是在交易所间引入适度竞争，探索我国交易所的合作竞争新模式。通过竞争促进各交易所明确市场定位，提高服务质量，扩大服务覆盖面。在“走出去”参与国际资本资源的配置时，我国交易所可考虑形成合力，未来甚至可以通过集团化的发展方式，共同推进和提高我国资本市场的国际话语权。

二、明确交易所发展的新方向

一是集团化。以产权关系为纽带，通过合资、股权投资等方式，把与交易所有关的企业法人联系在一起，形成了规模更大的交易所集团。

二是平台化。将交易所各方面的功能平台化、框架化，并以平台为基础打造交易所生态体系。

三是技术化。充分认识到信息科技对交易所组织架构和资源配置的决定性作用，转变观念，加大境内证券交易所向技术密集型机构转型的力度。

四是一体化。探索推动交易所整合境内外的存管结算公司、技术服务公司、信息供应商等，提供更综合的交易流程和服务价值链。

五是数字化。制定交易所数据业务发展战略，不断丰富数据产品体系，强化关键技术开发运用，积极组织关键技术研发攻关和业务应用，赋能行业数字化发展，促进监管能力数字化提升。

三、增强交易所发展的硬实力

一是紧跟前沿，关注新一轮技术变革对交易所组织形态、业务模式和行业边界的深刻影响。技术对交易所行业影响深远，纳斯达克正是诞生于电子计算机技术的发展中。近年来，区块链、人工智能、大数据等新技术蓬勃发展，正在深刻影响资本市场的组织形态、业务模式和行业边界。改变现有行业格局的，将是以新技术为引领的企业，需高度关注。

二是加大信息技术的投入，加快技术升级和改造。充分运用内部研发、外延并购、战略合作等多种形式，全面提升交易所技术水平，开发多层次、多类型的数据产品和低时延、高效率的技术系统，将数据行情和主机接入服务作为建设世界一流交易所的关键突破口。

三是全面提高交易所市场的制度包容度，适应市场需求的变化。以注册制改革为契机建设更加包容的创新支持市场体系，打造简明高效多层次股票市场，统筹市场各个板块协调发展，为不同类型企业和投资者提供差异化的融资和投资服务，提高体制的适应效率。

四是拓展交易所业务发展模式，丰富产品体系结构。有序推进 ETF 市场建设，加快产品研发力度，进一步丰富产品种类和投资工具。支持国内交易所积极发展衍生品交易，打造产品覆盖股票和债券现货的，结构完备、种类丰富、功能健全、风控有效的场内衍生品市场。

四、提高交易所国际化水平

一是稳妥有序推进国际化业务发展。遵循循序渐进、稳步推进的原则，加大全球市场推介力度，吸引境外优质公司来我国证券交易所发行上市。

二是研究引入外部战略合作者。参考一流交易所的发展经验，通过引入外部战略合作者的形式，共同研发新技术、新产品，整合提升内部技术水平，实现在技术领域的弯道超车。

三是探索运用兼并收购等产业整合手段。如上所述，在横向上，考虑收购境外衍生品交易所、固收平台、新型交易平台、另类交易平台等。在纵向上，考虑整合境外存管结算公司、技术服务公司、信息数据商等。在综合性并购上，考虑对新兴市场国家特别是"一带一路"国家的证券交易所进行战略并购。

四是强化技术品牌管理和输出，将技术输出作为国际业务拓展的突破口。可借鉴纳斯达克"金融框架技术"，对境内交易所技术进行梳理，在此基础上，加强技术品牌的管理，积极向境外交易所进行技术输出，建立交易所的中国标准。

五是居安思危，做好市场开放背景下与全球同行展开竞争的准备。随着我国金融市场的进一步开放，国内交易所及机构投资者将与全球同行竞争者，就国内优质投资标的及资本展开面对面的、更加激烈的争夺。交易所应未雨绸缪，不断提高核心竞争力，增加市场黏性。

附　　录

部分交易所名称中英文对照表

交易所名称（中文）	交易所名称（英文）
爱尔兰证券交易所	Irish Stock Exchange（ISE）
奥斯陆证券交易所	Oslo Stock Exchange（OSE）
澳大利亚证券交易所	Australian Stock Exchange（ASX）
巴兹全球市场	Bats Global Markets（Bats）
巴西证券交易所	Brasil Bolsa Balcão S. A.（B3）
布宜诺斯艾利斯交易所	Buenos Aires Stock Exchange
德国交易所集团	Deutsche Börse AG（DBAG）
东京证券交易所	Tokyo Stock Exchange（TSE）
多伦多交易所集团	TMX Group
泛欧交易所集团	Euronext N. V.
菲律宾证券交易所	Philippine Stock Exchange（PSE）
哥伦比亚证券交易所	Colombia Stock Exchange（BVC）
韩国交易所	Korea Exchange（KRX）
华沙证券交易所	Warsaw Stock Exchange（WSE）
利马证券交易所	Bolsa de Valores de Lima（BVL）
卢森堡证券交易所	Luxembourg Stock Exchange
伦敦证券交易所集团	London Stock Exchange Group（LSEG）
投资者交易所	Investors' Exchange（IEX）
孟买证券交易所	Bombay Stock Exchange（BSE）

续表

交易所名称（中文）	交易所名称（英文）
莫斯科交易所	Moscow Exchange
墨西哥证券交易所	Bolsa Mexicana de Valores（BMV）
纳斯达克－OMX 集团	Nasdaq OMX Group
纳斯达克－北欧交易所	Nasdaq－Nordic Exchange
欧洲期货交易所	Eurex Exchange
日本交易所集团	Japan Exchange Group（JPX）
瑞士交易所集团	SIX Group
上海证券交易所	Shanghai Stock Exchange（SSE）
深圳证券交易所	Shenzhen Stock Exchange（SZSE）
北京证券交易所	Beijing Stock Exchange（BSE）
台湾证券交易所	Taiwan Stock Exchange Corporation（TSEC）
泰国证券交易所	Stock Exchange of Thailand（SET）
特拉维夫证券交易所	Tel Aviv Stock Exchange
西班牙证券交易所	Bolsas & Mercados Espanoles SA
香港交易及结算所有限公司	Hong Kong Exchanges and Clearing Limited（HKEx）
新加坡交易所	Singapore Exchange（SGX）
雅典证券交易所	Athens Exchange
伊斯坦布尔证券交易所	Borsa Istanbul（BIST）
印度国家证券交易所	National Stock Exchange of India（NSE）
印度尼西亚证券交易所	Indonesia Stock Exchange
约翰内斯堡证券交易所	Johannesburg Stock Exchange（JSE）
越南河内证券交易所	Hanoi Stock Exchange
越南胡志明证券交易所	Ho Chi Minh City Stock Exchange
长期证券交易所	Long－Term Stock Exchange（LTSE）
芝加哥期权交易所	Chicago Board Options Exchange（CBOE）
智利圣地亚哥证券交易所	Santiago Stock Exchange
洲际交易所/纽约－泛欧交易所/纽约证券交易所	Intercontinental Exchange（ICE）/ NYSE Euronext / New York Stock Exchange（NYSE）

参考文献

一、外文文献

[1] Aldridge, Irene. High – Frequency Trading（A Practical Guide to Algorithmic Strategies and Trading Systems）How Modern Markets Differ from Those Past [M]. John Wiley & Sons, Inc. 2012.

[2] Amira K, Muzere M L. Competition among stock exchanges for equity [J]. Journal of Banking & Finance, 2011, 35 (9): 2355 – 2373.

[3] Bodek H, Dolgopolov S. The Market Structure Crisis: Electronic Stock Markets, High Frequency Trading, and Dark Pools [J]. Social Science Electronic Publishing, 2016.

[4] Bowley G. Clamping down on rapid trades in stock market [J]. The New York Times, 2011, 8.

[5] Buckle M, Chen J, Guo Q, et al. The impact of multilateral trading facilities on price discovery [J]. Financial Markets, Institutions & Instruments, 2018, 27 (4): 145 – 165.

[6] Buti S, Rindi B. Undisclosed orders and optimal submission strategies in a limit order market [J]. Journal of Financial Economics, 2013, 109 (3): 797 – 812.

[7] Cantillon E, Yin P L. Competition between exchanges: A research

agenda [J]. International Journal of Industrial Organization, 2011, 29 (3): 0 - 336.

[8] Chao Y, Yao C, Ye M. Tick Size Constraints, Two - Sided Markets, and Competition between Stock Exchanges [J]. Social Science Electronic Publishing, 2014.

[9] Chemmanur T J, Fulghieri P. Competition and cooperation among exchanges: A theory of cross - listing and endogenous listing standards [J]. 2006, 82 (2): 455 - 489.

[10] Chlistalla M. Lutat M. Competition in securities markets: the impact on liquidity [J]. Financial Markets and Portfolio Management, 2011, 25 (2): 149 - 172.

[11] Christie W G, Schultz P H. Why do NASDAQ market makers avoid odd - eight quotes? [J]. The Journal of Finance, 1994, 49 (5): 1813 - 1840.

[12] Cummings D. Make the Trade [M]. Lightning Source UK, 2016.

[13] Degryse H, Jong F D, Kervel V V. The Impact of Dark Trading and Visible Fragmentation on Market Quality [J]. Review of Finance, 2013, 19 (4): 856.

[14] Dewenter K L, Han X, Koski J L. Who Wins When Exchanges Compete?* Evidence from Competition after Euro Conversion [J]. Review of Finance, 2017.

[15] Dolgopolov S. The maker - taker pricing model and its impact on the securities market structure: A can of worms for securities fraud [J]. Va. L. & Bus. Rev. , 2014 (8): 231.

[16] Floreani J, Polato M. The Economics of the Global Stock Exchange Industry [M]. Palgrave Macmillan Studies in Banking & Financial Institutions, 2014.

[17] Fox M B, Glosten L R, Rauterberg G V. The new stock market: sense and nonsense [J]. Duke LJ, 2015 (65): 191.

[18] Francioni, Francesco, Schwartz, Robert A. Equity markets in transi-

tion [M]. Springer International Publishing, 2017.

[19] Frino A, Mollica V, Zhou Z. Commonality in liquidity across international borders: Evidence from futures markets [J]. Journal of Futures Markets, 2014, 34 (8): 807 – 818.

[20] Garriott C, Pomeranets A, Slive J, et al. Fragmentation in Canadian Equity Markets [J]. Bank of Canada Review, 2013, 2013 (Autumn): 20 – 29.

[21] Geranio M. The Evolution of the Exchange Industry: From Dealers' Clubs to Multinational Companies [M]. Springer International Publishing, 2016.

[22] Giovanni Cespa, Xavier Vives. Exchange Competition, Entry, and Welfare [J]. CESifo Working Paper Series, 2018.

[23] Goldstein M A, Kumar P, Graves F C. Computerized and high – frequency trading [J]. Financial Review, 2014, 49 (2): 177 – 202.

[24] Greg N. Gregoriou. The Handbook of High Frequency Trading [M]. Academic Press, 2015.

[25] Gresse C. Effects of lit and dark market fragmentation on liquidity [J]. Journal of Financial Markets, 2017, 35: 1 – 20.

[26] Gresse C. Multi market trading and market liquidity [R]. Technical report, Université Paris – Dauphine, 2010.

[27] Hasan I, Schmiedel H, Song L, et al. Growth Strategies and Value Creation: What Works Best for Stock Exchanges? [J]. The Financial Review, 2012, 47 (3): 469 – 499.

[28] Hatheway F, Kwan A, Zheng H. An Empirical Analysis of Market Segmentation on U. S. Equity Markets [J]. Journal of Financial and Quantitative Analysis, 2017, 52 (6): 2399 – 2427.

[29] He P W, Jarnecic E, Liu Y. The determinants of alternative trading venue market share: Global evidence from the introduction of Chi – X [J]. Journal of Financial Markets, 2015 (22): 27 – 49.

[30] Hegazy O, Soliman O S, Salam M A. Comparative study between FPA, BA, MCS, ABC, and PSO algorithms in training and optimizing of LS – SVM for stock market prediction [J]. International Journal of Advanced Computer Research, 2015, 5 (18): 35 – 45.

[31] Jain A, Jain P K, McInish T H, et al. Worldwide reach of short selling regulations [J]. Journal of Financial Economics, 2013, 109 (1): 177 – 197.

[32] Jiang C X, Mcinish T H, Upson J. Market Fragmentation and Information Quality: The Role of TRF Trades [J]. Ssrn Electronic Journal, 2011, 6 (3): 172 - 179.

[33] Jones C M. Understanding the market for us equity market data [R]. Working paper, 2018.

[34] Kirilenko A A, Lo A W. Moore's law versus murphy's law: Algorithmic trading and its discontents [J]. Journal of Economic Perspectives, 2013, 27 (2): 51 – 72.

[35] Lo S F. Which stock exchanges are more attractive? The competition analysis of listing and trading performance [J]. Economic Modelling, 2013, 30 (1): 501 – 509.

[36] MacKenzie D. A sociology of algorithms: High – frequency trading and the shaping of markets [J]. Preprint School of Social and Political Science, University of Edinburgh, 2014.

[37] Madhavan A. Exchange – traded funds, market structure, and the flash crash [J]. Financial Analysts Journal, 2012, 68 (4): 20 – 35.

[38] Markham, J. A Financial History of the United States. New York: Routledge, (2011) .

[39] Michie R. The Global Securities Market: A History [M]. Oxford: Oxford University Press, 2008.

[40] Michie R. The London stock exchange: A history [M]. OUP Ox-

ford, 2001.

[41] Niciejewska K. Dark Pools and Flash Trading: New Trends in Equity Trading? [M]. diplom. de, 2015.

[42] O'Hara M. High frequency market microstructure [J]. Journal of Financial Economics, 2015, 116 (2): 257 - 270.

[43] O'Hara, Maureen, and Mao Ye. Is market fragmentation harming market quality? [J]. Journal of Financial Economics 100. 3 (2011): 459 - 474.

[44] Paul Zubulake, Sang Lee. The High Frequency Game Changer: How Automated Trading Strategies Have Revolutionized the Markets [M]. Wiley, 2011.

[45] Peijie W. The Economics of Foreign Exchange and Global Finance [M]. Springer, 2005.

[46] Ramos S B, Thadden E L V. Stock exchange competition in a simple model of capital market equilibrium [J]. Journal of Financial Markets, 2008, 11 (3): 0 - 307.

[47] Rhodri Preece C. Dark Pools, Internalization, and Equity Market Quality [J]. Codes Standards & Position Papers, 2012.

[48] Riordan R, Storkenmaier A, Wagener M. Fragmentation, competition and market quality: A post - mifid analysis [J]. 2010.

[49] Schwartz R A, Byrne J A, Stempel E. Rapidly Changing Securities Markets: Who Are the Initiators? [M]. Springer International Publishing, 2017.

[50] Schwartz R A, Byrne J A, Wheatley L. The Economic Function of a Stock Exchange [M]. Springer International Publishing, 2015.

[51] Sophie L, Charles - albert L. Market microstructure in practice [M]. World Scientific, 2018.

[52] Stoll H R. Future of securities markets: competition or consolidation? [J]. Financial Analysts Journal, 2008, 64 (6): 15 - 26.

[53] Ted Lindblom, Stefan Sjögren, Magnus Willesson. Financial Systems, Markets and Institutional Changes [M]. Palgrave Macmillan, 2014.

二、中文文献

[1] 多层次资本市场研究课题组. 多层次资本市场改革研究 [R]. 深圳证券交易所研究所, 2018.

[2] 宏观战略组. 纽交所和纳斯达克上市制度变迁及启示 [R]. 上交所资本市场研究所, 2017.

[3] 李丹, 李怡芳, 王粟暘. 伦交所多层次市场体系改革研究 [R]. 上交所资本市场研究所, 2015.

[4] 李怡芳, 李丹. 德交所多层次资本市场研究 [R]. 上交所资本市场研究所, 2015.

[5] 李怡芳. 德交所集团业务全景透视 [R]. 上交所资本市场研究所, 2018.

[6] 李怡芳. 泛欧交易所业务全景透视 [R]. 上交所资本市场研究所, 2018.

[7] 林建. 大交易场: 美国证券市场风云实录 [M]. 北京: 机械工业出版社, 2008.

[8] 林建. 透视高频交易 [M]. 北京: 机械工业出版社, 2015.

[9] 林斯, 凯恩, 邢露. 美国经济史 [M]. 北京: 北京大学出版社, 2011.

[10] 刘逖. 市场微观结构与交易机制设计: 高级指南 [M]. 上海: 上海人民出版社, 2012.

[11] 缪斯斯. 纳斯达克集团业务链解析 [R]. 上交所资本市场研究所, 2018.

[12] 彭兴庭, 钟荣桂. 从"伦港联姻"事件看交易所发展战略 [R]. 深圳证券交易所研究所, 2019.

[13] 彭兴庭, 钟荣桂. 境外证券交易所数据业务类型及发展经验

[R]. 深圳证券交易所研究所，2019.

[14] 彭兴庭，钟荣桂，殷明明. 什么是一流证券交易所？——证券交易所的国际竞争力研究 [R]. 深圳证券交易所研究所，2019.

[15] 施东辉. 交易所竞争力分析 [M]. 上海：上海人民出版社，2010.

[16] 吴林祥. 从美国证券市场结构看 NMS 条例的前因后果 [R]. 深圳证券交易所研究所，2010.

[17] 吴林祥. 海外证券交易所发展趋势：总结和反思 [R]. 深圳证券交易所研究所，2012.

[18] 许永华. NMS 法案对美国证券交易机制与交易系统的影响 [R]. 深圳证券交易所研究所，2009.

[19] 张晓斐. 洲际交易所集团业务发展研究与启示 [R]. 上交所资本市场研究所，2018.

[20] 钟荣桂. 境外主要证券交易所 2018 年业务发展动态 [R]. 深圳证券交易所研究所，2019.

[21] 钟荣桂. 境外主要证券交易所 2019 年业务发展动态 [R]. 深圳证券交易所研究所，2020.

[22] 钟荣桂. 美国长期证券交易所（LTSE）特点、风险及启示 [R]. 深圳证券交易所研究所，2019.

[23] 钟荣桂. 纳斯达克与纽约证券交易所竞争变迁历程及启示 [R]. 深圳证券交易所研究所，2020.

[24] [荷] 洛德韦克·彼得拉（Lodewijk Petram）. 张慎峰译. 全球首家交易所史话 [M]. 上海：东方出版中心，2016.

[25] [美] 查尔斯·加斯帕里诺（Charles Gasparino）. 顾锦生，译. 纽交所之王 [M]. 北京：中信出版社，2009.

[26] [美] 拉里·哈里斯（Larry Harris）. 上交所，译. 监管下的交易所：经济增长的强劲助推器 [M]. 北京：中信出版社，2010.

[27] [美] 约翰·S. 戈登（John Steele Gordon）. 祁斌，译. 伟大的博弈：华尔街金融帝国的崛起 [M] 1653－2019. 北京：中信出版社，2018.

后　记

本书主要分为四个部分：第一部分开篇介绍了全球证券交易所的全貌；第二部分为竞争篇，分析了证券交易所的竞争力及境外一流证券交易所的竞争优势；第三部分为技术篇，介绍了新型证券交易所的异军突起；第四部分为转型与变革，指明了证券交易所的发展新趋势。

本书的第一章、第三章、第七章、第八章、第九章、第十章、第十一章、第十二章由钟荣桂执笔，第二章、第四章、第五章、第六章由彭兴庭、钟荣桂、殷明明、陈娟、杨梦、曹硕等负责，第十三章、第十四章、第十五章由彭兴庭、钟荣桂共同撰写。

在本书的写作过程中，得到了很多专家学者、领导和同事的大力支持，分别他们是中国证监会国际合作部申兵主任、深圳证券交易所彭明副总经理，以及何基报、曾海泉、郑南磊、陈彬、吴林祥、王晓津、杨宗杭、郑雪晴、李彩云、郑喜洋等，在此一并表示感谢。

由于作者水平有限，本书错漏缺点在所难免，希望读者批评指正，提出宝贵意见。

彭兴庭　钟荣桂

2022 年 6 月